Biographien gestalten durch lebenslange Lernprozesse

Patricia Heufers

Biographien gestalten durch lebenslange Lernprozesse

Rekonstruktionen berufsbiographischer Orientierungsmuster

 Springer VS

Patricia Heufers
Dortmund, Deutschland

Dissertation Technische Universität Dortmund, 2014

ISBN 978-3-658-07002-1   ISBN 978-3-658-07003-8 (eBook)
DOI 10.1007/978-3-658-07003-8

Die Deutsche Nationalbibliothek verzeichnet diese Publikation in der Deutschen Nationalbibliografie; detaillierte bibliografische Daten sind im Internet über http://dnb.d-nb.de abrufbar.

Springer VS

Springer VS ist eine Marke von Springer DE. Springer DE ist Teil der Fachverlagsgruppe Springer Science+Business Media.
www.springer-vs.de

Danksagung

Ich möchte mich an dieser Stelle bei all jenen bedanken, die mich bei der Fertigstellung dieser Arbeit begleitet haben. Zunächst gilt mein Dank Prof. Dr. Uwe Wilkesmann, der mir als Erstgutachter viele hilfreiche Anregungen gegeben hat und für Fragen und Beratung stets ansprechbar war. Auch meiner Zweitgutachterin, Prof. Dr. Monika Reichert, möchte ich für nützlichen Hinweise und ihre Unterstützung danken. Außerdem danke ich den Interviewpartner/inne/n für ihr Vertrauen sowie für ihre Zeit. Marie danke ich für die vielen anregenden und hilfreichen Diskussionen über meine Interviews sowie für ihre stetige Anteilnahme. Judith war mit ihren stets aufbauenden und ermunternden Worten eine wertvolle Unterstützung. Allen anderen Freundinnen danke ich für Ihr Verständnis, dass meine Zeit in dieser Phase sehr begrenzt war. Mein besonderer Dank gilt meiner Familie, meinen Eltern, Romana und Dirk, sowie meiner Schwester Kirsten, auf die ich mich immer verlassen kann. Das war in dieser Zeit noch mehr wert als sonst. Widmen möchte ich diese Arbeit Aladin, der mich überhaupt erst zum Promovieren ermutigt hat.

Patricia Heufers

Inhaltsverzeichnis

Abbildungen und Tabellen

1 Einleitung

Seit den 70er Jahren hält der Diskurs über lebenslanges Lernen an. Dabei ist der Terminus „lebenslanges Lernen" trivial und komplex zugleich: Zum einen ist es mittlerweile eine Binsenweisheit, dass Menschen gar nicht anders können, als ihr Leben lang zu lernen, zum anderen kann mit diesem Terminus ein programmatisches Feld bezeichnet werden. Sowohl die Erziehungswissenschaft als auch die Bildungspolitik setzen sich mit dem Konzept lebenslangen Lernens auseinander. Allerdings dominieren in beiden Feldern jeweils unterschiedliche Konnotationen den Diskurs, wodurch der Begriff auch heute noch als „diffus und vieldeutig" gelten kann (Rothe 2011, S. 13).

Begriffe wie Individualisierung, Institutionalisierung und Globalisierung spielen in spätmodernen Gesellschaften eine zentrale Rolle. Lebenslanges Lernen sorge laut der Europäischen Kommission nicht nur für Wettbewerbs- und Beschäftigungsfähigkeit („competitiveness and employability"), sondern auch für soziale Integration („social inclusion"), aktive gesellschaftliche Teilhabe („active citizenship") und persönliche Entwicklung („personal development") (Commission of the European Communities 2006, S. 2). Folgende Referenzpunkte für lebenslanges Lernen lassen sich identifizieren:

1) Ökonomische Aspekte für lebenslanges Lernen: Durch den demographischen Wandel und den Mangel an gut ausgebildeten Fachkräften werden lebenslanges Lernen und die Teilnahme an Weiterbildung zu zentralen Forderungen von Wirtschaft und Politik. Mit der Stärkung der Wettbewerbsfähigkeit durch lebenslanges Lernen gehen auch die Bekämpfung von Arbeitslosigkeit und die Erhaltung der Beschäftigungsfähigkeit einher. Arbeitnehmer[1] stehen unter dem Druck, lebenslang zu lernen, da das vorhandene Wissen aufgrund der Dynamik des wissenschaftlichen und technischen Fortschritts, globaler Abhängigkeiten bzw. weltpolitischer Annäherungen immer schneller veraltet (Eurydice 2011, S. 3).

2) Soziale und kulturelle Aspekte für lebenslanges Lernen: Die Europäische Kommission schreibt dem lebenslangen Lernen die zentrale Bedeutung für die Entwicklung zur wissensbasierten Gesellschaft zu. Lebenslanges Lernen sei der beste Weg, den Herausforderungen des gesellschaftlichen Wandels zu begegnen.

---

[1] Aus Gründen der Lesbarkeit wird in dieser Arbeit die männliche Form verwendet. Sämtliche Personenbezeichnungen gelten für beide Geschlechter.

„Lifelong Learning is no longer just one aspect of education and training; it must become the guiding principle for provision and participation across the full continuum of learning contexts" (Commission of the European Communities 2000, S. 3). Die europäischen Bürger werden als die zentralen Akteure bei der Entwicklung zur Wissensgesellschaft erachtet und sollen demnach befähigt werden, Wissen zu nutzen und zu produzieren (Commission of the European Communities 2000, S. 5 ff.). Lebenslanges Lernen soll außerdem die Integration sozial benachteiligter Gruppen und den gesellschaftlichen Zusammenhalt fördern. „Aus Anlass der europäischen Integrationsprozesse wurde deshalb das Konzept des Lebenslangen Lernens besonders propagiert, um 'active citizenship' zu erreichen" (Lenz 2011, S. 90).

3) Personale Aspekte für lebenslanges Lernen: Wie Ulrich Beck (1986) in seiner Individualisierungsthese ausarbeitet, wird die Organisation des sozialen Lebens in modernen Gesellschaften dem Einzelnen selbst überlassen und zugemutet. Der individuellen Biographie und den Fähigkeiten des Einzelnen, Entscheidungen zu treffen und Lern- und Bildungsfähigkeiten zu entwickeln, kommen wesentliche Bedeutungen zu. Die Fähigkeit, das eigene Leben zu gestalten, wird darüber hinaus auch von anderen Wissenschaftlern (Alheit 2002; Rosa 2005) als Notwenigkeit erachtet, um in einer individualisierten, sich ständig wandelnden und risikoreichen Gesellschaft zurechtzukommen. Ökonomischer, sozialer und kultureller Wandel spielen eine zentrale Rolle, Orientierungsmuster fehlen, das Individuum muss aus einer unüberschaubaren Fülle an Optionen auswählen, so dass der Lebenslauf immer weniger vorhersehbar wird. Es herrscht ein regelrechter Zwang, ständig Entscheidungen treffen zu müssen und sich ununterbrochen am gesellschaftlichen Wandel zu orientieren bzw. sich diesem zu unterwerfen. Um mit dieser Individualisierung und Modernisierung umgehen zu können, benötigen Individuen neue Kompetenzen, die (nur) durch lebenslange Lernprozesse erzielt werden können. Ausdruck dieser Entwicklungen ist das Konzept des lebenslangen Lernens: „Learning becomes, in these terms, a kind of biographical survival necessity" (West et al. 2007a, S. 18).

In diesem Sinne berücksichtigen die empirischen Studien zum *lebenslangen* Lernen die Biographie bzw. den Lebenslauf von Individuen. Dabei stellen qualitative Studien zumeist die Subjektperspektive in den Vordergrund, während quantitative Studien vor allem an Statuspassagen und Übergängen im Lebenslauf und anderen quantifizierbaren Daten interessiert sind (Kade/Hof 2008, S. 162). Insgesamt geht es meist um die Teilnahme an Weiterbildung bzw. das Weiterbildungsverhalten, um verschiedene Lernformen (formal bis informell) oder um die Bedeutung von Lernen, die Haltung zum Lernen und das Lernverständnis. Was – auch bei qualitativen und institutionenunabhängigen Studien – außer Acht gelassen wird, ist die Frage, wie Individuen anhand von lebenslangen Lernprozessen ihre Biographien gestalten. Da – wie im Rahmen der personalen Aspekte lebenslangen Lernens geschildert – Orientierungsmuster fehlen und vielfältige Optionen der Biographiegestaltung bestehen, gilt das Forschungsinteresse der vorliegenden Studie den Fragen, woran Individuen sich bei der Gestaltung ihrer Berufsbiographien orientieren und wie die Orientierung anhand von lebenslangen Lernprozessen gelingt. *Lebenslanges Lernen wird – neben anderen Aspekten – als eigenständige berufsbiographische Orientierungsleistung verstanden.*

Die Berufsbiographie wird im Rahmen der empirischen Analyse aus zwei Gründen im Vordergrund stehen. Zum einen nimmt die Erwerbsarbeit in Biographien einen hohen Stellenwert ein und der Alltag sowie der gesamte Lebenslauf sind um das Erwerbssystem herum organisiert (Kohli 1986, S. 184). Zum anderen rekurriert das Konzept lebenslangen Lernens verstärkt auf den Beruf bzw. die Erwerbsarbeit und die Beschäftigungsfähigkeit. Diese Aspekte stellen zentrale Dimensionen des Konzepts lebenslangen Lernens dar.

Anhand von biographisch-narrativen Interviews werden somit jene Orientierungsmuster rekonstruiert, die Erwachsene in ihrer Biographie entwickeln, um ihre Berufsbiographie eigenständig zu komponieren und zu gestalten. Dabei werden Statuspassagen und Übergänge ab der Schulzeit berücksichtigt. Demnach ist *nicht* – ähnlich wie bei Biesta et al. (2011), Alheit et al. (2003) oder Schulze (1993) – der kognitive Lernprozess von Interesse, also nicht die Aneignung von Wissen oder spezifischer Kenntnissen, sondern die Art und Weise der Biographiegestaltung. Es geht also um Lernprozesse, die zu bestimmten Lebenswegen und biographischen Entscheidungen geführt haben und die Grundlage für Handlungsmuster und Orientierung bilden. Dabei gilt: „Orientierung ist kein sozialer Automatismus, sondern eine biographische Leistung" (Fischer/Kohli 1987, S. 31).

Zunächst wird das Konzept lebenslangen Lernens vorgestellt (Kapitel 2). Dazu wird zu Beginn die Entstehungsgeschichte des Konzepts dargelegt, um anschließend auf den wissenschaftlichen Diskurs zum lebenslangen Lernen eingehen zu können. Dafür werden einerseits die theoretisch-konzeptionellen Beiträge angeführt, andererseits wird der Forschungsstand repräsentiert.

Dabei wird sich zeigen, dass die Studien (ebenso wie die vorliegende) auf den Lebenslauf und die Biographie rekurrieren. Demnach widmet sich Kapitel 3 zunächst dieser begrifflichen Unterscheidung bevor auf die Bedeutung der Erwerbsarbeit für die Biographie eingegangen wird. Daraufhin werden sowohl biographische Konzepte zum Lernen als auch die Erforschung von biographischen Lernprozessen erörtert.

Kapitel 4 widmet sich dem methodischen Vorgehen. Neben der Erhebungs- und der Auswertungsmethode (narratives Interview und Dokumentarische Methode) wird das Sample vorgestellt und es werden die forschungspraktischen Rahmenbedingungen erläutert.

Auf dieser Basis können im 5. Kapitel die empirischen Ergebnisse dargelegt werden. Dabei werden anhand von 18 narrativen Interviews die vier Typen jeweils anhand ihrer charakteristischen Merkmale erörtert. Abgeschlossen wird die Darstellung eines Typus mit den Grenzen der Orientierungsweise sowie mit einer Zusammenfassung und Reflexion. Aufgrund der Differenzierungsmerkmale des Samples wird eine alters- und bildungsspezifische Differenzierung der Typik vorgenommen, bevor die empirischen Ergebnisse theoretisch reflektiert werden können. Bei dieser Gesamtreflexion werden zunächst die biographietheoretischen Reflexionen, die sich an die Darstellung eines jeden Typus angeschlossen haben, noch einmal zusammenfassend dargestellt. Daraufhin werden die beiden Dimensionen, die sich in der empirischen Analyse als übergeordnete Unterscheidungsmerkmale herausgestellt haben, nachgezeichnet. Dabei handelt es sich zum einen um *das Weiterbildungsverhalten und die Motivation der beruflichen Entwicklung*, zum anderen um die *Relationierung von Privat- und Berufsleben*, die anhand von Differenzierung und Diffusion der Lebenswelten charakterisiert werden kann. Im Rahmen der Schlussfolgerungen der empirischen Ergebnisse werden sowohl die Grenzen als auch die Reichweite der Analyse aufgezeigt.

Im Fazit (Kapitel 6) werden die zentralen Ergebnisse der Studie zusammengefasst und an den in Kapitel 2 dargestellten Diskurs rückgekoppelt, um abschließend offene Fragen zu erörtern.

2 Lebenslanges Lernen – ein Postulat

Lernen ist gesellschaftlich überwiegend positiv konnotiert. Das ganze Leben ist ein Lernen; wir alle lernen jeden Tag. „Lernen hat gesellschaftlich den Status der Nichthinterfragbarkeit – ähnlich vielleicht wie Gerechtigkeit oder Liebe" (Orthey 2004, S. 101).[2]

Während das Postulat des lebenslangen Lernens von der Gesellschaft und den Individuen internalisiert wurde (Schmidt-Lauff 2008, S. 429), ist das Konzept „lebenslanges Lernen" von Diffusität gekennzeichnet. Es erlaubt unterschiedliche Interpretationen und ruft Missverständnisse hervor (Alheit/Felden 2009, S. 12). Diese Problematik beruht unter anderem auf der Tatsache, dass sich von Beginn an Wissenschaft, Praxis und Politik mit der Thematik des lebenslangen Lernens auseinandersetzen. Es handelt sich also um einen komplexen Diskurs, der die Forschung über lebenslanges Lernen erschwert. Dennoch ist es möglich, lebenslanges Lernen empirisch zu untersuchen, und es ist notwendig, die mit dem Diskurs einhergehenden Missverständnisse aufzuklären (Alheit 2009, S. 13).

Um zu zeigen, wie es zu der Diffusität und Vagheit des Konzepts gekommen ist, wird im Folgenden die Entstehungsgeschichte des Konzepts nachgezeichnet. Daran schließt sich die Darstellung theoretisch-konzeptioneller Forschungsbeiträge sowie empirischer Studien an, um den aktuellen Forschungsstand abzubilden, bevor im letzten Schritt die zentralen Erkenntnisse dieses Kapitels und ihre Bedeutung für die vorliegende Arbeit zusammengefasst werden.

2.1 Entstehungsgeschichte des Konzepts

Die Entstehungsgeschichte des Konzepts „lebenslanges Lernen" kann zusammenfassend folgendermaßen dargestellt werden: Bis zu den 1970er Jahren dominieren schulisches Lernen und die Bildung von Kindern und Jugendlichen die

---

[2] Faulstich (2010, S. 85) spricht dem Lernen hingegen ambivalente Konnotationen zu: „Zum einen wird unterstellt, Lernen sei befreiend: qualifikationssichernd, persönlichkeitsentfaltend und demokratiefördernd; zum anderen wird Lernen als erzwungen, verwertungsbezogen, anpassend, herrschaftssichernd gebrandmarkt. Lernen steht also in der Spannung zwischen ‚Selbst' und Macht, zwischen Subjekt und Struktur". Wie noch gezeigt werden wird, lässt sich diese Ambivalenz auch auf das Konzept des lebenslangen Lernens übertragen.

Bildungspolitik, bevor das bildungspolitische Konzept des *lebenslangen* Lernens seine erste Hochphase in den 1970er Jahren erfährt und zahlreiche bildungspolitische Dokumente sich der Thematik widmen. In den 1980ern rückt das Thema dann in den Hintergrund und erlebt in den 1990er Jahren seine zweite Hochphase.

Seit den Anfängen der Debatte über lebenslanges Lernen werden sowohl soziale Aspekte wie Gerechtigkeit und Chancengleichheit thematisiert als auch arbeitsmarktpolitische und ökonomische Argumente hervorgehoben. Damit bewegt sich das Konzept des lebenslangen Lernens von Beginn an im Spannungsfeld zwischen individuellem Gewinn und wirtschaftlicher Nützlichkeit bzw. zwischen Bürgerrecht und lebenslänglichem Zwang (Schrittesse 2011). Bevor näher auf diese Dichotomie eingegangen wird, werden die einzelnen Entwicklungsschritte detaillierter beschrieben.

Die 1970er Jahre sind von bildungspolitischen Dokumenten des Europarats, der UNESCO und der OECD geprägt:

1971 wird zunächst der Bericht „Permanente Education. Fundamentals for an Integrated Educational Policy" (Council of Europe 1971) des Europarats veröffentlicht, in dem das Individuum im Mittelpunkt steht und das Ziel verantwortungsbewusster und zu einem glücklichen Leben fähiger Menschen formuliert wird. Es geht um eine Ausweitung des Bildungswesens, um Offenheit hinsichtlich des Zugangs zu den Bildungseinrichtungen sowie um flexible Strukturen und Inhalte, die durch die Individuen mitbestimmt werden sollen. Wie diese Ziele realisiert werden sollen, wird allerdings nicht formuliert.

Im Jahr 1972 erscheint der sog. Faure-Report „Learning to be. The world of education today and tomorrow" (Faure et al. 1972) der UNESCO[3]. Die deutsche Übersetzung „Wie wir leben lernen" verweist bereits darauf, dass es sich nicht um ein rein bildungspolitisches, sondern eher um ein gesellschaftspolitisches Dokument handelt. Durch eine umfassende gesellschaftliche Veränderung soll das Ziel einer „Lerngesellschaft" erreicht werden, die dann als verwirklicht gilt, wenn alle Gesellschaftsmitglieder die Möglichkeit erhalten, ihre Lernprozesse auf das gesamte Leben auszuweiten. Das Dokument enthält im Unterschied zum Bericht des Europarats zwar Umsetzungsvorschläge, welche aber aufgrund des globalen Anspruchs eher utopisch erscheinen (Kuhlenkamp 2010, S. 17).

Ein Jahr später veröffentlicht die OECD den Bericht „Recurrent education: a strategy for lifelong education" (OECD 1973) mit der deutschen Übersetzung „Ausbildung und Praxis im periodischen Wechsel". Es geht dabei um ein Konzept, welches den Wechsel von Berufspraxis und Bildung bzw. Ausbildung vorsieht und auf eine Ausweitung dessen auf das gesamte Leben zielt. Hier stehen

---

[3]   Benannt nach Edgar Faure, ehemaliger französischer Bildungsminister und Vorsitzender der UNESCO-Kommission.

nicht mehr das Individuum und die individuelle Entfaltung im Mittelpunkt, sondern die Restrukturierung des Bildungssystems und der Beitrag zu höherem
Wirtschaftswachstum. Implementierungsvorschläge bleiben auch hier aus.
Demnach sind es Organisationen wie der Europarat, die UNESCO und die
OECD, die lebenslanges Lernen in den 1970ern populär machen. Hier ist noch
von „Permanente Education", „Lifelong Education" und „Recurrent Education"
die Rede, während der Begriff „Lifelong Learning" erst in den 1990er Jahren
einheitlich verwendet wird. Auch wenn die Schwerpunkte unterschiedlich gesetzt wurden, ging es in allen Dokumenten darum, das Lernen auf den gesamten
Lebenslauf auszuweiten und nicht auf die Schulzeit zu begrenzen.

Auch die zweite Hochphase in den 1990ern verdankt das Konzept des lebenslangen Lernens den internationalen Organisationen UNESCO und OECD
sowie auf europäischer Ebene der Europäischen Union. Wieder sind es gesellschaftliche Veränderungen, die lebenslanges Lernen notwendig erscheinen lassen. Mit lebenslangen Lernprozessen soll Globalisierungstendenzen, dem Wandel zur Wissensgesellschaft sowie der anhaltend hohen Arbeitslosigkeit begegnet
werden.

Die Europäische Kommission beschäftigt sich in den beiden sogenannten
Weißbüchern mit der in den 1990er Jahren herrschenden hohen Arbeitslosigkeit.
Im ersten Weißbuch „Growth, Competitiveness and Employment. The Challenges and Ways Forward into the 21st Century" (European Commission 1993) wird
lebenslanges Lernen als eine Möglichkeit der Bekämpfung von Arbeitslosigkeit
thematisiert. Das zweite Weißbuch "Teaching and Learning   Towards the learning society" (European Commission 1995) stellt eine Weiterentwicklung des
ersten dar und spricht lebenslangem Lernen nun eine höhere Bedeutung hinsichtlich der Bekämpfung von Arbeitslosigkeit zu. Außerdem werden drei zentrale
Herausforderungen diagnostiziert – die Informationsgesellschaft, die Globalisierung sowie die wissenschaftlich-technische Zivilisation – und Aktionsleitlinien
zum „Aufbau der kognitiven Gesellschaft" angeführt, die das Ziel der Förderung
und Sicherung von Beschäftigung und Erwerbsfähigkeit verfolgen.

Im Jahr 1996 wurde dann vor dem Hintergrund der beiden Weißbücher das
„Europäische Jahr des lebensbegleitenden Lernens" ausgerufen, in dem es u.a.
um die Förderung der Allgemeinbildung sowie der Erst- und Weiterbildung geht.
Damit wurde eine öffentliche Debatte über die Veränderungen von Bildung ausgelöst. Lernen wurde sowohl hinsichtlich erforderlicher Qualifikationsanforderungen als auch als Möglichkeit individueller Entfaltung thematisiert (Rothe
2011, S. 222).

Nicht zuletzt veröffentlichte die Europäische Kommission das sogenannte
"Memorandum on Lifelong Learning" (European Commission 2000). Grundlage
dafür war die Tagung des Europäischen Rats in Lissabon, auf der mit der sog.
„Lissabon Strategie" das Ziel formuliert wurde, die Europäische Union „zum

wettbewerbsfähigsten und dynamischsten wissensbasierten Wirtschaftsraum in der Welt zu machen" (Europäischer Rat 2000). In Anlehnung daran werden im Memorandum einerseits employability bzw. die Förderung der Beschäftigungsfähigkeit, andererseits gesellschaftliche Teilhabe bzw. die Förderung der aktiven Staatsbürgerschaft als Ziele angeführt.

Die UNESCO publiziert im Jahr 1996 den sog. Delors-Bericht „Learning: the treasure within" (Delors et al. 1996)[4], in dem der mündige Bürger in einer globalen Welt im Mittelpunkt steht. Es geht darum, individuelle Potentiale sowie die eigene Persönlichkeit entfalten und mit Autonomie und Verantwortungsbewusstsein handeln zu können. Unter Berücksichtigung der Globalisierung und der Informationsgesellschaft werden vier Säulen der Bildung angeführt: learning to know, learning to do, learning to live together and learning to be. Insgesamt wird in dem Bericht davon ausgegangen, dass Bildung eine bessere Gesellschaft ermöglicht.

Im gleichen Jahr erscheint die Studie der OECD "Lifelong Learning for All" (OECD 1996). Im Gegensatz zum Bericht „Recurrent Education" aus dem Jahr 1973 geht es nun nicht mehr um den Wechsel von Berufspraxis und Lernen, sondern um Lernen im Prozess der Arbeit bzw. um die stärkere Vernetzung von Lernen und Arbeiten. Mit lebenslangem Lernen sollen Wirtschaftswachstum, sozialer Zusammenhalt und persönliche Entfaltung erreicht werden.

Auf nationaler Ebene gab die KMK im Kontext des lebenslangen Lernens Empfehlungen für die Weiterbildung ab. Danach soll die Persönlichkeitsentwicklung im Vordergrund von Weiterbildung stehen (KMK 2001, S. 5 f.). Im Jahr 2001 wurde eine Expertenkommission zur Finanzierung des lebenslangen Lernens gegründet, die u.a. verschiedene Berichte zur Weiterbildung in Deutschland ausarbeitete und bspw. Empfehlungen zu lebenslangem Lernen in Unternehmen oder zur Arbeitsmarktpolitik und lebenslangem Lernen gab (Expertenkommission Finanzierung Lebenslangen Lernens 2004). Die Ergebnisse dieser Expertenkommission wurden mit weiteren Förderprogrammen im Aktionsprogramm „Lebensbegleitendes Lernen für Alle" zusammengeführt (BMBF 2001).

Nicht zuletzt hat die durch die Bund-Länder-Kommission im Jahr 2004 veröffentlichte Publikation „Strategie für Lebenslanges Lernen in der Bundesrepublik Deutschland" (BLK 2004) den Diskurs beeinflusst. Darin wird lebenslanges Lernen als „nicht weiter zu begründende Notwendigkeit unterstellt" (Kuhlenkamp 2010, S. 34); Begründungen für das Erfordernis, lebenslang zu lernen, werden hier nicht mehr gegeben, was für sich genommen bereits die gesellschaftliche Durchdringung des Begriffs dokumentiert. Stattdessen werden konkrete Differenzierungen und Strukturierungen vorgenommen: Der Bericht unterteilt Lernen in fünf Lebensphasen und grenzt diese durch verschiedene Entwick-

---

[4]   Jacques Delors war von 1985 bis 1995 der Präsident der Europäischen Kommission.

lungsschwerpunkte voneinander ab. Dabei sollen sowohl die einzelnen Bildungs-
stufen als auch die Lernangebote innerhalb einer Stufe zusammenwirken (vertikale und horizontale Vernetzung).

Zusammenfassend kann festgehalten werden, dass lebenslanges Lernen insbesondere durch die internationalen Organisationen prominent gemacht wurde.
Dabei spielt die OECD eine besondere Rolle, da sie in der Wahrnehmung der
Länder ein eindeutiges Ziel verfolgt (ökonomischen Fortschritt) und in der Bildungspolitik nah an dem Ideal einer technokratischen Expertenorganisation ist,
in der Weltmodelle (world models) und wissenschaftliche Expertise zusammen-
kommen (Jakobi 2006, S. 110). Außerdem stellt die eben genannte Studie der
OECD ("Lifelong Learning for All") hinsichtlich der bildungspolitischen Veröf-
fentlichungen eine Ausnahme dar, da es sich bei den anderen Dokumenten in
erster Linie um programmatische und keine fachlichen Schriften handelt (Rothe
2011, S. 229). Deutsche erziehungswissenschaftliche Fachzeitschriftenartikel be-
fassen sich selten mit der internationalen bildungspolitischen Debatte. Wenn sie
sich doch auf diese beziehen, wird meist auf die Konzepte der UNESCO und der
OECD Bezug genommen, während jene der EU eine geringe Rolle spielen (Ohidy 2011, S. 203).

Die Notwendigkeit lebenslangen Lernens wird in erster Linie mit der Dynamik des gesellschaftlichen Wandels begründet. In den 1990ern werden insbesondere die steigende Arbeitslosigkeit sowie gesellschaftliche Spaltungsprozesse
problematisiert (Rothe 2011, S. 228). Schrittesse (2011, S. 34) kritisiert, dass
Aspekte wie sozialer Zusammenhalt oder Chancengleichheit zwar immer angeführt werden, die Wettbewerbsfähigkeit aber nahezu immer an erster Stelle stehe.
Durch lebenslanges Lernen würden anpassungsfähige Arbeitskräfte ausgebildet,
die für die Marktbedingungen brauchbar seien.

Die diskursive Formation der bildungspolitischen Debatte beinhaltet drei
Gegenstände: gesellschaftlicher Wandel, Lernen als Imperativ der Lebensführung sowie Chancengleichheit, Chancengerechtigkeit und Bildungsgerechtigkeit
(Rothe 2011, S. 273 ff.). In dem Diskurs wird der gesellschaftliche Wandel zur
Informations-, Wissens- oder Lerngesellschaft thematisiert, der sich stetig be-
schleunigt und als Bedrohung dargestellt wird. Lernen als Imperativ der Lebensführung setzt Lernende voraus, die sich sowohl als lernfähig als auch als lernbe-
dürftig verstehen und Lernen somit zu einem selbstverständlichen Bestandteil
der Lebenshaltung machen. Hinsichtlich des Zugangs zu Bildung verändern bzw.
verschieben sich die Begriffe von Chancengleichheit zu Chancengerechtigkeit zu
Bildungsgerechtigkeit. Damit ist hinsichtlich des Zugangs zu Bildung mehr und
mehr das Individuum mit seinen eigenen Leistungen und Anstrengungen gefor-

dert, während die strukturelle Seite des Zugangs immer weniger in den Blick genommen wird.[5]
Die Debatte über lebenslanges Lernen hat in der Erwachsenenbildung zwar
Reformen ausgelöst, wie bspw. die Einführung des Europäischen Qualifikationsrahmens[6], allerdings sind damit keine Bildungsreformen oder Veränderungen der
Strukturen des Bildungswesens verbunden. So ist bspw. auch in deutschen
Hochschulen die Idee des lebenslangen Lernens noch nicht verankert (Wilkesmann 2012a, S. 52). Internationale Studien zeigen aber, dass entsprechende Ge-
setze die Entwicklung von Hochschulstrukturen in Richtung lebenslanges Lernen
fördern können (Kerres et al. 2012, S. 287). In Deutschland geht es eher um die
Aktivierung der an Lernprozessen Beteiligten. Strukturveränderungen werden
lediglich auf europäischer Ebene gefordert (Rothe 2011, S. 263). Auch in der
deutschen *wissenschaftlichen* Diskussion wird lebenslanges Lernen überwiegend
aus der Perspektive der individuellen Biographie betrachtet sowie „als anthropologische Notwendigkeit und als zentrale Aufgabe der (Lern)Gesellschaft interpretiert" (Ohidy 2011, S. 205), während bspw. ungarische Artikel eine kollektive, nationale Betrachtung zugrunde legen und sich auf Strukturen des Bildungswesens beziehen.[7]
Hier zeigt sich also wiederholt, was weiter oben bereits angedeutet wurde:
Lebenslanges Lernen ist ein Konzept, mit dem sich sowohl Bildungspolitik als
auch Wissenschaft auseinandersetzen. Während der bildungspolitische Diskurs
sich eher auf die gesellschaftliche Dimension von lebenslangem Lernen bezieht –
insofern, als dass veränderte Arbeitsbedingungen, Wissensgesellschaft oder employability im Vordergrund stehen – setzt sich die erziehungswissenschaftliche
Debatte mit konkreten Lernprozessen und Bildungsbiographien auseinander
(Dausien 2008, S. 151 f.). Während Bildungspolitiker fordern, lebenslanges Lernen (endlich) umzusetzen, besteht in der Erziehungswissenschaft der Konsens,
dass Menschen ohnehin ihr Leben lang lernen (Rothe 2011, S. 77). Brödel (2003,
S. 116) argumentiert hinsichtlich der unterschiedlichen Diskursstränge, dass der
politische Diskurs gewissermaßen verwissenschaftlicht sei und dass der wissenschaftliche Diskurs politische Rahmenbedingungen nicht außen vor lassen könne. Field (2009, S. 28 f.) verweist darauf, dass das Konzept seinen Ursprung

---

[5]   Hier kann eine Parallele zur Sozialpolitik ausgemacht werden. Wie etwa Lessenich (2008) zeigt,
      hat sich auch die sozialpolitische Relation zwischen Individuum und Staat in Richtung Eigenver-
      antwortung des Einzelnen und Aktivierung der Einzelnen durch Politik verschoben.
[6]   Der Europäische Qualifikationsrahmen (EQR) dient als Bezugsrahmen für die nationalen Quali-
      fikationssysteme und soll diese vergleichbar machen. Mit dem Deutschen Qualifikationsrahmen
      (DQR) soll neben der internationalen Vergleichbarkeit auch auf nationaler Ebene der Vergleich
      von Qualifikationen ermöglicht werden.
[7]   Ohidy (2011) hat die Rezeption des EU-Konzepts Lebenslanges Lernen in der erziehungswissen-
      schaftlichen Diskussion in Deutschland und Ungarn anhand von Fachzeitschriftenartikeln mitei-
      nander verglichen.

zwar in der Bildungspolitik habe, dass aber (dies gilt zumindest für Großbritannien) auch Wissenschaftler an der Entwicklung beteiligt gewesen sind und an der Prägung des Konzepts mitgewirkt haben. Seines Erachtens bleibe das Konzept trotz der intensiven wissenschaftlichen Auseinandersetzung ein bildungspolitisches, da die wissenschaftliche Auseinandersetzung mit der Thematik lediglich eine Reaktion auf die bildungspolitische Debatte sei. An dieser Verwobenheit der beiden Diskurslinien wird noch einmal deutlich, dass lebenslanges Lernen auch nach nunmehr 40 Jahren ein diffuser und vieldeutiger Begriff bleibt (Alheit/Dausien 2009, S. 713).

2.2 Das Konzept im wissenschaftlichen Diskurs

Die Begründungen für die Notwendigkeit lebenslangen Lernens sind im wissenschaftlichen Diskurs vielfach an die Theorie der Reflexiven Modernisierung angelehnt. Während der Lebenslauf in der Moderne durch das Eingebundensein in Klassen, Familie und Geschlechterrollen weitgehend sicher und vorgegeben war, führt die Herauslösung aus diesen traditionalen Bindungen zu Individualisierung und Optionenvielfalt. In einer individualisierten, sich schnell wandelnden, paradoxen und risikoreichen Gesellschaft ist lebenslanges Lernen zwingend erforderlich (u.a. Field 2009, West et al. 2007a; Alheit 2002; Felden 2002; Hof 2009). Fehlende Orientierungsmuster und die Zunahme von Wahlmöglichkeiten zwingen die Individuen zur kontinuierlichen Reflexivität ihrer Handlungen und verlangen von ihnen die Fähigkeit, Selbstverantwortung für ihre Biographien zu übernehmen. Dafür sind lebenslange Lernprozesse (in einem nicht-trivialen Sinne) notwendig. „*In der individualisierten Gesellschaft muss der Einzelne [...] lernen, sich selbst als Handlungszentrum, als Planungsbüro in Bezug auf seinen eigenen Lebenslauf, seine Fähigkeiten, Orientierungen, Partnerschaften usw. zu begreifen*" (Beck 1986, S. 217). Neben dieser Individualisierung führt Alheit (2008, S. 19 ff.) drei weitere gesellschaftliche Entwicklungstrends an, die lebenslanges Lernen unabdingbar machen: die Veränderung der Arbeit in spätmodernen Gesellschaften, die neue Funktion des Wissens sowie die zunehmende Dysfunktionalität der etablierten Bildungsinstitutionen. Die Veränderung der Arbeit ist u.a. an einem diskontinuierlichen und instabilen Arbeitsleben erkennbar, das durch den Wechsel von Arbeits-, Familien- und Weiterbildungsphasen sowie (un)freiwillige Berufsabbrüche gekennzeichnet ist. Dadurch büßt der Lebenslauf an Voraussehbarkeit und Planbarkeit ein, die Lebensplanung wird riskanter. Die neue Funktion des Wissens kann als „doing knowledge" bezeichnet werden. Es geht nicht mehr um die Vermittlung feststehenden Wissens, sondern um den Wechsel von individueller Wissensproduktion und organisiertem Wissensmanagement. Nicht zuletzt erweisen sich die etablierten Bildungsinstitutionen als dys-

funktional, da sie sich weiterhin auf die „Effektivität des Lehrens" und „didakti-
sche Strategien" konzentrieren anstatt Lernumwelten zu schaffen, die selbstbe-
stimmte Lernprozesse fördern. Auf diese sowie auf lebenslange Lernprozesse
müssen Schüler vorbereitet werden. Daher müssen die Bildungseinrichtungen zu
lernenden Organisationen werden und ihre Lernorganisation entsprechend anpassen.[8]

Tippelt/Reich (2008, S. 31) listen eine Reihe gesellschaftstheoretischer
Entwürfe auf, deren Bedingungen lebenslanges Lernen und Weiterbildung erforderlich machen. So führen sie neben der Wissens- und Risikogesellschaft bspw.
die Arbeitsgesellschaft an, in der den angestiegenen Qualifikationsanforderungen
sowie dem Risiko der Arbeitslosigkeit mit beruflicher Weiterbildung begegnet
werden könne, oder die Einwanderungsgesellschaft, die allgemeine Weiterbildung erfordere, um das gegenseitige Verständnis der Kulturen und Religionen zu
fördern.

Auch Lenz (2011, S. 90) verweist auf unterschiedliche Interessen, denen
das Konzept des lebenslangen Lernens dienen soll. Ergänzend zu einer ökonomischen und demokratischen Komponente spricht er lebenslangem Lernen u.a. eine
humane (in Anschluss an die humanistische Tradition), eine demographische
sowie eine situative Komponente zu. Unter Letztere fallen jene Lernprozesse, die
Individuen befähigen, neue Situationen zu bewältigen.

Abschließend kann auf Kuhlenkamp (2010, S. 12) verwiesen werden, der
aufzeigt, dass sich die Begründungen für lebenslanges Lernen zwar im Laufe der
Zeit verändert haben, sich aber dennoch Argumente für lebenslanges Lernen
ausmachen lassen, die durchgehend gleich geblieben sind, bspw. der Verfall des
Wissens, die ökonomische Dynamik der Gesellschaft sowie die Verbesserung
der Lebenschancen von Individuen.

Im Folgenden wird die analytische Ebene des Konzepts in den Blick genommen, indem theoretisch-konzeptionelle Beiträge zum lebenslangen Lernen
vorgestellt werden.

---

[8]   Eine weitere gesellschaftliche Entwicklung, die lebenslanges Lernen erforderlich macht, ist die
       soziale Beschleunigung (Hof 2009, S. 29). Beschleunigung ist nach Rosa (2005, S. 112 ff.) da-
       durch gekennzeichnet, dass man pro Zeiteinheit nicht nur schneller, sondern auch häufiger han-
       delt. Dies gelte nicht nur in Bereichen der freien Wirtschaft und der Politik, sondern auch im
       Kontext der individuellen Lebensführung.

2.2.1 Theoretisch-konzeptionelle Beiträge

Bevor auf Definitionen und theoretische Konzeptionen zum lebenslangen Lernen eingegangen werden kann, muss zunächst der Lernbegriff näher betrachtet werden. Lernen ist ein Begriff, der sowohl im Alltagsgebrauch als auch in politischen Diskursen (zum lebenslangen Lernen) unbestimmt ist. In der Regel wird ein implizites Verständnis von Lernen vorausgesetzt. Das Problem beim Lernbegriff besteht darin, ihn entweder inflationär zu gebrauchen oder zu stark auf ein spezifisches Reaktionsmuster einzuengen (Schäffter 2008, S. 80). Auch in der Wissenschaft existiert keine eindeutige Antwort auf die Frage, was Lernen ist. Neurophysiologisch lassen sich Veränderungen in bestimmten Hirnregionen feststellen, aber der Lernvorgang selbst bleibt verborgen (Dausien 2008, S. 156). Nach Bateson (1981, S. 366) bezeichnet Lernen „zweifellos eine Veränderung irgendeiner Art. Zu sagen, um was für eine Art der Veränderung es sich handelt, ist eine schwierige Angelegenheit".

Faulstich (2011, S. 17) kritisiert, dass die verhaltenswissenschaftlich orientierte Psychologie die gesellschaftliche Seite des Lernprozesses ausblendet und Lernen mit kausalistischen Ursache-Wirkungs- bzw. Reiz-Reaktions-Modellen zu erklären versucht. Auch Schäffter (2008, S. 67) hält die lineare Erklärung von Lernprozessen mithilfe von Gesetzmäßigkeiten für problematisch, insbesondere wenn es um lebenslange Lernprozesse geht. Daher müsse für lebenslanges Lernen nach Erklärungen gesucht werden, die nicht auf lernpsychologische Ansätze zurückgreifen. Lernen wird zunehmend in einem erweiterten bzw. „entgrenzten" Sinn verstanden und kann mit *Erfahrungslernen* überschrieben werden. Es kann als „konstruktive geistige Verarbeitung von Eindrücken und Erfahrungen und Umsetzung der gewonnenen Einsichten in persönliche Verstehenszusammenhänge, Verhaltensdispositionen und Kompetenzentwicklungen" (Dohmen 2002, S. 13) verstanden werden.

Das Verarbeiten von biographischen Erfahrungen spielt beim lebenslangen Lernen die zentrale Rolle. Individuen häufen im Laufe ihrer Biographie biographische Erfahrungen und biographisches Wissen an, das sie für künftige biographische Situationen bzw. Handlungsprobleme nutzen und anwenden können. Der biographische Wissensvorrat verändert sich stetig, indem neue Erfahrungen integriert werden und an vorhandene anschließen. Daher geht es beim lebenslangen bzw. biographischen Lernen „nicht um einzelne Schritte der Aneignung und Verhaltensänderung, sondern um höher organisierte Prozesse der Verarbeitung, Verknüpfung und (Trans-)Formation von Lernprozessen zu einer biografischen Erfahrungsgestalt – gewissermaßen um Lernprozesse ‚zweiter Ordnung'" (Alheit/Dausien 2009, S. 715). Der Modus lebenslangen Lernens ist also als Anschluss- und Verknüpfungslernen zu verstehen. Die in solchen Lernprozessen entwickelte individuelle Sinnstruktur wird durch weitere Lernprozesse ein Leben lang weiterentwickelt und umstrukturiert (Dausien 2008, S. 161). Somit kann lebenslanges Lernen auch als „das Aufnehmen, Erschließen und Einordnen von Erfahrungen und Wissen in das subjektive Handlungsrepertoire über die gesamte Lebensspanne" (Tippelt 2007, S. 444) definiert werden.

Es sollte deutlich geworden sein, dass es sich beim lebenslangen Lernen folglich um einen komplexen, vielschichtigen Modus des Lernens handelt, da es zeitlich, räumlich und inhaltlich weitreichender ist als bspw. curriculares Lernen in Bildungsinstitutionen. Es ist weder auf ein Lebensalter noch auf eine Bildungsinstitution noch auf einen festgelegten Wissenskanon beschränkt (Hof 2009, S. 30).

Die Europäische Kommission legt einen anderen Schwerpunkt und definiert lebenslanges Lernen als "all learning activity undertaken throughout life, with the aim of improving knowledge, skills and competences within a personal, civic, social and/or employment-related perspective" (European Commission 2001, S. 9) und unterscheidet zwischen formalem, non-formalem und informellem Lernen. Während formales Lernen in Bildungsinstitutionen stattfindet und auf anerkannte Abschlüsse zielt, findet non-formales Lernen außerhalb solcher Bildungseinrichtungen statt und führt nicht zu einem formalen Abschluss. Informelles Lernen erfolgt im täglichen Leben, ist daher nicht zwingend intentional und wird von den Betroffenen unter Umständen nicht als Wissenserweiterung wahrgenommen (European Commission 2000, S. 8). An dieser (hinsichtlich der Bewusstheit des Lernprozesses) vagen Definition informellen Lernens kann bereits abgelesen werden, dass es nicht einheitlich definiert ist (Dohmen 2001, S. 18). Der Unterschied in den Definitionen bezieht sich vor allem auf die Intentionalität des Lernprozesses (Hof 2009, S. 68). Dohmen (2001, S. 22) geht davon aus, dass informelles Lernen „aufgrund einer ganzheitlichen, (d. h. auch bildhaften und gefühlsmäßigen) Verarbeitung von Eindrücken und Erlebnissen aus der Umwelt zur Veränderung von Einstellungen, Vorstellungen und Verhaltensmustern führt". Erfahrungslernen, implizites Lernen, selbstgesteuertes Lernen u.a. können als Ausprägungen informellen Lernens bezeichnet werden (Dohmen 2001, S. 29).[9]

„Aus dem Blickwinkel biografischer Erfahrung sind analytische Unterscheidungen wie die zwischen formalem, nicht-formalem und informellem Lernen nicht unbedingt trennscharf. Im Gegenteil, es gehört zur Eigenart der Biografie, dass institutionell und gesellschaftlich spezialisierte und separierte Erfahrungsbereiche im Prozess der lebensgeschichtlichen Erfahrungsaufschichtung in-

---

[9]   Dohmen (2001, S. 29 ff.) geht in dem Beitrag der Frage nach, inwiefern Erkenntnisse über diese verschiedenen Ausprägungen des informellen Lernens zu einem besseren Gesamtverständnis des informellen Lernens Wesentliches beitragen können.

tegriert und zu einer besonderen Sinngestalt immer wieder neu zusammengefügt werden [...]. An [das] in der biografischen Konstruktionslogik von Erfahrung und Handeln enthaltene *Bildungspotenzial* knüpfen Politiken und pädagogische Konzepte des *Lifelong Learning* – eher implizit als analytisch reflektiert – an" (Alheit/Dausien 2009, S. 722).

Über diese Schwierigkeit, die Lernformen im Hinblick auf lebenslanges Lernen zu unterscheiden, bringt das diffuse Konzept des lebenslangen Lernens (wie bereits bei der Darstellung der bildungspolitischen Dokumente ersichtlich) zahlreiche Spannungsverhältnisse und Ambivalenzen mit sich. So wird die Popularität informellen, selbstorganisierten bzw. selbstgesteuerten Lernens vielfach kritisiert. Wenn *selbstgesteuertes* Lernen betont wird, werden in der Regel selbstständige und eigenverantwortliche Individuen vorausgesetzt, die als autonome Subjekte verstanden werden. Die komplexen Zusammenhänge, in die selbstorganisiertes Lernen eingebunden ist, werden dabei vielfach ignoriert: „Das Problem ist, Lernen allein ergebnisorientiert in Form von Kompetenzen fassen zu wollen, die in mechanistischer Vorstellung auch noch zertifizierbar seien. Die Komplexität von Lern- und Bildungsprozessen, die in biographischen Zusammenhängen eingebettet sind und informelles Lernen, Erfahrungslernen und lebensweltbezogenes Lernen integrieren, wird damit ausgeblendet" (Felden 2006, S. 229).

Dem autonomen Subjekt steht ein Subjektbegriff gegenüber, bei dem anstelle von Autonomie die Dominanz gesellschaftlicher Strukturen betont wird, denen Individuen unterworfen sind. Daher muss „Subjektorientierung [...] heute in der Ambivalenz von individuellen Chancen und gesellschaftlicher Funktionalisierung gesehen werden" (Felden 2009, S. 161). Wittpoth (2010, S. 152) spricht im Zusammenhang des selbstorganisierten bzw. informellen, natürlichen Lernens von einem „entrückten" Selbst, weil in den bildungspolitischen, gesellschaftspolitischen u.a. Argumentationen „nicht nach den Bedingungen der Möglichkeit von Aneignung, natürlichem, expansivem Lernen et cetera gefragt wird. Das Selbst ist ,völlig schwerelos', man traut ihm sehr viel zu, und kann dies tun, weil man über ein ,Selbst-Konzept' keine Rechenschaft abgibt". In der Bildungspolitik sei informelles und selbstgesteuertes Lernen deshalb so populär und von großem Interesse, weil damit nicht das Bildungssystem und die Bildungsinstitutionen, sondern die Individuen selbst im Fokus stehen. Die Verantwortung für lebenslanges Lernen wird damit auf die Subjekte übertragen (Kuhlenkamp 2010, S. 94). Dadurch produziert lebenslanges Lernen (bzw. die Dominanz *selbstorganisierten* lebenslangen Lernens) Gewinner, die in der Lage sind, die Gestaltungsmöglichkeiten zu nutzen und davon zu profitieren, sowie Verlierer, die keine Chancen oder Möglichkeiten haben, damit umzugehen.

Aufgrund der insgesamt offenen Institutionalisierungsform des lebenslangen Lernens sind die Individuen für die Gestaltung dessen und den Umgang damit selbst verantwortlich (Kade 1997, S. 113). Die Gesellschaftsmitglieder sind (im Unterschied zum Schulbesuch) nicht zur Weiterbildung verpflichtet, werden aber aufgrund des normativen Charakter lebenslangen Lernens gewissermaßen moralisch unter Druck gesetzt. Die Norm lebenslangen Lernens kann als Aufruf verstanden werden, der eine gesetzliche Pflicht ersetzt. Da keine Weiterbildungspflicht existiert, ist der Staat auch nicht verpflichtet, entsprechende Möglichkeiten bereitzustellen (Nuissl 2008, S. 290). Lebenslanges Lernen kann als Imperativ interpretiert werden, wobei die Individuen mit der Umsetzung, den Anforderungen und Erwartungen allein gelassen werden (Schlüter 2011, S. 34).

Genauso wie lebenslanges Lernen Gewinner und Verlierer produziert, bringt es Freiheiten und Chancen sowie Zwänge und Gefahren mit sich. Nittel (2003, S. 75) bezieht dieses Spannungsverhältnis auf biographische Entscheidungen. Einerseits vermittle lebenslanges Lernen den Eindruck, dass die Möglichkeit besteht, Entscheidungen revidieren und immer wieder von Neuem beginnen zu können. Andererseits müssten Individuen aber feststellen, dass es biographisch bedeutsame Entscheidungen gibt, die nicht reversibel und korrigierbar seien, was u.a. mit dem Verstreichen der Lebenszeit zusammenhänge.

Auch Kade/Seitter (2006, S. 15 ff.) verweisen auf ein Spannungsverhältnis, das sich auf die Charakterisierung des lebenslangen Lernens bezieht. Zum einen beinhaltet lebenslanges Lernen in einer positiv-affirmativen Auffassung ein demokratisch-emanzipatives Potential, indem es die Fortsetzung oder Wiederaufnahme von nicht genutzten Lernchancen ermöglicht und Möglichkeiten für einen Neuanfang bietet. Zum anderen kann lebenslangem Lernen in einer distanziert-ablehnenden Variante ein Zwangscharakter zugesprochen werden. In diesem Sinne instrumentalisiert lebenslanges Lernen und dient lediglich der ökonomischen Verwertbarkeit.

Auf die Gleichzeitigkeit von Instrumentalisierung und Emanzipierung lebenslangen Lernens weist auch Field (2000) hin. Lebenslanges Lernen als zentrales Bildungskonzept, als „new educational order" birgt einen Widerspruch, indem es politisch-ökonomischen Zielen wie Wettbewerbsfähigkeit und employability sowie gleichzeitig individueller Weiterentwicklung und sozialem Engagement dienen soll (Alheit/Dausien 2009, S. 714).

Dieser Widerspruch wird mit leicht unterschiedlichen Konnotationen vielfach thematisiert. Orthey (2004, S. 11) spricht aufgrund der Gleichzeitigkeit von Selbstverwirklichung und Selbstausbeutung bspw. von „zwielichtigem Lernen"; Schrittesse (2011, S. 29) stellt die Frage, ob lebenslanges Lernen Bürgerrecht oder lebenslänglicher Zwang ist.[10] Kade (1997, S. 118) fasst die Dualität des lebenslangen Lernens folgendermaßen zusammen:

---

[10]   Letztlich ist nicht nur das Konzept lebenslangen Lernens, sondern bereits die Erwachsenenidentität an sich einer Paradoxie unterworfen, indem sie einerseits nach Individualität, andererseits

„Betrachtet man das lebenslange Lernen nicht auf der Ebene seiner institutionell organisierten Möglichkeitsräume, sondern als gesellschaftlich durchgesetztes Prinzip, das institutionell in vielfältigen Aneignungsverhältnissen und Lernkulturen verkörpert ist, so erschließt sich ein weiterer Zusammenhang. In den Blick kommt, daß das lebenslange Lernen selber auch Quelle neuer Risiken ist. Denn es eröffnet einen gesellschaftlichen Möglichkeitsraum, einen Optionshorizont, auf den die Individuen bei der Gestaltung ihrer Biographien notwendig bezogen sind und zu dem sich jeder einzelne verhalten kann, aber auch muß. Aus dieser Sicht kommt das lebenslange Lernen weder als schlichtweg positive Einlösung individueller Entwicklungsoptionen in den Blick noch im negativen Sinne als Institution individueller Entmündigung; eine Sichtweise, die seit Jahren unter dem Stichwort „lebenslängliches Lernens" im pädagogiknahen Diskurs zirkuliert. Das lebenslange Lernen stellt sich vielmehr ambivalenter dar, nämlich als biographisch offener Raum, der zugleich eine für jeden einzelnen riskante Notwendigkeit darstellt. Durch seine bloße Existenz wird das lebenslange Lernen für die Biographie jedes einzelnen unvermeidbar zum Risiko".

Durch das Prinzip lebenslangen Lernens entstehen also sowohl mehr Möglichkeiten (Multioptionalität) als auch mehr Risiken, weil einerseits Orientierung fehlt und andererseits der Zwang besteht, handeln zu müssen. Dies ist ein spezifischer Diskurs, den Autoren wie Reckwitz aus kulturwissenschaftlicher Perspektive auf gesamtgesellschaftliche Verhältnisse beziehen. Reckwitz (2010) betont, dass es nicht um die Dualität von Freiheit oder Zwang geht, sondern vielmehr um „Hybridität" derselben – also die notwendige Gleichzeitigkeit von Freiheit und Zwang als zwei Seiten derselben Medaille. In diesem Sinne erscheint für die empirische Analyse interessant, wie sich die „hybride" Gestalt lebenslangen Lernens in den Biographien darstellt und wie die hieraus folgenden Herausforderungen bewältigt werden.

Hof (2009, S. 102 ff.) unterscheidet hinsichtlich der Bedingungen lebenslangen Lernens zwischen individuellen Voraussetzungen und soziokulturellen Bedingungen. Als Grundlagen für lebenslanges Lernen sind geistige Leistungsfähigkeit, Persönlichkeitsmerkmale und Einstellungen gegenüber Lernen individuelle Voraussetzungen. Zu den soziokulturellen Bedingungen zählen bspw. die Lebens- und Sozialisationsbedingungen und deren Einfluss auf Lernverläufe. In diesem Zusammenhang verweist Hof (2009) auf lebenslauftheoretische Studien, welche im Folgenden im Rahmen der Darstellung des Forschungsstands zum lebenslangen Lernen eingehend beschrieben werden.

---

nach Konformität strebt (Habermas 1968). Wie Individuen mit all diesen Paradoxien und Herausforderungen umgehen und welche Strategien sie entwickeln, wird in der empirischen Analyse u.a. versucht zu zeigen.

2.2.2 Empirische Studien zum lebenslangen Lernen

Bevor auf die qualitativen Studien zum lebenslangen Lernen eingegangen wird, sei auf die Studie von Rothe (2011) verwiesen, in der sie sowohl die wissenschaftliche als auch die bildungspolitische Auseinandersetzung mit lebenslangem Lernen untersucht hat. Die Ergebnisse sind in den vorangegangen Kapiteln bereits mehrfach rezipiert worden und werden auch in die folgenden Kapitel einfließen. Als zentrales Ergebnis der Studie soll hier festgehalten werden, dass die wissenschaftliche Erwachsenenbildung sich in unterschiedlicher Weise auf die Bildungspolitik bezieht. „Es wurden sowohl Prozesse der Politisierung des wissenschaftlichen Feldes sichtbar, als auch Strategien, die auf Autonomiegewinne gegenüber dem bildungspolitischen Feld zielen" (Rothe 2011, S. 406). Umgekehrt nehmen auch die bildungspolitischen Auseinandersetzungen Bezug auf die wissenschaftlichen Diskurse. Wissenschaftlichkeit und wissenschaftliche Fundierung erfahren in der bildungspolitischen Debatte hohe Bedeutung. Allerdings ist der Bezug auf Wissenschaft durch die Selektion von Begriffen und Konzepten sowie entsprechender Transformationen, die der bildungspolitischen Auseinandersetzung gleichkommen, gekennzeichnet. Gleichzeitig setzt die Wissenschaft sich vermehrt mit bildungspolitischen Begriffen auseinander. „In der wechselseitigen Bezugnahme bildungspolitischer und disziplinärer Diskurse werden sich Prozesse der Verwissenschaftlichung von Bildungspolitik ebenso vollziehen wie Prozesse der Politisierung der Erwachsenen- und Weiterbildungsforschung" (Rothe 2011, S. 410).

Kade/Hof (2008, S. 160 ff.) unterscheiden fünf disziplinär sowie methodologisch verschiedenartige Zugänge voneinander: 1) geisteswissenschaftlich-phänomenologische Darstellungen des lebenslangen Lernens, 2) psychologische Forschung zum Lernen Erwachsener, 3) quantitativ bildungssoziologisch ausgerichtete Lebenslaufforschung, 4) erziehungswissenschaftliche Forschung, die dem hermeneutisch-rekonstruktiven Paradigma folgt, sowie nicht zuletzt 5) soziologische Biographieforschung. Die qualitativen Studien können in Anlehnung an Hof (2009) in biographietheoretische Studien unterschieden werden, die sich auf Institutionen der Weiterbildung beziehen, sowie jene, die lebenslanges Lernen im gesamtbiographischen Gefüge rekonstruieren. Von den biographietheoretischen Ansätzen unterscheidet sie die bereits erwähnten lebenslauftheoretischen Ansätze, die sich mit den soziokulturellen Bedingungen auseinandersetzen.

Zunächst werden die qualitativen Studien vorgestellt, die die Institutionalisierung des Lernens in den Blick nehmen und lebenslanges Lernen im Kontext von Einrichtungen der Erwachsenenbildung erforschen.

Kade (1989) hat anhand von Interviews mit Teilnehmern und Kursleitern von VHS-Kursen untersucht, inwiefern die Teilnehmer die Erwachsenenbildung zur Lösung ihrer Identitätsprobleme nutzen. Dabei konnte er drei Formen individueller Aneignung rekonstruieren: Die „Identitätsentwicklung über Bildung" zielt auf die Gestaltung individueller Identität anhand von Lernprozessen. Die individuelle Identität ist hier noch nicht ausgebildet, während sie beim zweiten Typus „Identitätserwerb über soziale Zugehörigkeit" bereits entwickelt ist. Hier soll Erwachsenenbildung durch das Kennenlernen von anderen Teilnehmern zu sozialer Zugehörigkeit und somit zum Erwerb sozialer Identität beitragen. Auch beim dritten Typus, der „Identitätserhaltung über Tätigkeit", ist die individuelle Identität bereits ausgebildet und (im Unterschied zur zweiten Form) auch Thema der Erwachsenenbildung. Ziel ist ihre Erhaltung.

Egger (1995) geht anhand von narrativen Interviews mit Erwachsenenbildungsteilnehmern der Frage nach, welche Bedeutung Bildung im Lebenslauf hat und welche Rolle biographieorientiertes Lernen für Bildung spielt. Den methodologischen Rahmen bildet das Konzept der Biographisierung, verstanden als das aktive Erkennen und Gestalten von Prozessstrukturen des eigenen Lebenslaufs. Hinsichtlich der Bedeutung von Bildung konnten geschlechtsspezifische Unterschiede festgestellt werden. Bspw. sehen Frauen im Bildungshandeln die Möglichkeit der Entwicklung von Handlungsautonomie und messen der eigenen Persönlichkeitsentfaltung eine hohe Bedeutung bei. Männer seien in ihrer Selbstwerdung hingegen ausschließlich auf die Erwerbsrolle ausgerichtet.

In der Studie von Felden (2003) wurden Teilnehmerinnen des Weiterbildungsstudiengangs „Frauenstudien" interviewt. Das Forschungsinteresse war auf die Wahrnehmung dieses Studiums vor dem Hintergrund der biographischen Erfahrungsaufschichtung ausgerichtet. So kann das Studium bspw. als biographische Veränderungsoption wahrgenommen und damit die Absicht verfolgt werden, die Inhalte oder Erkenntnisse aus dem Studium für künftige Handlungen und Entscheidungen zu nutzen. Für eine grundlegende Veränderung müssen die neuen Erfahrungen allerdings auch an das Selbstbild angepasst werden können. Gelingt dies nicht, ist ein grundlegender Wandel nicht möglich. Oder das Studium kann die Funktion eines Übergangs zum „wirklichen", zweiten Leben neben der Familie bekommen. Die Lebensbereiche Familie und Studium sind hier also getrennt. Über die jeweilige Funktion entscheiden grundsätzlich die biographischen Erfahrungen.

Auch die Studie von Kade/Seitter (2006) kann den institutionenbezogenen Untersuchungen zugerechnet werden. Sie haben Funkkollegteilnehmer interviewt, die über längere Zeit an Bildungsveranstaltungen teilgenommen haben. Ziel war es, die Konstitution des lebenslangen Lernens sowie die lebensgeschichtliche Bedeutung der längerfristigen Teilnahme zu untersuchen. Damit wurden die subjektive Perspektive sowie die institutionelle Seite des lebenslangen Lernens berücksichtigt. Die Studie zeigt, dass die Beweggründe für lebenslanges Lernen der Teilnahme sowohl vorausgehen als auch erst durch die Teilnahme entstehen können. Das Funkkolleg kann als Übergang in selbstorganisiertes Lernen genutzt werden oder für das lebenslange Lernen von geringer Bedeutung sein. Erwachsenenbildung ist nur eine Möglichkeit, Prozesse lebenslangen Lernens in Gang zu setzen. Lebenslanges Lernen setzt sich „aus einer Vielzahl hochgradig kontextbezogener, situativer, punktueller und disparater Praktiken der Inanspruchnahme von institutionellen Bildungsangeboten" (Kade/Seitter 1996, S. 250) zusammen. Während Erwachsenenbildung durch zielgerichtetes Handeln gekennzeichnet ist, ist die Logik lebenslangen Lernens „die eines nicht rationalisierbaren Suchprozesses im Spannungsfeld von institutionellen Angeboten, biographischen Prozesse, alltäglicher Lebenspraxis und kontingenten historischen oder individuellen Ereignissen" (Kade/Seitter 1996, S. 250). An anderer Stelle bezeichnet Kade (1985, S. 139) den nicht zielgerichteten Verlauf von Bildungsprozessen auch als „diffuse Zielgerichtetheit".

Nicht zuletzt sei auf die Studie von Alheit et al. (2003) [11] verwiesen. Sie waren an Lernkontexten und -milieus interessiert und haben biographisch-narrative Interviews mit Männern und Frauen aus unterschiedlichen sozialen Milieus geführt. Als Lernmilieus wurden Weiterbildungseinrichtungen mit unterschiedlichen Profilen verstanden, die von „klassischen" Einrichtungen der Erwachsenenbildung über kommerzielle Bildungsangebote bis zu freien Initiativen reichten. Das Forschungsinteresse galt neben der biographischen Bedeutung der Lernkontexte den Prozessstrukturen selbst organisierten biographischen Lernens. Die Lernbiographie wurde dabei als Verkettung von „Lernfiguren" verstanden. „Der Begriff „Lernfigur" bezeichnet [...] die komplexe Gestalt eines Lernprozesses, der dem abduktiven Modell des „Erfahrung-Machens" bei Dewey entspricht" (Alheit et al. 2003, S. 37). Lernfiguren sind nicht konstant oder starr, sondern können sich verändern oder parallel existieren. Das Ziel war es, Lernfiguren zu identifizieren sowie deren Verkettung zu rekonstruieren. Im Hinblick auf die Lernmilieus wurde u.a. deutlich, dass die konkrete Lerngruppe von großer Bedeutung ist, wenn es um die Identifikation der Lernenden mit dem Lernmilieu geht. Dahingehend müssen die Lernmilieus an die biographischen Erfahrungen der Lernenden anschließen und den Teilnehmenden die Möglichkeit bieten, ihre eigenen Erfahrungen in die Maßnahme einzubringen. Das Ergebnis der Analyse sind fünf idealtypische Lernfiguren: Die erste Lernfigur wurde als „Umgang mit Differenzerfahrungen und biographischen Brüchen" bezeichnet. Diese sind Anlass für Lernprozesse und regen zu Reflexion an, indem sie einen grundlegenden Perspektivwechsel mit sich bringen. Die zweite Lernfigur,

---

[11] Während die Darstellung der anderen Studien auf Verweise von Kade/Hof (2008) und Hof (2009) zurückgeht, ist die Aufmerksamkeit für die Studie von Alheit et al. (2003) Rothe (2011) zu verdanken. Sie geht außerdem auf die biographieanalytische Studie von Menz (2008) über die Konstruktion von Geschlecht und Geschlechterbeziehungen ein, da dieser Konstruktionsprozess auf der Ebene der Individuen auch als Lernprozess verstanden werden kann (Rothe 2011, S. 111 ff.), was allerdings für den Fokus der vorliegenden Arbeit weniger von Relevanz ist.

„Nachholung verhinderter Lernprozesse", ist durch gescheiterte Bildungsinten-
tionen gekennzeichnet, wobei die ursprünglichen Wünsche bestehen bleiben und
die Biographie begleiten. Beim „Lernen als interaktive Erfahrung" steht die informelle Seite des Lernens im Vordergrund. Dabei geht es explizit um den Aus-
tausch mit anderen, wobei die Anlässe für diese Lernprozesse vielfältig und
komplex sind. Der vierten Lernfigur mangelt es an biographischen Ressourcen
für Reflexivität und biographische Planung. Dieses Defizit führt zu ständigen
Neuanfängen und biographischen Abbrüchen. Daher wird sie als „Enaktierung
von Wiederholungsstrukturen" bezeichnet. Die Lernfigur „Lernen als pragmati-
sche Problembearbeitung" bezieht sich nicht auf langfristige Handlungspläne,
sondern auf die Anpassung des konkreten Handelns an neue und überschaubare
Probleme des Lebens. Zentral für den Handlungsvollzug ist der praktische Nutzen. Dadurch kann sie sich bspw. für die erste Lernfigur (bei Differenzerfahrungen und biographischen Brüchen) als besonders hilfreich erweisen. An diese
Identifikation der Lernfiguren haben Alheit et al. (2003) „Lernprofile" angeschlossen, die sich aus der Vernetzung der Lernfiguren ergeben und die Haltung
der Interviewten zu ihren eigenen Entwicklungen widerspiegeln. Die vier idealtypischen Lernprofile ergeben sich aus den Spannungsfeldern Autonomie vs. Heteronomie sowie Langzeit- vs. Kurzzeitplanung. Autonomie kann in Anlehnung
an Schützes (1984) Prozessstrukturen[12] des Lebenslaufs auch als biographisches
Handlungsschema bezeichnet werden und bezieht sich hier auf die Möglichkeit
selbstbestimmter Bildungsprozesse. Hingegen bezieht sich Heteronomie als
biographische Verlaufskurve auf den Kontrollverlust über die eigene Biographie.
Langzeitplanung bezieht sich auf die biographische Lebensspanne und bedingt
ein hohes Maß an biographischer Reflexivität, während Kurzzeitplanung sich auf
konkrete Problemsituationen bezieht. Entsprechend dieser Spannungsfelder ergeben sich vier Lernprofile. Das erste Lernprofil kann als „integriert" bezeichnet
werden, da es das Gelingen langfristiger Pläne sowie das autonome Durchsetzen
derselben beinhaltet. Das „strategische Lernprofil" ist ebenfalls durch langfristige biographische Planung gekennzeichnet. Diese hat allerdings eher heterono-
men Charakter, da sie bspw. an anerkannten Karrierevorstellungen ausgerichtet
ist. Beim „pragmatischen Lernprofil" ist Langzeitplanung gering ausgeprägt,
aber die Fähigkeit zu autonomen Entscheidungen vorhanden. Folglich ergibt sich
das vierte Lernprofil, das als „repetitiv" bezeichnet werden kann, aus mangelnder
biographischer Reflexivität und biographischen Verlaufskurven. Die Studie ist
hinsichtlich des Lernverständnisses von besonderer Relevanz, da jenes der vorliegenden Studie in weiten Teilen daran angelehnt ist. Dieses wird in Kapitel 3.5
näher erläutert.

---

[12] Auf die Prozessstrukturen wird in Kapitel 3 näher eingegangen.

Nun folgt die Darstellung jener Studien, in denen lebenslanges Lernen unabhängig von (einzelnen) Institutionen des Bildungswesens bzw. der Erwachsenenbildung erforscht wurde. Die folgenden Studien sind nicht rein qualitativ vorgegangen, sondern haben qualitative und quantitative Verfahren verbunden.[13]

Friebel et al. (2000) haben anhand einer quantitativ-qualitativen Längsschnittuntersuchung die Bildungsverläufe und -biographien in Schule, Aus- und Weiterbildung untersucht. Das Sample setzte sich aus einer Hamburger Abschlusskohorte von 1979 zusammen, dessen Lernprozesse von 1980 bis 1997 erhoben wurden. Die Interviews zeigen, dass die Teilnahme an Weiterbildung als biographische Eigenleistung interpretiert wird. Die Interviewten scheinen die Notwendigkeit von lebenslangem Lernen internalisiert zu haben. Dabei stehen sie selbst als Subjekte im Mittelpunkt, während die institutionelle Seite nur am Rande erwähnt wird. Unabhängig von Geschlecht und Bildungsbiographie bildet der Ich-Aspekt den Kern der Interpretation der Interviewten. Die Selbstverständlichkeit der Teilnahme an Weiterbildung ist einerseits positiv konnotiert, andererseits scheinen die Interviewten mit dieser Selbstverständlichkeit überfordert. Mit dem Terminus des lebenslangen Lernens, der Lernen und Leben verbindet, scheinen sie sich entlastet zu fühlen, da das Leben lebenslanges Lernen sei und man jeden Tag lerne.

Zu einem ähnlichen Ergebnis kommen Biesta et al. (2011) sowie Schmidt-Lauff (2008). Biesta et al. (2011) haben auch anhand einer Längsschnittuntersuchung und einer Integration von quantitativen und qualitativen Verfahren untersucht, welchen Sinn die Befragten dem Lernen beimessen. Sie konnten ebenfalls herausarbeiten, dass Lernen allgegenwärtig ist und eine hohe Bedeutung in den Biographien einnimmt. Die Haltungen zum Lernen sind allerdings sehr unterschiedlich. Während die einen Lernen als Fakt, als alltäglich beurteilen, wird es bei anderen für seine Ergebnisse sowie für den Lernprozess an sich wertgeschätzt. Die einen bewerten Lernen nicht als grundsätzlich positiv, während andere es als wichtigen Teil ihrer Identität erachten und sich selbst als Lernende verstehen möchten. Diese Haltungen können Lernprozesse entsprechend ermöglichen oder verhindern.

Schmidt-Lauff (2008) hat in ihrer Studie zur „Zeit für Bildung im Erwachsenenalter" neben qualitativen Gruppenbefragungen eine quantitative Fragebogenerhebung durchgeführt und sich dabei u.a. für Zeitanteile für Lernen, für Zeitempfinden in Bezug auf Lernen sowie für die Kontextualisierung des Lernens interessiert. Auch die Befragten ihrer Studie haben die Forderung lebenslangen Lernens verinnerlicht und definieren das gesamte Leben als ein Lernen.

---

[13]   An dieser Stelle werden lediglich die Ergebnisse der Interviews rezipiert. Auf die Ergebnisse der quantitativen Erhebungen wird, sofern sie für die vorliegende Arbeit von Bedeutung sind, im Rahmen der Darstellung der quantitativen Studien eingegangen.

Im Unterschied zu den Interviewten der Studie von Friebel et al. (2000) haben die hier Befragten mit dem Konzept des lebenslangen Lernens aufgrund seiner Offenheit Schwierigkeiten. Im Rahmen einer eigenen Definition stehen sich ein persönlichkeitsbezogenes und ein funktionsbezogenes Verständnis gegenüber. Persönlichkeitsbezogen ist auch als individualisiert-selbstgesteuert zu verstehen und meint bspw., sich Dinge selbstständig beizubringen. Das funktionsbezogene Verständnis ist durch Resignation gekennzeichnet, lebenslanges Lernen wird als Notwendigkeit hingenommen.

Nicht zuletzt sei auf die Münchner EdAge-Studie (Tippelt et al. 2009) verwiesen, in der das Weiterbildungsverhalten sowie die Weiterbildungsinteressen der 45- bis 80-Jährigen untersucht wurden. Dazu wurden neben Experteninterviews, einer Repräsentativbefragung und Gruppendiskussionen 60 Tiefeninterviews geführt, anhand derer sich vier Idealtypen zum Bildungsverständnis und den Bildungsinteressen Älterer bilden ließen. Diese ergaben sich aus den Polen solidarisch vs. individuell sowie Bildung als Eigenwert vs. Bildung als Zweck. Für die vorliegende Studie ist insbesondere die Unterscheidung von Eigenwert und Zweck von Interesse. Bildung als Eigenwert meint die Teilnahme an Weiterbildung „um der Bildung willen, als Selbstzweck" (Tippelt et al. 2009, S. 175). Ist die Teilnahme durch Verwertbarkeit des erworbenen Wissens geprägt, wird Bildung als Zweck definiert. Die Weiterbildung wird dann „zweckorientiert utilitaristisch" (Tippelt et al. 2009, S. 175) absolviert. Beispielhaft seien der „sozial-emotionale" sowie der „utilitaristische" Typ genannt, die sich im Vier-Felder-Schema diagonal gegenüber liegen. Während ersterer Bildung als Eigenwert versteht und das Interesse verfolgt, sozialen Kontakt zu anderen herzustellen, versteht der utilitaristische Typ Bildung als Zweck und betont die individuelle Zielerreichung.

An diese qualitativ-quantitativen Studien schließt sich letztlich die Darstellung der Untersuchung von Herzberg (2004) an, die keinen Mixed-Methods-Ansatz gewählt, sondern eine qualitative Studie durchgeführt hat. Sie hat in der Mehrgenerationenstudie „Biographie und Lernhabitus" mithilfe von biographisch-narrativen Interviews die generationale Veränderung von Lernhabitus[14] untersucht. Anhand der Interviews mit Werftarbeitern und deren Kindern konnte sie feststellen, dass die Lernhabitusmuster persistent bleiben und sich über die Generationen hinweg – trotz der gesellschaftlichen Veränderungsprozesse und der besonderen Dynamik des Milieus – kaum verändern.[15] Dem bewahrenden Lernhabitusmuster, das keine Bildungsaspirationen beinhaltet und praktische

---

[14] Der Lernhabitus „ist Produkt inkorporierter sozialer Strukturen, zugleich aber auch das Erzeugungsprinzip biographischer Lern- und Bildungsprozesse" (Herzberg 2004, S. 49 f.). Er ist also ein Teilaspekt des Gesamthabitus.

[15] Dieses Ergebnis verweist wiederholt auf die Problematik von Konzepten wie selbstgesteuertes Lernen, in denen von autonomen und strategisch Lernenden ausgegangen wird (Rothe 2011).

Arbeit wertschätzt, steht ein entwicklungsorientierter Lernhabitus gegenüber, der Bildungsbestrebungen umfasst und durch biographische Reflexivität gekennzeichnet ist.

Die bisher dargestellten Studien zeigen, dass die Perspektive der Individuen für die Untersuchung lebenslangen Lernens sinnvoll und erforderlich ist. Anhand biographischer Zugänge kann rekonstruiert werden, worauf lebenslanges Lernen gründet und welche Rolle bspw. die Vorbildung und die biographischen Erfahrungen der Interviewten für ihre Haltung gegenüber lebenslangem Lernen sowie für die Kontextualisierung von lebenslangem Lernen spielen. Damit wird Lernen gleichzeitig nicht als individuell, sondern als abhängig von sozialen Kontexten verstanden (Rothe 2011, S. 114). Trotz dieses Konsenses und der Operation mit den gleichen Begriffen sowie mit vergleichbaren Methoden fällt es schwer, die Ergebnisse der Studien aufeinander zu beziehen (Rothe 2011, S. 116). Dies kann wiederholt als Beleg für die Diffusität und Vieldeutigkeit des Konzepts lebenslangen Lernens ausgelegt werden.

Im Rahmen der quantitativen Studien ist der europäische Adult Education Survey (AES) ein bekanntes Erhebungsinstrument, das das Weiterbildungsverhalten der Bevölkerung untersucht.[16] Anhand der Untersuchung von formalen, non-formalen und informellen Lernprozessen werden die Lernaktivitäten der Individuen in den Blick genommen. Im Jahr 2012 ist mit 49% die höchste Teilnahmequote seit dem Jahr 1979 zu verzeichnen. Unterschiede in der Beteiligung an Weiterbildung zeigen sich seit 1979 u.a. hinsichtlich des Erwerbsstatus, des Bildungshintergrunds, des Geschlechts und des Alters. Auch im Jahr 2012 beteiligen sich Erwerbstätige (56%) und Personen mit hohem schulischem (64%) und beruflichem (68%) Bildungsniveau am häufigsten an Weiterbildung. Somit sind hinsichtlich der seit Jahren zu verzeichnenden Weiterbildungsschere keine großen Veränderungen festzustellen; das Matthäus-Prinzip bleibt bestehen. Hinsichtlich des Geschlechts ist der Unterschied gering. Männer (51%) nehmen etwas häufiger an Weiterbildung teil als Frauen (47%). Ältere beteiligen sich zwar weniger, aber dennoch auf hohem Niveau an Weiterbildung (55-59-Jährige 44%, 60-64-Jährige 32%) (BMBF 2013). Bei Älteren ist das Kontaktmotiv stark, das persönliche Leistungsmotiv hingegen weniger ausgeprägt. Spaß am Lernen ist wichtiger als die berufliche Verwertbarkeit oder der Erhalt eines Zertifikats (Tippelt/Reich 2008, S. 38).

Während untere soziale Schichten sich zwar deutlich weniger an Weiterbildung beteiligen, ist die Wertschätzung von Lernen und Bildung in allen sozialen Schichten relativ hoch. Es besteht also eine Diskrepanz hinsichtlich der Wert-

---

[16] Bis zur Umstellung auf dieses Berichtskonzept im Jahr 2007 wurde das Weiterbildungsverhalten der deutschen Bevölkerung anhand des Berichtssystem Weiterbildung (BSW) untersucht. Mit dem AES können nun international vergleichbare Ergebnisse erzielt werden.

schätzung und der tatsächlichen Lernaktivität (Tippelt 2007, S. 446). Auch dieser Befund kann als Beleg für die Internalisierung des Postulats des lebenslangen Lernens ausgelegt werden. Baethge/Baethge-Kinsky (2004) haben in einer repräsentativen Befragung u.a. den Zusammenhang von unterschiedlichen Lernformen (formal bis informell) und der Lernintensität untersucht und kommen zu dem Ergebnis, dass informelles Lernen (hier arbeitsbegleitendes Lernen und Lernen im privaten Umfeld) mit Erfahrungen hoher Lernintensität einhergeht, während bei formalisierter Weiterbildung nur knapp die Hälfte (48%) der Befragten die Lernintensität positiv bewertet (Baethge/Baethge-Kinsky 2004, S. 41). Die Befragten sollten weiterhin ihre spontanen Empfindungen zum Begriff Weiterbildung angeben. Dabei sprechen ihr nur 20% eine bereichernde Erfahrung zu, während 52% sie als akzeptierten beruflichen Zwang empfinden; bei 17% lässt sich Lernmüdigkeit („Es reicht, ich habe genug gelernt") und bei 11% Frustration („Es bringt ja doch nichts") feststellen.

Die bereits erwähnte Studie von Fend (2006) hat nicht die individuelle Bildungsbiographie, sondern die Biographie einer Generation in den Blick genommen und Lebensläufe von 1527 Personen untersucht, die vom 12. bis zum 35. Lebensjahr begleitet werden konnten. Das Forschungsinteresse galt der Auswirkung der schulischen Laufbahn auf die weitere Lebensbewältigung. Dazu wurden die vier Abschlüsse Hauptschulabschluss, mittlere Reife, Fachabitur und Abitur voneinander unterschieden und der Zusammenhang von Schulabschluss und Selbstwirksamkeit, Arbeitsmotivation sowie Weiterbildungsbereitschaft untersucht. Die Ergebnisse zeigen, dass sowohl die Selbstwirksamkeit als auch die Arbeitsmotivation nicht mit dem Schulabschluss zusammenhängen, während die Weiterbildungsbereitschaft mit höherer Schulbildung steigt. Lernen ist bei Personen mit höherer Schulbildung stärker habitualisiert. Also zeigt sich auch hier der starke Zusammenhang von Bildungsniveau und Weiterbildung. Insgesamt scheint der schulische Abschluss sich allerdings nicht auf die Lebensqualität auszuwirken (Fend 2006, S. 30).

Nicht zuletzt sei auf die bereits erläuterte Studie von Friebel et al. (2000) verwiesen, die im Rahmen der quantitativen Befragung ebenfalls zu dem Ergebnis kommen, dass die Teilnahmequote mit steigendem Abschluss zunimmt. Hingegen halten nahezu alle Befragten „sehr viel" (47%) oder „viel" (44%) von Weiterbildung. Damit zeigt sich auch hier die Diskrepanz zwischen tatsächlicher Teilnahme an und Wertschätzung von Weiterbildung. Hinsichtlich einer latenten Weiterbildungsbereitschaft als Haltung und der Bereitschaft, auch an organisierten Maßnahmen der Weiterbildung teilzunehmen, äußern sich 62% der Befragten in beiden Hinsichten positiv und werden als „potentielle Nutzer" bezeichnet. Der Anteil dieser Gruppe steigt wiederum mit steigendem Schulabschluss. Zwar sind 29% für Weiterbildung zugänglich, halten es aber nicht für bedeutsam, regelmäßig an Veranstaltungen teilzunehmen. 6% der Untersuchten besitzen weder eine positive Haltung noch die Bereitschaft zur Teilnahme.

Alle dargestellten Studien verweisen im Zusammenhang mit lebenslangem Lernen auf die Biographie und den Lebenslauf. Während bei den qualitativen Studien v.a. die Subjektperspektive im Vordergrund steht und die Biographie als Konstruktionsleistung verstanden wird, wird in den quantitativen Studien die objektive Seite der Statuspassagen und der Lebenslauf als Abfolge von Phasen und Übergängen fokussiert (Kade/Hof 2008, S. 162).

2.3 Zusammenfassung

Zusammenfassend kann festgehalten werden, dass der Begriff lebenslangen Lernens von Diffusität gekennzeichnet ist. Vielfältige Bedeutungen und Definitionen sowie unterschiedliche Schwerpunkte und Betonungen prägen den Terminus.

Ein herausragender Strang innerhalb des wissenschaftlichen Diskurses thematisiert die Widersprüchlichkeit, die mit dem lebenslangen Lernen einhergeht. Dabei ist (mit unterschiedlichen Konnotationen) von einer Dualität, von Ambivalenz oder von zwielichtigem Lernen die Rede – Wettbewerbsfähigkeit versus individuelle Weiterentwicklung, Selbstverwirklichung versus Selbstausbeutung, Bürgerrecht versus lebenslänglicher Zwang. Diese Dichotomien sollen in der vorliegenden Studie nicht als a priori vorausgesetzt werden.

Die Gemeinsamkeiten des wissenschaftlichen Diskurses beziehen sich auf das Lernen über alle Lebensphasen hinweg sowie auf verschiedene Lernformen, d.h. lebenslanges Lernen erstreckt sich von der Kindheit über das Jugend- und Erwachsenenalter bis ins hohe Alter und erfolgt formal, non-formal und informell.

Vor diesem Hintergrund soll für die vorliegende Studie im Laufe der Arbeit ein Begriff von lebenslangem Lernen entwickelt werden, der sich dem Phänomen struktural nähert, also den Modi des Lernens beschreibt und nicht inhaltlich einschränkt oder gar (politisch) rechtfertigt. Hierfür erscheint das folgende Verständnis von lebenslangem Lernen *vorerst* als das anschlussfähigste:

Es geht um Lernprozesse „zweiter Ordnung" (Alheit/Dausien 2009, S. 715) in Form von Anschluss- und Verknüpfungslernen und um Sinnstrukturen, die durch diese Lernprozesse weiter entwickelt werden (Dausien 2008, S. 161). Dem gehen Suchprozesse in vielschichtigen Spannungsverhältnissen voraus. Lebenslange Lernprozesse können mit Kade (1985, S. 139) auch mit der Formulierung „diffuse Zielgerichtetheit" charakterisiert werden.

Bisher wurde das Konzept lebenslangen Lernens nur mittelbar mit Biographien in Verbindung gebracht. Im Folgenden wird es daher darum gehen, Lernprozesse biographietheoretisch zu betrachten, um daraufhin darstellen zu können,
wie lebenslanges Lernen biographisch begriffen und erforscht werden kann.

3 Lernen und Biographie

Menschen lernen ein Leben lang und jeden Tag. Gerade diese Erkenntnis sollte Anlass für eine begriffliche Klärung sein. Dies erscheint insbesondere vor dem Hintergrund relevant, dass es sich bei der bildungspolitischen und wissenschaftlichen Diskussion um lebenslanges Lernen nicht um ein solch triviales Lernverständnis, sondern vielmehr um eine konzeptionelle Reaktion auf gesellschaftliche Veränderungen handelt. Daher erscheint es notwendig, die Begriffe Biographie und Lernen näher zu beleuchten und in ein Verhältnis zu setzen, damit für die empirische Analyse das notwendige begrifflich-konzeptionelle Instrumentarium zur Verfügung steht.

Bevor im Folgenden auf Biographieforschung und biographische Konzepte eingegangen werden kann, soll zunächst die Unterscheidung von Lebenslauf und Biographie beschrieben werden, da diese Unterscheidung auch mit unterschiedlichen Forschungsansätzen korrespondiert.

3.1 Biographie und Lebenslauf

Lebenslauf bezeichnet i.d.R. den chronologischen Ablauf der einzelnen Positionen und Lebensabschnitte einer Person und bezieht sich auf Statusübergänge und „Positionssequenzen" (Kaltschmid 1999, S. 102). Nach Kohli (1985) kann der Lebenslauf als soziale Institution verstanden werden, da er als „formales Gerüst" (Alheit/Dausien 2009, S. 723) für die Individuen in modernen Gesellschaften die einzelnen zu durchlaufenden Statuspassagen regelt. Seit der Moderne sind Lebensläufe u.a. aufgrund von Erwerbsarbeit und staatlichen Sicherungssystemen strukturiert und festgelegt. Gleichzeitig ist das Leben in der Moderne aber auch durch Individualisierungsprozesse (bspw. durch Veränderungen der Erwerbsarbeit und verlängerte Lernprozesse), durch die Pluralisierung von Lebensstilen und den Verlust traditioneller Lebensmuster gekennzeichnet. Dadurch hat die Vorstellung von einem „Normallebenslauf" an Gültigkeit verloren, so dass auch von einer „De-Institutionalisierung" des Lebenslaufs die Rede sein kann. „Institutionalisierung von Individualität und Institutionalisierung des Lebenslaufs sind Teile desselben historischen Prozesses" (Kohli 1988, S. 33). Zwischen dem standardisierten Ablaufprogramm und der Offenheit des Lebenslaufs besteht ein widersprüchliches Verhältnis. Die Orientierungsleistung einer Institution kann gegensätzlich beurteilt werden, da sie gleichzeitig Sicherheit bietet und den Handlungsspielraum einschränkt. Der Lebenslauf enthält neben diesem Spannungsverhältnis zusätzlich die Institutionalisierung von Individualität, so dass sowohl die Standardisierung als auch die Individualisierung bzw. sowohl die Handlungseinschränkung als auch die biographische Offenheit institutionalisiert sind (Kohli 1986, S. 187).

Diese Gleichzeitigkeit von Institutionalisierung und Individualisierung bzw. De-Institutionalisierung ist zunächst schwer vorzustellen, aber insofern denkbar, als dass zunehmende Individualisierung nicht in jedem Fall heißt, dass „die Institutionalisierung, nämlich die gesellschaftliche Steuerung von Lebensläufen, dadurch rückläufig wird, sondern [...] es vermehren sich die Angebote zum Vollzug des Lebenslaufs, ohne daß gleichzeitig traditionelle Ordnungen über Bord geworfen werden (müssen)" (Hoerning 1995, S. 20). Das heißt, es können mehrere typische Formen von Lebensläufen gleichzeitig nebeneinander existieren, ohne dass der strukturelle Konsens aufgelöst ist. Die Frage, inwiefern von einem neuen Lebenslaufregime die Rede sein kann, lässt Kohli offen (Schiek 2010, S. 53 f.).

Entsprechend der Definition des Lebenslaufs als Abfolge von Phasen und Übergängen ist die Lebensverlaufsforschung quantitativ und verteilungstheoretisch ausgerichtet (Nittel 2006, S. 103). Sie befasst sich mit der Verteilung von Lebensverläufen sowie deren Veränderungen im Zusammenhang mit gesellschaftlichem Wandel (Mayer 1987, S. 54). *Kohorte* (bspw. Geburtskohorte) ist dabei immer ein methodisches Element des Untersuchungsdesigns. Wie die einzelnen Statuspassagen bzw. der gesamte Lebenslauf von den Individuen mit einer Deutung versehen werden, ist nicht von Interesse. Zentral ist die rein objektive Seite der Statuspassagen. Daher wird der Terminus Lebenslauf in der vorliegenden Untersuchung dann verwendet, wenn es in Anlehnung an Kohli (1985) um das institutionelle Ablaufprogramm geht.

Während es bei der Lebensverlaufsforschung also um das *Was* im Zeitablauf geht, interessiert bei der Biographieforschung das *Wie*, d.h. wie Individuen ihre Biographien deuten (Alheit 2002, S. 224).[17]

„Biographie [...] bedeutet die subjektive Verarbeitung des Lebenslaufs" (Hoerning 2000, S. VII). Sie ist als eine „individuelle Konstruktionsleistung" (Schelepa 2010, S. 124) zu verstehen, durch die relevante biographische Stationen vom Individuum selektiert und zu einer kohärenten Lebensgeschichte verbunden werden. „So drückt sich beispielsweise in tabellarischen Lebensläufen –

---

[17] Lebensverlaufs- und Biographieforschung werden unter dem Terminus „Lebenslaufforschung" zusammengefasst (Erzberger 2001, S. 169). Einige Autoren, bspw. Kluge/Kelle (2001) oder Schuller (2011), plädieren für eine Methodenintegration.

die als verdichtete individuelle Formen der Institution des Lebenslaufs verstanden werden können – häufig eine Geradlinigkeit und scheinbar funktionale Notwendigkeit aus, die u.U. (bzw. mit hoher Wahrscheinlichkeit) in der subjektiven Konstruktion mit Krisen, Konflikten, Unsicherheiten und Brüchen verbunden waren. Andersherum können in einer schriftlichen Skizze des Lebenslaufs ‚Brüche' gelesen werden, die sich aus der Sicht des Biografieträgers schlüssig in den Rahmen des Zuvor und Danach fügen, die also keineswegs als Brüche wahrgenommen werden bzw. wurden, sondern wiederum als folgerichtige Weiterentwicklung der eigenen Persönlichkeit" (El-Mafaalani 2012, S. 99).

Der zentrale Punkt biographischer Forschung ist demnach die subjektive Seite. „Subjektivität" darf allerdings nicht mit „Individualität" verwechselt oder gleichgesetzt werden. Vielmehr geht es darum, die Vermittlung von „Subjektivität" und „objektiven" Gegebenheiten zu untersuchen (Kohli 1987, S. 24). Daher verstehen Fischer/Kohli (1987, S. 26) Biographie als „sozialweltliches Orientierungsmuster". Dieser Zusammenhang wird im Folgenden näher beschrieben.

Unter „objektiven" Gegebenheiten werden die bereits erwähnten standardisierten Ablaufmuster des Lebenslaufs verstanden. Institutionen wie Ausbildung oder Beruf sind in modernen Gesellschaften normativ verankert und tragen zur Strukturierung des Lebenslaufs bei. Schütze (1984) bezeichnet diese objektive Seite als „institutionelle Ablaufmuster", Fischer/Kohli (1987) als „objektive Struktur" (Bohnsack 2008, S. 114). Hierbei geht es also um strukturelle Tatbestände bzw. soziale Normierungen, die sich zum einen in rechtlichen Vorschriften (u.a. Schulpflicht, Wehrpflicht, Altersruhestand) und zum anderen in gesellschaftlichen Erwartungen (u.a. Partnerschaft, berufliche Karriere, Familiengründung) äußern.

In der Biographie sind sowohl die institutionellen Ablaufmuster als auch die subjektiven Formen der Wahrnehmung, Deutung, Gestaltung und Modifikation enthalten. Sie umfasst die individuelle sowie die kollektive Geschichte (Ecarius 1998, S. 133). „Biographie ist ganz konkret Gesellschaftlichkeit und Subjektivität in einem" (Alheit 1995, S. 294). Dadurch wird die Biographie von bloßer Subjektivität und reiner Strukturalität befreit (Fischer/Kohli 1987 nach Ecarius 1998, S. 133). Einerseits ist in der Biographie das strukturierte geregelte Ablaufmuster erkennbar, das für ein Leben in modernen Gesellschaften notwendig ist[18]; andererseits wird die objektive Struktur subjektiv ausgestaltet (Alheit 1995, S. 293).

Dieser Zusammenhang macht deutlich, inwiefern die Vorstellung einer eigenen Biographie ein modernes Phänomen ist (Rothe 2011, S. 81; Ecarius 1998, S. 132). In einer differenzierten Gesellschaft, die hinsichtlich der Lebensführung

---

[18] Dass dieses Ablaufmuster nicht nur notwendig ist, sondern auch als soziale Norm erwartet wird, zeigt sich gerade in der Abweichung vom Muster bspw. Kriminalität oder Arbeitslosigkeit.

von Ungewissheit und Diskontinuität geprägt ist, ist es für die Individuen von Bedeutung, eine eigene Biographie anzulegen. Wenn normalbiographische Muster immer weniger verlässlich sind, müssen eigenständige Orientierungsmuster entwickelt werden (Schelepa 2010, S. 124). Oder anders: „Wenn strukturelle Widersprüche am Übergang zwischen Lebensphasen und in Passagen zwischen verschiedenen gesellschaftlichen Handlungsfeldern virulent werden, bedeutet dies für die Individuen, daß eingespielte Orientierungen und Handlungsstrategien nicht mehr greifen" (Heinz 1993, S. 15). Delory-Momberger (2011, S. 34 f.) spricht von einer „biographischen Gesellschaft", in der jeder aufgefordert ist, ein „Lebensprojekt" zu entfalten und sich selbst zu verwirklichen. Als Folge des stetig zunehmenden Individualismus deutet sie es regelrecht als Zwang, „sich mitzuteilen, sich zum Erzähler seines Selbst zu machen" (Delory-Momberger 2011, S. 29).

Auch das Konzept der Biographisierung steht im Zusammenhang mit der Individualisierung und bezieht sich auf dessen subjektive Seite (Böhnisch 1998, S. 53). Es geht dabei darum, wie Individuen eine eigene Biographie gestalten und entwerfen, wenn sie sich weniger an der objektiven Struktur orientieren können, da tradierte Muster zunehmend an Gültigkeit verlieren. Durch die Zunahme von Orientierungs- und Handlungsalternativen sind Individuen zur „Selbstthematisierung im Hinblick auf die eigene Lebensplanung" (Fischer/Kohli 1987, S. 40 f.) angehalten. Diese Offenheit von Biographien birgt enorme Risiken, da der Einzelne gezwungen ist, Entscheidungen für sein künftiges Leben zu treffen, mit denen sowohl Chancen als auch Gefahren einhergehen können, die nicht vorhersehbar sind. „Risiken sind somit die Schattenseite von offenen, gestaltbaren, reversiblen Biographien" (Kade 1997, S. 114).

Biographisierung ist die Fähigkeit, „Informationen, Ereignissen und Erlebnissen Sinn und Bedeutung beizumessen und sie in einen biographischen Zusammenhang einzuordnen" (Felden 2006, S. 225). Böhnisch (1998, S. 54) verweist im Zusammenhang mit dem Biographisierungskonzept auf den Begriff der Integrität, der von Erikson (1977) geprägt wurde. Integrität ist ein Muster, mit dem Individuen ihr Selbst im Lebenslauf immer wieder festigen können. Integer ist eine Person dann, wenn sie sich selbst treu bleibt. Individuen scheinen darauf angewiesen zu sein bzw. den Wunsch zu verspüren, sich selbst als Einheit zu verstehen, wie es auch der Begriff Identität nahelegt. Die eigene Biographie soll als kontinuierlich und gleichzeitig different zu anderen Biographien wahrgenommen werden (Faulstich 2011, S. 27).[19] Allerdings betont Alheit (2010), dass Biographisierung mehr ist als das subjektive Gegenstück zur gesellschaftlichen

---

[19]   Identitätstheoretische Ansätze gehen hier davon aus, dass die Herausbildung einer Identität mit dem Gefühl bzw. der Konstruktion von Konsistenz, Kohärenz und Kontinuität innerhalb der Lebensgeschichte zusammenhängt (vgl. Straub 2000)

Modernisierung. In der Biographie kommt das Besondere bzw. Einzigartige eines Menschen genauso zum Vorschein wie das Allgemeine bzw. Verallgemeinerbare der Gesellschaft. Wenn es lediglich um die subjektive Entsprechung der Individualisierung oder um die Bewältigung gesellschaftlicher Herausforderungen, die mit der Modernisierung einhergehen, ginge, würde damit unterstellt, dass der Einzelne das Gesellschaftliche „bewältigt", was wiederum bedeutete, dass das Gesellschaftliche dominiert. In der Biographie treten aber beide Aspekte (das Subjektive und die gesellschaftliche Struktur) gleichermaßen zum Vorschein. Anders ausgedrückt: Eine Biographie ist in mehrfacher Hinsicht *einzigartig*, sowohl im Hinblick auf die Ereignisse und zeitlichen Abfolgen als auch in Bezug auf die subjektiven Deutungen, Handlungsmuster usw.; zugleich ist die Biographie ein Produkt der jeweiligen Gesellschaft, in der sie entsteht, sie spielt in einer Gesellschaft, einer Kultur, einem Milieu, einer Sozialstruktur und ist damit auch *allgemein*.

Alheit (1995, 2010) erläutert in diesem Zusammenhang weiterhin, dass Individuen über eine Art „Intuition des eigenen Lebens" (Alheit 2010, S. 238) verfügen und Biographien eine „innere Konsistenz" (Alheit 1995, S. 293) aufweisen. Er bezeichnet es als „kontrafaktisches Grundgefühl", dass Individuen sich als „Akteure und Planer" ihrer Biographie empfinden (Alheit 2010, S. 238), obwohl moderne Biographien durch Widersprüche und Diskontinuitäten gekennzeichnet sind. D.h. auch wenn etwas anders läuft als es geplant war, haben Individuen das Gefühl, ihr Leben „im Griff zu haben". Dass dies so ist, liegt an den bereits gemachten biographischen Erfahrungen. Äußere Einflüsse werden von den Individuen scheinbar nicht als äußerlich wahrgenommen, sondern in die aufgeschichteten Erfahrungen integriert. Unter Erfahrungen fasst Alheit (2010) in diesem Zusammenhang auch Kennzeichen wie Geschlecht, Milieuzugehörigkeit oder die historische Zeit, die Individuen ein Leben lang prägen.[20] Diese Erfahrungen bzw. Strukturen sind es, die ihnen die „Intuition" bzw. die „Idee von [sich] selbst" (Alheit1995, S. 298) vermitteln, da die „Subjektivität" unter diesen strukturellen Bedingungen entstanden ist. Individuen verfügen also über ein Grundgefühl, das ihnen trotz aller Widersprüchlichkeiten die Sicherheit gibt, dass es sich um ihr Leben handelt (Alheit 2010, S. 238).[21]

Die Erfahrungsaufschichtung spielt beim Biographiekonzept eine zentrale Rolle.[22] Erfahrungen werden durch Lebensereignisse gewonnen (Hoerning 1987) und zu einer „biographischen Konstruktion" (Alheit 2010, S. 239) akkumuliert. Sie fügen sich zu einer Struktur, in die neue Erfahrungen eingebaut werden. Die-

---

[20] Entsprechend bezeichnet Bohnsack (2007, 2008) genau diese Aspekte als spezifische Erfahrungsräume, die kollektiv geteilt werden, weshalb genau solche Merkmale beim Sampling kontrolliert werden sollten (vgl. Kapitel 4).

[21] An dieser Stelle kann erneut auf das Habituskonzept von Bourdieu verwiesen werden.

[22] Ebenso wie beim lebenslangen Lernen, wie noch gezeigt werden wird.

se Erfahrungsaufschichtung geschieht nach einer je individuellen „Logik", wobei die konkrete Gestalt keine starren Grenzen aufweist, sondern offen und veränderbar ist oder zumindest sein kann. Die „Logik" wird meist dann erkennbar, wenn Individuen in Krisen geraten oder sich überfordert fühlen, weil es dann problematisch ist, die neuen Erfahrungen in die bestehende Struktur einzubauen. Schulze (2002, S. 31 ff.) weist auf drei Perspektiven hin, die bei der Betrachtung biographischer Prozesse eingenommen werden können: Zum einen können biographische Prozesse als Folge von Lebensereignissen verstanden werden (bspw. Hoerning 1987), die nach verschiedenen Kriterien unterschieden werden können (bspw. altersbedingt, gesellschaftlich verankert). Zum zweiten kann der Fokus auf biographischen Prozessen als Entwicklungsaufgaben und Wachstumskrisen liegen (bspw. Erikson 1977). Dabei geht es um Kompetenzen, die Individuen im Lauf des Lebens erwerben müssen. Schließlich verweist Schulze auf Schützes (1984) „Prozessstrukturen des Lebenslaufs", die sich auf die Haltung beziehen, die der Biographieträger gegenüber seinen Lebensereignissen einnimmt.

Diese Erfahrungshaltung ist deshalb von Relevanz, da sie „innere Reaktionen" auf die äußeren Strukturen darstellt und somit die „interpretative Verarbeitung [von Erfahrungen] in Deutungsmustern" (Schütze 1983, S. 285) widerspiegelt. Die folgenden Haltungen ordnen die Phasen der Biographie und verknüpfen die biographischen Erfahrungen systematisch miteinander. Schütze unterscheidet vier Prozessstrukturen voneinander:

1. *Biographische Handlungsschemata* sind intentional und vom Biographieträger geplant.

2. *Institutionelle Ablaufmuster der Lebensgeschichte* sind vorgegeben und werden von der Gesellschaft erwartet. Gemeint sind Institutionen wie Ausbildung oder Beruf.

3. *Verlaufskurven* zeugen davon, dass der Biographieträger überfordert ist und die Kontrolle über die Lebensereignisse verliert.

4. *Wandlungsprozesse* sind im Gegensatz zu Handlungsschemata nicht geplant, sondern für den Biographieträger überraschende Wandlungen.[23]

Während bisher biographische Konzepte weitgehend unabhängig von Lernprozessen vorgestellt wurden, werden im Folgenden biographietheoretische Überlegungen zum Lernen in der Lebensspanne erörtert.

---

[23]   Nohl (2006) spricht hier auch von Bildungsprozessen.

3.2 Biographie und Beruf

Bevor auf die zentralen Aspekte zum biographischen Lernen eingegangen wird, wird in diesem Abschnitt kurz die Bedeutung des Berufs bzw. von Erwerbsarbeit für die Biographie dargestellt, da es sich bei der empirischen Analyse um berufs-biographische Orientierungsmuster handelt.

Kapitel 2 hat gezeigt, dass lebenslanges Lernen vielfach auf den Beruf und die Erwerbsarbeit bezogen wird. Die Ausrichtung des Konzepts kann in weiten Teilen als arbeitsmarktpolitisch und beschäftigungsorientiert bezeichnet werden (Schmidt-Lauff 2008, S. 428). Darüber hinaus kommt der Erwerbsarbeit eine hohe Bedeutung in Biographien zu.[24]

„Erwerbsarbeit und Beruf sind im Industriezeitalter zur Achse der Lebens-führung geworden" (Beck 1986, S. 220). Die Erwerbsarbeit ist ein gesellschaftli-ches Grundcharakteristikum (Kohli 1986, S. 186), gilt als Existenzsicherung und strukturiert nicht nur unseren Alltag (Schmidt-Lauff 2008, S. 205), sondern auch den gesamten Lebenslauf. Dieser ist um das Erwerbssystem herum organisiert (Kohli 1986, S. 184). „Der Umstand, daß Beruf Grundlage der Versorgungs- und Erwerbschance ist, macht ihn zu einem entscheidenden Strukturierungselement des gesamten Lebenslaufs und beleuchtet die Ebene des institutionellen Zusam-menhangs von Beruf und Biographie" (Corsten 1995, S. 39 f.). Beck (1986, S. 221) bezeichnet den Beruf als „wechselseitige Identifikationsschablone", da man glaubt, eine Person zu kennen sobald man weiß, welchen Beruf sie ausübt. Darü-ber hinaus hat die Erwerbsarbeit eine sinnstiftende Funktion für die eigene Le-bensplanung und dem Beruf kommt eine besondere Funktion für die persönliche Identität zu (Baethge 1991, S. 10). Es scheint also weitgehend unstrittig, dass die Erwerbsarbeit eine hohe Bedeutung in Biographien einnimmt – nicht zuletzt auch deshalb, weil das erwerbsarbeitszentrierte System sozialer Sicherung in Deutschland besonders stark ausgeprägt ist.

Daher spielt die Biographie auch in der Arbeitssoziologie eine bedeutende Rolle. Arbeits- bzw. industriesoziologische Untersuchungen zeigen, „dass die subjektive Verarbeitung und Deutung von Erwerbsarbeit erfahrungsbasiert, ver-mittelt über die Reflexion der eigenen Biographie verläuft" (Kleemann/Voß 2010, S. 428). Darüber hinaus machen es Modernisierungs- und Individualisie-rungsprozesse erforderlich, Statuspassagen wie bspw. Berufswahl und -einmündung aktiv selbst zu gestalten. „Biografisches Handeln wird so zur Struk-turierungsleistung der Subjekte" (Kleemann/Voß 2010, S. 429). Diese Leistun-gen der handelnden Subjekte werden im Zusammenhang mit Arbeit und Leben

---

[24] Wie verschiedene Untersuchungen zeigen, stellt auch die Familie einen wichtigen Lebensbereich dar (Reichert 2010, S. 379). Inwiefern sie für die berufsbiographische Konstruktion relevant ist, wird sich in der Empirie zeigen.

im Rahmen des Konzepts „Alltägliche Lebensführung" fokussiert. Es handelt sich dabei um individuelle Strategien der Alltagsbewältigung, bei denen es um die Synchronisation und Koordination von Berufsleben auf der einen Seite und dem Privatleben auf der anderen Seite geht. Im Vordergrund steht demnach die „Arbeit des Alltags" (Jürgens 2010, S. 498).[25] „Alltägliche Lebensführung bezeichnet den eigenlogischen Zusammenhang aller Tätigkeiten von Personen in ihren verschiedenen Lebensbereichen (Erwerbsarbeit, Familie, Freizeit, Bildung usw.) unter dem Fokus, wie diese als aktive Herstellungsleistung von den Subjekten alltäglich zu einem praktikablen Gesamtzusammenhang integriert werden" (Kleemann/Voß 2010, S. 430).

Die Relationierung von Arbeits- und Privatleben ist nicht mehr strukturell festgelegt, sondern muss von den Subjekten individuell ausgehandelt werden. Damit hängen die beiden Phänomene Entgrenzung und Subjektivierung von Arbeit zusammen, die kurz erläutert werden sollen, da sie für die Empirie eine Rolle spielen bzw. für das Konzept des lebenslangen Lernens anschlussfähig sind. Unter Entgrenzung kann das Auflösen der Grenze zwischen Arbeits- und Privatleben verstanden werden. Wie sich Entgrenzung gestalten kann, wird im Rahmen der empirischen Ergebnisse und insbesondere in der theoretischen Reflexion derselben dargestellt. Mit Subjektivierung geht ein Spannungsverhältnis einher, dessen Diskurs an jenes des lebenslangen Lernens erinnert. Es handelt sich bei der Subjektivierung von Arbeit um gestiegene subjektive Ansprüche an Erwerbsarbeit auf der einen Seite und um die „Inanspruchnahme des ‚elastischen Potentials' menschlicher Subjektivität durch die betriebliche Arbeitsorganisation" (Kleemann/Voß 2010, S. 434) auf der anderen Seite.[26] Damit einher geht die Ambivalenz von erweiterter Teilhabe und Entfaltungsoptionen einerseits sowie Unterwerfung, Entfremdung und Ausbeutung andererseits. Ähnlich zum Diskurs über die Dualität von lebenslangem Lernen, ergeben die Debatten um Subjektivierung von Arbeit noch kein vollständiges Bild (Kleemann/Voß 2010, S. 436).

Die oben erwähnte (Strukturierungs-) Leistung der Subjekte wird im folgenden Abschnitt im Rahmen der Lernkonzepte eine wichtige Rolle spielen.

---

[25] Der Fokus der vorliegenden Arbeit liegt auf der Gestaltung der Berufsbiographie. Das Privatleben (Familie, Freizeit) wird nur in Abhängigkeit zum Erwerbsleben betrachtet.

[26] Damit hängt wiederum der sog. „Arbeitskraftunternehmer" eng zusammen, ein Typus von Arbeitskraft, der aktiv und selbstverantwortlich die eigene Arbeit steuert (Pongratz/Voß 2004). Es sei betont, dass sowohl die These des Arbeitskraftunternehmers als auch Subjektivierung (und in der Regel Entgrenzung) von Arbeit auf betrieblich organisierte Arbeit bezogen sind.

3.3 Biographische Lernkonzepte

Die Biographieforschung nimmt in der Erwachsenenbildung und der Erforschung von lebenslangen Lernprozessen eine zunehmend bedeutende Rolle ein. Die Rekonstruktion von Biographien im Zusammenhang mit Lernprozessen verweist auf ein neues Lernparadigma (West et al. 2007b, S. 34). Dennoch kann festgestellt werden, dass eine biographische Lerntheorie bislang fehlt (Alheit/Dausien 2009, S. 730). Es existieren lediglich erste Ansätze und Überlegungen zum biographischen Lernen. An dieser Stelle muss daraufhin gewiesen werden, dass biographisches (bzw. lebensgeschichtliches) Lernen im Folgenden als ein Teil von lebenslangem Lernen verstanden wird. Wie genau der Zusammenhang von lebenslangem und biographischem Lernen für die vorliegende Arbeit gefasst wird, wird im weiteren Verlauf deutlich. Alheit/Felden (2009, S. 9) legen zugrunde, dass lebenslanges Lernen biographisches Lernen ist. Sie weisen darauf hin, dass lebenslanges Lernen vor allem ein bildungspolitischer Begriff ist, während der Begriff biographisches Lernen eher in der Wissenschaft eine Rolle spielt.

Auch wenn keine biographische Lerntheorie existiert, besteht ein Konsens hinsichtlich einiger Aspekte, die im Folgenden vorgestellt werden.

Was alle Konzepte biographischen Lernens vereint, ist die zentrale Bedeutung von Erfahrungen, die Individuen machen (Alheit/Dausien 2009; Alheit/Felden 2009; Ecarius 2006; Schulze 1993; Gieseke 2010). Sie sind der Ausgangspunkt für jedes biographische Lernen.

Schulze (1993) unterscheidet diesbezüglich lebensgeschichtliches von curricularem Lernen: Curriculares Lernen ist auf eine konkrete Lernsituation ausgerichtet, zielt auf die Aneignung von curricularen Lerninhalten und wird bspw. durch Lehrpläne geordnet und strukturiert. Während dieses Lernen also durch äußere Vorgaben festgelegt wird, findet lebensgeschichtliches Lernen seine Bestimmtheit innerhalb des Lernenden. Lebensgeschichtliches Lernen ist in der Regel nicht bewusst geplant, sondern erfolgt insbesondere unbewusst und unterliegt nicht zwingend einer durchdachten Systematik (Schulze 1993, S. 202 f.). Es verläuft im Gegensatz zum curricularen Lernen diskontinuierlich, allmählich und schleichend. Von den Individuen wird es nicht als Lernen verstanden oder wahrgenommen, sondern als selbstverständlich erlebt (Ecarius 2006, S. 102). Dennoch werden (wie bspw. beim schulischen Lernen) spezielle Kompetenzen und Fertigkeiten erworben, die dem Biographieträger dabei helfen, sein Leben zu bewältigen. „Lernen ist mehr als ein curricular gut ausgearbeiteter, organisatorisch verfaßter, verhaltenstheoretisch programmierter, durch Rechtsvorschriften formalisierter und motivational stimulierter Vorgang. Lernen ist lebenslange Selbsterziehung und Selbsterkenntnis in Auseinandersetzung mit natürlichen, gesellschaftlichen und kulturellen Kontextbedingungen, Lebensgeschichte ist Geschichte der Persönlichkeit" (Weymann 1989, S. 21). Aus diesen Perspektiven wird deutlich, dass lebenslanges Lernen beide Aspekte integriert: das curriculare Lernen in Fort- und Weiterbildungsmaßnahmen, aber auch das lebensgeschichtliche Lernen, durch das formale und informelle Lernereignisse innerhalb einer Biographie Wirksamkeit erzeugen, die über den Lerninhalt hinausreicht, also identitätsstiftend und nachhaltig wirkt.

Lern*prozesse* vollziehen sich durch die Aufschichtung von Erfahrungen; diese Erfahrungsaufschichtung bezieht sich auf ein Lernen als Umlernen, es bedeutet Veränderung, weil sich durch die Erfahrungsaufschichtung die Individuen permanent verändern, allerdings ohne dass mit dieser Feststellung auch eine Richtung für den Veränderungsprozess hergeleitet werden kann (bspw. Linearität). An dieser Stelle stellt sich dann allerdings die Frage, wie Lernen und Bildung voneinander abgegrenzt werden können (Felden 2008, S. 124 f.). Wenn unter *Veränderung* eine Transformation des Welt- und Selbstverhältnisses zu verstehen ist, würde Lernen an dieser Stelle mit Marotzkis Bildungsbegriff gleichgesetzt (Marotzki 1990). Ecarius (1998, S. 140) grenzt den Lernbegriff explizit von Marotzkis Bildungsbegriff ab, indem sie dann von Lernen spricht, wenn Veränderungen sich sukzessive und ohne einen qualitativen Sprung vollziehen. Ein qualitativer Sprung, der in Marotzkis Sinne nur durch das Durchleben einer biographischen Krise möglich ist, würde die Transformation der Selbst-Welt-Verhältnisse beinhalten.[27] Lernen hingegen führe zwar zu Veränderungen, aber ohne die Selbst-Welt-Verhältnisse zu transformieren, d.h. bei Lernprozessen vollziehen sich die Veränderungen *innerhalb* eines Orientierungsrahmens, während unter Bildung der Wechsel des Orientierungsrahmens verstanden würde.[28]

Auch Rothe (2011), Felden (2008) und Schlüter (2004) verweisen auf die Bedeutung biographischer Erfahrungen und in diesem Zusammenhang auf Dewey (1986), der den Auslöser für Lernprozesse darin sieht, dass Individuen vor Probleme oder Herausforderungen gestellt werden, die sie lösen bzw. bewältigen müssen. Die bei der Suche nach Lösungen gemachten Erfahrungen sind nicht statisch, sondern werden, sofern sie sich in neuen Situationen nicht bewähren,

---

[27] Eine Transformation der Selbst-Welt-Verhältnisse bedeutet, dass sich sowohl der Bezug des Individuums zu sich selbst als auch der Bezug zur Welt als auch die Relationen zwischen Selbst und Welt verändern. „Indem das Subjekt sich selbst in einer anderen Weise transparent macht, macht es sich die Welt auf andere Weise zugänglich. Und: Indem sich das Subjekt die Welt auf andere Weise zugänglich macht, macht es sich auf andere Weise sich selbst transparent" (Marotzki 1990, S. 43).

[28] Rosenberg (2011) und El-Mafaalani (2012) argumentieren, dass auch durch sukzessive Veränderungen im Laufe der Zeit eine grundlegende Wandlung bzw. Transformation des Selbst-Welt-Verhältnisses möglich ist, d.h. dass auch dann von Bildung gesprochen werden kann, wenn sich die Transformation ohne einen qualitativen Sprung vollzieht. Hierbei geht es also um den Prozess von Bildung. Dennoch wird der Bildungsbegriff auch bei diesen beiden Autoren als grundlegende Modifikation des biographischen Musters verstanden und nicht als Modifikation innerhalb des Musters. Letzteres wird von den Autoren als Lernprozess verstanden.

korrigiert oder umgebildet. Somit ist bereits bei Dewey die Idee des lebenslangen Lernens erkennbar (Rothe 2011, S. 85).

Auch Schulze (1993, S. 208) betont, dass das Erleben von Widersprüchen und Irritationen Voraussetzung ist für lebensgeschichtliches Lernen. Irritierende Situationen veranlassen das Individuum zu Folgerungen oder Deutungen, die wiederum auf biographische Lernprozesse verweisen.

Einen ähnlichen Zusammenhang beschreiben Alheit/Dausien (2009) und Alheit/Felden (2009). Erfahrungsprozesse sind für lebenslanges Lernen insofern von Bedeutung, als dass Individuen durch sie einen „biographischen Wissensvorrat" (Alheit/Dausien 2009, S. 727; Alheit/Felden 2009, S. 10) ausbilden, auf den sie im Alltag selbstverständlich und unhinterfragt zugreifen. Damit verlaufen viele Lernprozesse implizit, ohne dass Erfahrungsmuster und Handlungsdispositionen „in jedem Fall explizit reflektiert werden. Begriffe wie implizites […] Lernen heben diesen Aspekt hervor, sagen aber nichts über die Komplexität dieses Phänomens in der Dialektik von Weltaneignung und Selbstbildung. Durch implizite Lernprozesse, die sich vom Beginn des Lebens an ebenso innerhalb wie außerhalb von Institutionen abspielen, werden nicht nur einzelne Erfahrungselemente als Bestandteile der sozialen Welt angeeignet, sondern auch das ‚Aneignungssystem' selbst entwickelt. Es geht also um die Herausbildung übergeordneter, generativer Handlungs- und Wissensstrukturen […]" (Alheit et al. 2003, S. 33). Durch Erfahrungen verfügen Individuen also über Wissensbestände, die sie als „Ressourcen für die Konstruktion zukünftiger biographischer Projekte" (Hoerning 1987, S. 254) nutzen konnen. Wenn Personen in eine Krise geraten oder das Gefühl haben, die Kontrolle über ihr Leben zu verlieren, werden sie sich dieses präreflexiven Wissens bewusst und sind in der Lage, es explizit zu bearbeiten. Solche Momente können als Lernprozesse bezeichnet werden (Alheit/Dausien 2009, S. 727; Alheit/Felden 2009, S. 10).

Auch Schulze (1993, S. 217) verweist auf den Aspekt der Reflexion im Zusammenhang mit lebensgeschichtlichem Lernen. Trotz der Diskontinuität und einer fehlenden geplanten Systematik ist lebensgeschichtliches Lernen zusammenhängend. Die Erfahrungen werden nachträglich durch Reflexion miteinander verknüpft und in Zusammenhang gebracht. Diese Selbstreflexion bezieht sich aber nicht nur auf die Vergangenheit, sondern auch auf die Zukunft. Individuen entwerfen biographische Pläne und versuchen, diese mit den Erfahrungen in Einklang zu bringen. Zur Reflexion kommt es dann, wenn die biographischen Entwürfe nicht umsetzbar sind.

Was in den Ausführungen zu biographischen Konzepten bereits dargestellt wurde und nun in Beziehung zum lebenslangen Lernen gesetzt werden soll, ist der Zusammenhang von Individuum und Gesellschaft. Die Individualität lebenslangen Lernens zeigt sich dadurch, dass durch die biographischen Erfahrungen eine je individuelle Eigenlogik erzeugt wird, mit der neue Erfahrungen aufgenommen und verarbeitet werden. Wie bereits aufgezeigt, findet biographisches Lernen seine Bestimmtheit innerhalb des Lernenden. Das heißt, dass sich Lernen zwar *im* Individuum vollzieht, aber nicht losgelöst vom Äußeren betrachtet und verstanden werden kann. Es ist von sozialen Kontexten und Lebenswelten abhängig bzw. in sie eingebunden (Alheit/Dausien 2009, S. 727 f.), es ist auf Kommunikation und Interaktion angewiesen, es entwickelt sich in der Auseinandersetzung mit der Umwelt (Schulze 1993, S. 207). Im Hinblick auf die Kontextabhängigkeit von Lernen weisen Biesta et al. (2011, S. 6 f.) darauf hin, dass das soziale und kulturelle Milieu eine Rolle spielen. Ebenso sei die Zeit von Bedeutung, da die Kontexte nicht statisch sind, sondern (geschichtlichen) Dynamiken unterliegen, die sich wiederum auf Lernprozesse auswirken.

Genau an dieser Schnittstelle zwischen Subjekt und Struktur ist auch Alheits Konzept der „Biographizität" anzusiedeln, welches im Zusammenhang mit lebensgeschichtlichen Erfahrungen und Lernen von Relevanz ist (Rothe 2011, S. 85).[29] „Biographische Lernprozesse sind häufig sensible Synchronisationsprozesse des Außen- und Innenaspekts" (Alheit 1995, S. 293). Genau dies wird in dem Begriff der Biographizität fokussiert. Biographizität ist die Fähigkeit, „Anstöße von außen auf eigensinnige Weise zur Selbstentfaltung zu nutzen, also (in einem ganz und gar ‚unpädagogischen' Sinn) auf eine nur uns selbst verfügbare Weise zu lernen" (Alheit 2010, S. 240). Es geht also um gesellschaftliche Anforderungen und Herausforderungen, durch die Individuen auf ihre je eigene Weise lernen, da sie sie an ihre bereits gemachten Erfahrungen anschließen. Relevant ist hier also die bereits erwähnte individuelle Eigenlogik, die durch die biographischen Erfahrungen erzeugt wird. Die Fähigkeit, neue Erfahrungen in die individuelle biographische Struktur einzufügen, sie in die „eigene Erfahrungssprache" (Alheit 2009, S. 6) zu übersetzen, ist in modernen Gesellschaften, die von Paradoxien, stetigem Wandel und Beschleunigung gekennzeichnet sind, eine notwendige Kompetenz. Dennoch bleiben Biographien mit Risiken verbunden, da sie den Individuen durch die Gestaltungspotentiale einerseits Möglichkeiten eröffnen, andererseits dadurch immer auch Gefahren bergen (Kade 1997, S. 114). Biographizität kann den Umgang mit diesen gesellschaftlichen Herausforderungen „erträglicher" machen, da sie nicht darauf abzielt, die Paradoxien aufzulösen, sondern mit ihnen umzugehen (Nittel 2003, S. 90).

Schließlich kann aus den Ausführungen zum biographischen Lernen abgeleitet werden, was das Ergebnis solcher Lernprozesse ist. Es ist nicht das Wissen curricularer Inhalte oder das Erreichen formaler Lernziele, sondern das Herausbilden von Handlungsdispositionen und biographischen Orientierungen (Al-

---

[29] An diesem Schnittpunkt haben auch „transitorische Bildungsprozesse" (Alheit 2003) ihren Ort (Rothe 2011, S. 85), auf die an dieser Stelle aber nicht näher eingegangen wird, da für die empirische Analyse nicht Bildungsprozesse im engeren Sinne fokussiert werden sollen.

heit/Dausien 2009, S. 726; Ecarius 2006, S. 103). Obwohl die Bezeichnung „lebenslang" bereits auf die Biographie verweist und Biographietheorie mehrfach mit lebenslangem Lernen verknüpft wurde, liegt jedoch noch keine biographische Lerntheorie vor (Felden 2008, S. 109).

Dausien (2008, S. 163 ff.) hat Merkmale eines biographietheoretischen Zugangs zu lebenslangen Lernprozessen erarbeitet und führt (in Anlehnung an den Sozialkonstruktivismus sowie an Bourdieu) die folgenden drei Elemente an, die für lebenslanges Lernen relevant sind: Temporalität, Kontextualität sowie Reflexivität. Lernen wird dabei als re-konstruktiver Prozess verstanden, in dem Erfahrungen in der Auseinandersetzung mit der Umwelt gebildet werden. Die Biographie wird zunächst als *temporales* Konstrukt begriffen. Im Hinblick auf Lernen bedeutet das, dass biographische Analysen auf die zeitliche Strukturierung von lebenslangem Lernen gerichtet sind. Dieses verläuft weder kontinuierlich noch linear, so dass die Überlagerung der unterschiedlichen temporalen Strukturen von Interesse ist. Die *Kontextualität* bezieht sich auf die Subjekt-Kontext-Relation von Lernprozessen. Lernen findet in sozialen Kontexten statt und stellt einen interaktiven Prozess dar. Die Biographieforschung interessiert sich hinsichtlich der sozialen Kontexte von Lernen für das Wie, d.h. wie der Lernprozess im sozialen Kontext strukturiert ist. Dabei spielen sowohl bereits gemachte Erfahrungen als auch auf die Zukunft gerichtete Erwartungen eine Rolle. Nicht zuletzt verfügen Individuen über biographisches Wissen, welches nicht nur durch biographische Erfahrungen gebildet wird, sondern auch *reflexiv* auf neue Lernprozesse zurückwirkt. Hier sei an das bereits beschriebene Konzept der Biographizität erinnert.

Im folgenden Abschnitt wird nun dargestellt, wie biographische Lernprozesse empirisch untersucht werden können.

3.4 Biographien und biographische Lernprozesse erforschen

Die Biographieforschung interessiert sich für die Lebensgeschichte von Individuen und ihre Deutung durch die Biographieträger. Sie ist entstanden als Reaktion auf jene Forschungsansätze, die dieser Perspektive keine Bedeutung beimessen (West et al. 2007a, S. 12). In der Biographieforschung wird in Anlehnung an wissenssoziologische Wissenschaftsverständnisse (u.a. Berger/Luckmann 2009) davon ausgegangen, dass Individuen Wirklichkeit und Sinn konstruieren; Biographieforschung interessiert sich für diese Konstruktion der Wirklichkeit. Im Hinblick auf Lernen interessiert sich die Biogaphieforschung für die konkrete Perspektive der von Lernprozessen betroffenen und an Lernprozessen beteiligten Individuen (Schulze 2002, S. 26) und begegnet jenen Forschungsansätzen, die Lernen als größtenteils determinierte Prozesse auffassen. Mit biographischen

Forschungsmethoden kann die Gesamtheit des lebenslangen Lernens untersucht werden, da neben dem Lebenslauf als solchen die Deutung desselben in den Blick gerät (Hof 2009, S. 112). Außerdem tritt durch die Integration von Subjekt- und Strukturebene in der Biographie der subjektive Umgang mit der sozialen Welt und somit die je individuelle biographische Eigenlogik hervor. Würde man lebenslanges Lernen nicht in den Kontext von Biographien stellen, bliebe es abstrakt (Ecarius 1998, S. 129). Die Biographieforschung kann die quantitativen Forschungsmethoden demnach gewinnbringend ergänzen (Schulze 2002, S. 26).

Biographieforschung findet nicht nur in der Erziehungswissenschaft Anwendung, sondern wird auch in einer Reihe weiterer Disziplinen genutzt. So arbeiten die Soziologie, die Geschichtswissenschaft, die Literaturwissenschaft, die Psychologie und die Ethnologie mit biographischen Forschungsmethoden (Schulze 2006, S. 49). Allerdings sind die Konzepte und thematischen Schwerpunkte deutlich differenzierbar. Außerdem werden auch innerhalb der erziehungswissenschaftlichen Biographieforschung verschiedene Forschungsmethoden genutzt. Es kann also nicht von *der* Biogaphieforschung die Rede sein. Marotzki (2006, S. 115 ff.) unterscheidet hinsichtlich der Datenerhebung reaktive und nichtreaktive Verfahren voneinander. Zu den reaktiven Verfahren zählen neben den unterschiedlichen Interviewverfahren (offene, halbstandardisierte und standardisierte Interviews) Gruppendiskussionen und die Teilnehmende Beobachtung. Nichtreaktive Verfahren sind jene, in denen der Forscher nicht an der sozialen Interaktion beteiligt ist. Dazu zählt bspw. die Dokumentenanalyse. Ebenso gibt es unterschiedliche Methoden der Datenauswertung, wobei eine eindeutige Gruppierung hierbei schwieriger ist, da dazu klare Unterscheidungskriterien fehlen und sich somit Überschneidungen ergeben können (Marotzki 2006, S. 119).[30]

In der Erwachsenenbildung existieren verschiedene empirische Studien, in denen biographische Forschungsmethoden angewandt wurden. Sie beschäftigen sich bspw. mit Adressaten und Teilnehmern von Erwachsenenbildung, berücksichtigen genderspezifische Fragestellungen, sind auf Professionen und Institutionen ausgerichtet und interessieren sich schließlich (wie bereits in Kapitel 2 gezeigt wurde) für lebenslange Lernprozesse.[31]

Während es in den ersten biographischen Studien das Ziel war, die „reale" Lebensgeschichte zu erforschen und eine lebensgeschichtliche Erzählung mit

---

[30] Dennoch sei Marotzkis Gruppierung der Vollständigkeit halber an dieser Stelle erwähnt. Er unterscheidet deskriptiv-typologische von theoriebildenden von tiefenstrukturellen Methoden. Zur ausführlichen Darstellung siehe Marotzki 2006, S. 119 ff. Die Methodologie der vorliegenden Arbeit wird im nächsten Kapitel vorgestellt.

[31] Für eine detaillierte Auflistung über die biographietheoretischen Studien in der Erziehungswissenschaft bzw. in der Erwachsenenbildung siehe Nittel 2006, S. 107 ff oder Alheit/Dausien 2009, S. 435 f.; für jene in den Sozialwissenschaften siehe Fuchs-Heinritz 2010, S. 95.

weiteren Dokumenten abzugleichen, ist man mittlerweile an der Deutungspraxis und Sinnkonstruktion der Biographieträger interessiert und stellt sich *nicht* die Frage, inwiefern die im Interview geschilderten Erlebnisse der Realität entsprechen.[32] Darüber hinaus wird bei biographischen Forschungsansätzen zugrunde gelegt, dass die geschilderten Erinnerungen bereits einer Interpretation des Erzählers unterzogen wurden. An dieser Interpretation ist der Biographieforscher interessiert, da sie offen legt, wie der Biographieträger seinem Lebenslauf Sinn verleiht, Ereignisse in einen kohärenten Zusammenhang bringt und seinem Leben einen roten Faden gibt. Es geht also nicht um das Was (Realität des Lebenslaufs), sondern um das Wie (die Deutung, Sinnstrukturen u.ä.).

Für die Erforschung von biographischen Prozessen und somit auch von biographischen Lernprozessen eignet sich das biographisch-narrative Interview. Da biographisches Lernen sich nicht auf die Aneignung curricularen Wissens bezieht, kann es weder beobachtet noch „überprüft" werden. Stattdessen wurde bereits die besondere Bedeutung der Erfahrungsaufschichtung für biographisches Lernen gezeigt. Diese tritt in biographisch-narrativen Interviews zutage (Schütze 1984, S. 82). Die in biographisch-narrativen Interviews geschilderten Erfahrungszusammenhänge verweisen auf Lernprozesse (Ecarius 1998, S. 142 f.).[33] Lebensgeschichtliches Lernen kann also anhand der autobiographischen Selbstpräsentation von Individuen rekonstruiert werden. „Das Erzählen von biographischen Lernprozessen verweist auf das Herstellen von Sinnbezügen, es enthält das Aufzeigen des Selbst, wie es geworden ist, was es erfahren hat, welche Orientierungen ausgebildet wurden" (Ecarius 2006, S. 103). Im Interview ist das Individuum Produzent seiner selbst, indem es sich selbst darstellt und hervorbringt. Gleichzeitig tritt durch die Erinnerung ein Reflexionsprozess ein, da das eigene Leben betrachtet, beurteilt und geordnet wird. Somit ist das interviewte Subjekt „produzierendes" und „reflektierendes Ich" (Schulze 2002, S. 319). Schulze (1993) geht weiterhin davon aus, dass jene Lernprozesse geschildert werden, die in der Biographie von Bedeutung sind. Was Individuen erzählen, sind die nachhaltig *relevanten* Lernprozesse (Schulze 1993, S. 196 nach Ecarius 2006, S. 98). „Das Subjekt erzählt, welche Erfahrungen und Lernprozesse zu diesen und keinen anderen Lebenswegen geführt haben, was die Gründe für biographische Ent-

---

[32] Dennoch wird an dieser Stelle häufig Kritik an biographischer Forschung geübt, da das Material nicht zuverlässig und lückenhaft sei. Dem kann mit Fuchs-Heinritz (2010, S. 97) entgegnet werden, dass auch Fragebögen häufig Fragen beinhalten, die aus der Retrospektive beantwortet werden und somit auf Erinnerung angewiesen sind. Außerdem könne durch eine Feinanalyse größtenteils herausgearbeitet werden, ob Versuche der Vermeidung oder Umdeutung von Themen durch den Interviewten unternommen wurden.

[33] Felden (2008, S. 122) weist in Anlehnung an Dewey, der den Begriff der „denkenden Erfahrung" geprägt hat, daraufhin, dass die von den Interviewten erzählten Inhalte als Erfahrungen bezeichnet werden können, weil sie „durch die Auswahl mit Bedeutung versehen wurden".

scheidungen waren und wie sich aus Lernprozessen zentrale Handlungsmuster entwickelten" (Ecarius 2006, S. 98).

Der Zusammenhang von objektiver und subjektiver Seite, der sich bisher durch das gesamte Kapitel gezogen hat, muss schließlich auch im Rahmen der Untersuchung von Biographien noch einmal aufgegriffen werden. Wie bereits gezeigt wurde, dokumentieren sich in Biographien sowohl objektive Bedingungen, bspw. gesellschaftliche, kulturelle und familiale, als auch deren subjektive Deutung. Durch die Kontexte wird die Art und Weise der Erfahrungsaufschichtung, die Biographie zum Lernprozess macht, beeinflusst bzw. gerahmt (Ecarius 1998, S. 137). In der empirischen Analyse werden Individuen also nicht isoliert betrachtet, sondern die Lebenswelt wird immer mit berücksichtigt. „Anders ist Biographisches – auf der Ebene des Materials – nicht ‚zu haben'" (Dausien 2008, S. 168). Der Zugang zu Lernprozessen kann (wie bereits erwähnt) über ein biographisch-narratives Interview erfolgen, in dem der Forscher dann sowohl Informationen über den Interviewten als auch über seine Umwelt erhält, v.a. darüber, wie er diese erlebt und deutet. „In den Erfahrungen, wie sie im autobiographischen Erzählen mitgeteilt werden, treten oft Gegebenheiten und Anlässe hervor […], die in einer Milieubeschreibung durch Dritte unbeachtet blieben und die doch für den Fortgang der Lebensgeschichte von großer Bedeutung sein können" (Schulze 2002, S. 38 f.). Indem der Interviewte sich im Interview selbst präsentiert, wird einerseits seine Position im sozialen Gefüge bzw. seine Integration in die Gesellschaft erkennbar (Appelsmeyer 1995, S. 110; Rothe 2011, S. 81 ff.). Andererseits dokumentiert sich in der Selbstpräsentation die Einordnung von Erfahrungen in den biographischen Wissensvorrat. Durch diese Gleichzeitigkeit von Objektivem und Subjektivem erhält der Forscher „Zugang zur Konstitution von Erfahrungs- und Verarbeitungsmustern, die zur gegenwärtigen und zukünftigen Orientierung in der Sozialwelt benötigt werden" (Alheit 2010, S. 229).

Nicht zuletzt dokumentiert sich in autobiographischen Erzählungen aufgrund der Sichtbarkeit objektiver Bedingungen die historische Zeit, so dass gesellschaftliche Veränderungsprozesse, wie bspw. Modernisierung und Globalisierung, beleuchtet werden können (Schulze 2002, S. 42).

3.5 Zusammenfassung: zentrale Aspekte für die Empirie

Bevor auf die Methodologie der Studie eingegangen wird, wird zunächst zusammenfassend dargestellt, was für die Empirie von Bedeutung sein wird.

In der vorliegenden Arbeit wird lebenslanges Lernen mit Biographieforschung verknüpft.[34] Dabei geht es um lebenslange Lernprozesse aus der Perspektive der Subjekte, wobei (wie eingehend gezeigt) in der Biographie und in den biographischen Lernprozessen auch die objektive Struktur erkennbar ist und damit bei der Empirie von Bedeutung sein wird.

Aus den vorangegangenen Kapiteln kann zusammenfassend festgehalten werden, dass sowohl der Entstehungskontext als auch der Begründungszusammenhang für lebenslanges Lernen diffus und teilweise widersprüchlich sind – dies gilt für den wissenschaftlichen sowie für den politischen Diskurs. Es handelt sich bei lebenslangem Lernen um einen weitreichenden Begriff, da es weder auf ein Lebensalter noch auf bestimmte Bildungsinstitutionen noch auf festgelegte Wissensbestände beschränkt ist (Hof 2009, S. 30). Daher erscheint es einerseits erforderlich, zur Erforschung des Konzepts einen bestimmten Fokus zu legen bzw. den übergeordneten und vieldeutigen Bereich lebenslanges Lernen einzugrenzen. Andererseits hat die Darstellung des Forschungsstands gezeigt, dass ausgehend von den diffusen und widersprüchlichen Ansätzen derart *spezifische* Fragestellungen – man könnte auch sagen aneinander vorbei – behandelt werden, dass die Frage aufkommt, ob nicht ein exploratives Vorgehen, das lediglich davon ausgeht, dass lebenslanges Lernen eine lebensbegleitende Herausforderung darstellt, sinnvoll wäre. In den empirischen Studien wird überwiegend den Lern- und Weiterbildungsprozessen besondere Aufmerksamkeit geschenkt und weniger *der biographischen Herausforderung lebenslangen Lernens*. In der vorliegenden Studie wird dem Rechnung getragen, indem Muster lebenslangen Lernens rekonstruiert werden, die – und hier wird nun der erforderliche Fokus gesetzt – sich auf die Gestaltung der Berufsbiographie beziehen. Diese wird als biographische Herausforderung verstanden, da Individuen bestimmte Kompetenzen benötigen, um ihre Berufsbiographie im Rahmen von Optionenvielfalt, fehlenden Orientierungsmustern und individuellen Gestaltungsspielräumen gestalten zu können. Biographisches Lernen als Kern lebenslangen Lernens wird somit als eigenständige berufsbiographische Orientierungsleistung verstanden, bei der es darum geht, im Zustand zunehmender mehrdimensionaler Unsicherheit, der beruflichen Entwicklung und dem (Weiter-)Bildungsverhalten Sinn und Stabilität zu verleihen. Man könnte dies auch im Sinne Kohlis (1994) als Biographisierung

---

[34] Die Betrachtung von Lernprozessen aus der biographischen Sicht hat den Vorteil, dass auf eine ausgearbeitete Methodologie zurückgegriffen werden kann (Rothe 2011, S. 114). Die Erhebungsmethode und das Sample werden im folgenden Kapitel vorgestellt.

des Berufslebens bezeichnen, bei der Kontingenzen moderner Erwerbsverläufe durch eigenständige Relevanzsetzungen aufgefangen werden.

Für die vorliegende Arbeit ist die Annahme, dass biographische Orientierungen Lernprozesse voraussetzen, von besonderer Relevanz. Diese Orientierungsleistung soll als biographisches Lernen verstanden werden, welches einen Teil des lebenslangen Lernens darstellt. Biographisches Lernen erzeugt einen verfestigten Wissensvorrat sowie Handlungsmuster, die nachhaltige biographische Relevanz besitzen. Lebenslanges Lernen ist demnach der übergeordnete Terminus, der neben biographischem Lernen auch alle weiteren Formen des Lernens beinhaltet (also konkret Weiterbildungsmaßnahmen, curriculare Lernprozesse usw.). Das biographische Lernen ist Kern und Kompass für lebenslanges Lernen im Gravitationsfeld zwischen Individuum und Gesellschaft. Lebenslanges Lernen stellt das Bezugskonzept der empirischen Untersuchung dar.

Es geht in der Empirie also um die Analyse biographischen Lernens, also der „Herausbildung übergeordneter, generativer Handlungs- und Wissensstrukturen" (Alheit et al. 2003, S. 33) bzw. typischer Handlungsmuster im Umgang mit den mit der Reflexiven Modernisierung einhergehenden Herausforderungen.[35] Im Folgenden wird weiterhin der Terminus lebenslanges Lernen verwendet, in der empirischen Analyse wird allerdings insbesondere das biographische Lernen im hier verstandenen Sinne (als substantieller Teil lebenslangen Lernens) fokussiert.

In der Analyse der biographischen Interviews wird nicht zwischen explizitem und implizitem Lernen unterschieden, da das Erkenntnisinteresse nicht auf diese Unterscheidung gerichtet ist, sondern auf die berufsbiographische Handlungspraxis und die daraus entwickelten Orientierungsmuster und Handlungsstrategien[36] der Individuen. Dabei werden beide Formen, also explizites und implizites Lernen, von Relevanz sein. Die Lernprozesse werden anhand von narrativen Interviews dokumentarisch analysiert.

---

[35] Der Unterschied zu der Studie von Alheit et al. (2003), die biographisches Lernen als Erfahrungs- und Handlungsprozess verstanden und untersucht haben, besteht insbesondere darin, dass sie sich auf konkrete Lernmilieus beziehen.

[36] Strategie ist in diesem Zusammenhang als Handlungsmuster zu verstehen. Es ist also nicht mit planvollem, intendiertem Handeln zu verwechseln.

Abbildung 1: Biographisches und lebenslanges Lernen

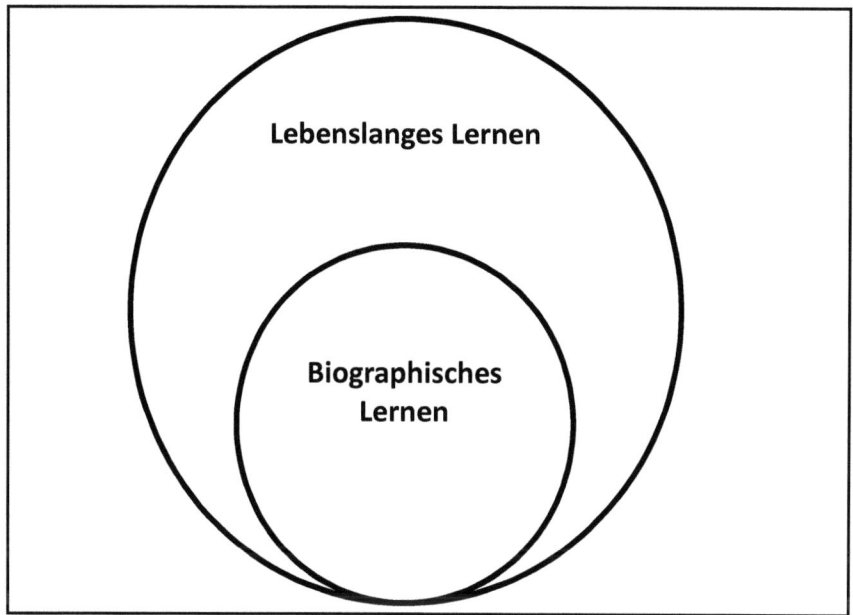

4 Methodologie

Die vorliegende Studie ist der qualitativen Forschung zuzuordnen und somit dem interpretativen Paradigma verpflichtet. Diesem liegt eine Wirklichkeitsauffassung zugrunde, die Wirklichkeit als eine zu interpretierende versteht. Darüber hinaus wird angenommen, dass Wirklichkeit sich erst in den Interpretationen der Subjekte konstituiert. Bei qualitativen Forschungsmethoden geht es dann darum, diese Konstruktionen der Wirklichkeit und die Interpretationen der Subjekte zu rekonstruieren (Marotzki 2006, S. 112). Die Sinnkonstruktionen können auch als implizites Wissen beschrieben werden. Sie bilden die Handlungsmuster bzw. biographischen Muster, die bezogen auf eine bestimmte Fragestellung typisiert werden können. Das Ziel qualitativer Forschungsmethoden ist es, soziale Prozesse und Handlungen zu *verstehen* und sie so genau wie möglich zu beschreiben. In der Tradition der Grounded Theory werden Theorien generiert bzw. Thesen entwickelt, während quantitative Forschungsmethoden Thesen überprüfen und davon ausgehen, dass soziale Wirklichkeit objektiv messbar sei.[37] Im Folgenden werden die Erhebungs- und die Auswertungsmethode der vorliegenden Studie vorgestellt.

4.1 Autobiographisch-narratives Interview als Erhebungsmethode

Das autobiographisch-narrative Interview hat sich als Erhebungsmethode in der (erziehungswissenschaftlichen) Biographieforschung etabliert (Marotzki 2006, 115). Es offenbart die Konstruktionsleistungen der Subjekte und trägt damit dem interpretativen Paradigma Rechnung. Entwickelt wurde die Interviewform von Fritz Schütze.

Das Interview wird mit einer Erzählaufforderung des Interviewers begonnen. Diese muss so formuliert sein, dass der Interviewte sich nicht nur dazu aufgefordert fühlt, zu argumentieren oder sich rechtzufertigen, sondern insbesondere

---

[37] Bohnsack (2010) unterscheidet rekonstruktive Verfahren der empirischen Sozialforschung von standardisierten und hypothesenprüfenden und wendet sich damit von der Unterscheidung in qualitative und quantitative Methoden ab. So wird beispielsweise das quantitative Verfahren ‚Korrespondenzanalyse' als rekonstruktives verstanden, wohingegen das qualitative Verfahren der ‚Inhaltsanalyse' – zumindest die häufig genutzten Elemente – den standardisierten Verfahren zugeordnet wird.

auch, zu erzählen und zu beschreiben. Diese Stegreiferzählung des Interviewten soll nicht vom Interviewer unterbrochen werden. Erst wenn die Erzählung abgeschlossen ist, werden Nachfragen gestellt, die sich auf das vom Interviewten Erzählte beziehen und (wie die erste Erzählaufforderung) narrativ sein müssen (Schütze 1983, S. 285). An die Nachfragen schließt sich ein dritter Teil des Interviews an, der auf eine Bilanzierung und Argumentation durch den Interviewten abzielt. „Es geht nunmehr um die Nutzung der Erklärungs- und Abstraktionsfähigkeit des Informanten als Experte und Theoretiker seiner selbst" (Schütze 1983, S. 285).

Durch dieses Vorgehen werden die Erfahrungshaltungen der Interviewten mit ihren Lebensereignissen erkenntlich. Von besonderer Bedeutung ist dabei, dass der Interviewte seiner Biographie selbst, d.h. ohne Steuerung durch den Forscher, einen roten Faden gibt. Damit selektiert der Interviewte die Ereignisse und wählt die für ihn relevanten Erlebnisse aus. Die Aufgabe des Interviewers besteht lediglich darin, „lebensgeschichtliche Erzählungen zu generieren und aufrechtzuerhalten" (Marotzki 2006, S. 116).

Beim durch die Erzählaufforderung ausgelösten Stegreiferzählen orientiert sich der Interviewte an „grundlegenden kognitiven Figuren der Erfahrungsrekapitulation" (Schütze 1984, S. 80). Diese Erfahrungsrekapitulation erfordert Ordnungsprinzipien, die die Erinnerungen systematisch strukturieren. Diese bezeichnet Schütze (1984, S. 83) als „kognitive Figuren des autobiographischen Stegreiferzählens", wozu auch die „Prozessstrukturen des Lebensablaufs" gehören, die bereits im Zusammenhang der biographischen Konzeptionen (vgl. Kapitel 3) dargestellt wurden. Die kognitiven Figuren ordnen aber nicht nur die Erfahrungsrekapitulation, sie sind auch im aktuellen Erleben orientierungswirksam, d.h. es handelt sich um „kognitive Ordnungsprinzipien der je aktuellen autobiographischen Orientierung und der faktischen Organisation des Lebensablaufs" (Schütze 1984, S. 83). Damit liegt dem Interview die „These der Homologie von Erzählsequenz und Erfahrungssequenz" (Fischer/Kohli 1987, S. 33) zugrunde.

Neben den kognitiven Figuren bilden die „Zugzwänge des Stegreiferzählens" die grundlegenden Prinzipien des narrativen Interviews. Beide wirken im autobiographisch-narrativen Interview zusammen: die kognitiven Figuren als Ordnungsprinzipien und die Zugzwänge als Gewährleistung der Intersubjektivität (Schütze 1984, S. 81). Folgende Zugzwänge können unterschieden werden:

- Gestaltschließungszwang: Der Erzähler muss das, was er zu erzählen beginnt, auch abschließen. Damit kann nie die vollständige Biographie gemeint sein, aber wesentliche Themenfelder und Lebensphasen: Was begonnen wird, muss beendet werden.

- Kondensierungszwang: Der Erzähler muss seine Erzählung aufgrund begrenzter Zeit auf das Wesentliche reduzieren und in seiner Erzählung dennoch nachvollziehbar bleiben.

▪ Detaillierungszwang: Gleichzeitig muss der Erzähler seine Erzählung an entscheidenden Stellen mit Details versehen, damit der Interviewer die Lebensgeschichte versteht.

Diese Zugzwänge werden durch die kognitiven Figuren freigesetzt und bewirken, dass der Erzähler in seine Lebensgeschichte verwickelt und verstrickt ist, weil er komplettieren, kondensieren und detaillieren muss. Dadurch legt er seine Erfahrungsaufschichtung frei. Allerdings müssen hinsichtlich der Zugzwänge die Textsorten (Erzählungen, Beschreibungen und Argumentationen) unterschieden werden, da die Zugzwänge nur in Erzählungen entfalten werden. Während in Argumentationen das eigene Leben reflektiert wird, sind Erzählungen „sehr nahe an lebensgeschichtlichen Erfahrungen der Biographieträger/innen" (Nohl 2006, S. 21). Daher werden bei der Interpretation narrativer Interviews diese Textsorten unterschieden.

4.2 Dokumentarische Methode als Auswertungsmethode

Für die Auswertung der Interviews eignet sich die Dokumentarische Methode nach Bohnsack (2007) und Nohl (2008), da sie mit der Analyse von individuellen und kollektiven Orientierungsmustern an der Schnittstelle zwischen mikro- und makroperspektivischen Fragestellungen operiert (Meuser 2007).

Ziel der Dokumentarischen Methode ist die Identifikation typischer Erfahrungsdimensionen, also die Untersuchung kollektiver Erfahrungsräume. Um das *Typische* rekonstruieren zu können, ist der Vergleich verschiedener Fälle notwendige Voraussetzung. Denn nur der Vergleich von Fällen erlaubt es, die Gemeinsamkeiten und die Unterschiede zwischen den Fällen zu erfassen (Nohl 2006, S. 23). Letztlich geht es um Typenbildung, die in eine Typologie (als System von Typen) mündet. Was darunter genau zu verstehen ist, wird im Folgenden erläutert. Bevor auf die Interpretationsschritte eingegangen werden kann, müssen die der Methode zugrundeliegenden Gedanken erörtert werden.

Bohnsack et al. (2007, S. 14) unterscheiden in Anlehnung an Mannheim (1980) kommunikatives von konjunktivem Wissen. Während kommunikatives Wissen reflexiv verfügbar ist und von den Interviewten expliziert werden kann, ist konjunktives (Erfahrungs-)Wissen nicht explizit zugänglich. Kommunikatives Wissen ist ein Wissen, über das alle Gesellschaftsmitglieder verfügen, das „objektiviert ist" (Bohnsack et al. 2007, S. 14), im Sinne eines common sense.

Demgegenüber ist konjunktives Wissen nicht reflexiv zugänglich, es ist inkorporiert und entsteht in spezifischen Erfahrungsräumen.[38]

Das Ziel der Dokumentarischen Methode ist es, Zugang zu dem konjunktiven Wissen zu erlangen und dieses Wissen zur Explikation zu bringen (Bohnsack et al. 2007, S. 14). Es geht hier also um eine systematische Rekonstruktion von handlungsleitendem Alltagswissen.

Analog zu der Unterscheidung von kommunikativem und konjunktivem Wissen ist bei der Analyse nicht nur von Interesse, *was* die Realität der Interviewten ist, sondern vor allem auch, *wie* diese Realität hergestellt und im Interview produziert wird (Bohnsack et al. 2007, S. 12). Die Analyseeinstellung wechselt also vom „common sense thematischer Gehalte" zum „modus operandi, [der] Konstruktionsweise sozialer Gebilde" (Nohl 2006, S. 22) – oder verkürzt ausgedrückt: vom Was zum Wie. Die Frage nach dem *Was* kann auch als Beobachtungen erster Ordnungen verstanden werden und zielt auf den kommunikativen Sinngehalt. Hingegen kann die Frage nach dem *Wie* als Beobachtungen zweiter Ordnungen verstanden werden, sie richtet sich auf den konjunktiven oder auch dokumentarischen Sinngehalt (Bohnsack et al. 2007, S. 14).

Um dieser methodologischen Unterscheidung gerecht zu werden, hat der Interpret zwei aufeinanderfolgende Interpretationsschritte durchzuführen: die formulierende und die reflektierende Interpretation. In der formulierenden Interpretation geht es um die Zusammenfassung dessen, was begrifflich expliziert, also was (wörtlich) gesagt wurde. In der reflektierenden Interpretation wird daraufhin rekonstruiert, wie, also mit Bezug auf welchen Orientierungsrahmen, die Themen behandelt wurden (Bohnsack et al. 2007, S. 15; Nohl 2006, S. 22).

Wie bereits erwähnt, spielt die komparative Analyse in der Dokumentarischen Methode von Beginn an eine zentrale Rolle. Diese ist deshalb so wichtig, da die Orientierungsrahmen, in denen ein Thema behandelt wird, nur anhand von Vergleichen feststellbar sind. Also: Welches *implizite* Wissen bzw. welche gemeinsamen Erfahrungen *teilen* verschiedene Menschen? Und: Welche *Variationen innerhalb dieser Gemeinsamkeiten* können rekonstruiert werden? Um Typen bilden zu können, muss demnach untersucht werden, wie ein und dasselbe Thema von verschiedenen Fällen bearbeitet wird (Nohl 2008, S. 116). Typen können als handlungsleitende Denkmuster definiert werden, die sich fallübergreifend rekonstruieren lassen.

Anhand einer fallübergreifenden komparativen Analyse kann zunächst das gemeinsame Thema der Fälle herausgearbeitet werden. Dazu werden Textauszüge ausgewählt, in denen sich eine Gemeinsamkeit feststellen lässt, bspw. der

---

[38] Spezifische Erfahrungsräume sind u.a. Jugendsubkulturen (Bohnsack 1995), Migrationskontexte (Bohnsack/Nohl 2001), Schichtzugehörigkeit (El-Mafaalani 2012), Generationenzugehörigkeit bzw. Lebensalter (Nohl 2006).

Übergang von der Schule ins Berufsleben. Diese Analyse ist grundlegend, um Orientierungsmuster zu generieren, zu abstrahieren und zu spezifizieren. Es geht dabei also um die Abstraktion von Homologien. Außerdem kann anhand des Fallvergleichs die Standortgebundenheit des Forschers „kontrolliert" werden (Bohnsack 2007, S. 236), d.h. dass an die Stelle des Vergleichshorizontes des Forschenden empirische Vergleichsfälle treten, anhand derer unterschiedliche Muster rekonstruiert werden können. In der anschließenden sogenannten Spezifizierung eines Typus sind nicht mehr die Gemeinsamkeiten der Fälle von Interesse, sondern die Kontraste zwischen den Fällen, also der Kontrast in der Gemeinsamkeit. Es geht nicht mehr um das gemeinsame Thema, sondern um die Spezifizierung des abstrahierten Orientierungsrahmens. Ziel ist die Präzisierung und Validierung des Typus (Bohnsack 2007, S. 236).

Die sogenannte Basistypik ist durch das einer Untersuchung zugrunde liegende Erkenntnisinteresse gegeben. Diese setzt sich aus verschiedenen Orientierungsrahmen zusammen, die für die handlungsleitenden Denkmuster der Interviewten charakteristisch sind. Um zu einer Typologie, d.h. zu einer mehrdimensionalen Typenbildung, zu gelangen, muss die Basistypik anhand von verschiedenen Dimensionen (u.a. Geschlecht, Bildungsniveau oder Lebensalter) spezifiziert werden (Bohnsack 2007, S. 237). Die Auswahl der Dimensionen hängt von der Struktur des Samples ab (Nohl 2006, S. 32).

Hinsichtlich der Typologie wird zwischen einer sinngenetischen und einer soziogenetischen Typenbildung unterschieden. Die sinngenetische Typenbildung zielt auf die zwischen den Typen existierenden Unterschiede und die voneinander abgrenzbaren Orientierungsmuster, die anhand der komparativen Analyse rekonstruiert werden. Diese müssen für eine soziogenetische Typenbildung eindeutig einem Erfahrungsraum zugeordnet werden können, d.h. dass für die soziogenetische Typenbildung die Verbindung von Erfahrungsraum und Orientierungsrahmen konstitutiv ist (Nohl 2007, S. 258). Die soziogenetische Typenbildung kann auch als „erklärende" Typenbildung verstanden werden, da sie durch die beschriebene Verbindung von Erfahrungsraum und Orientierungsrahmen die Erklärung sozialer Zusammenhänge ermöglicht. Ist diese Verbindung nicht „herzustellen", ist lediglich die sinngenetische Typenbildung möglich (Bohnsack 2007, S. 237).[39]

Auch eine Generalisierung der Typiken ist erst im Kontext einer Typologie, also einer mehrdimensionalen Typenbildung möglich. Generalisierung bedeutet allerdings nicht, dass die Typiken (im Sinne von Repräsentativität) verallgemei-

---

[39] Eine soziogenetische Typenbildung ist in der Regel nur in größeren Projektzusammenhängen möglich. Im Rahmen dieser Arbeit wird es nicht möglich sein, eine solche soziogenetische Typenbildung zu vollziehen. Dennoch sollen am Ende des empirischen Kapitels (in der theoretischen Reflexion der Ergebnisse) hierzu zumindest begründete Überlegungen angestellt werden.

nert werden können. Stattdessen werden Idealtypen gebildet, die eine Generalisierung (im Sinne einer idealtypischen Abstraktion) möglich machen.

Bevor auf die Zusammenstellung des Samples eingegangen wird, soll an
dieser Stelle zusammenfassend die Verknüpfung zwischen Erhebungs- und
Auswertungsmethode in Anlehnung an Nohl (2006) hergestellt werden.

Wie bereits geschildert, kann konjunktives Wissen, auf dessen Zugang die
Dokumentarische Methode gerichtet ist, von den Interviewten nicht expliziert
werden, da dieses Wissen handlungspraktisch, habituell verankert und inkorporiert ist. Im Zusammenhang mit der Darstellung des narrativen Interviews wurde
bereits auf die unterschiedlichen Textsorten in Interviews – Erzählungen, Beschreibungen und Argumentation – hingewiesen. Das konjunktive Wissen erschließt sich dem Forscher dann, wenn er anhand der Erzählungen und Beschreibungen der Interviewten Zugang zu deren Handlungspraxis und -muster erhält,
an welche das konjunktive Wissen gebunden ist. „Die Erzählungen und Beschreibungen im narrativen Interview dienen also dazu, das praktische oder ‚konjunktive Wissen‘ der Interviewten zu erheben" (Nohl 2006, S. 22).[40]

Das Ziel der vorliegenden empirischen Analyse ist es, die Orientierungsmuster und Handlungsstrategien von Individuen beim lebenslangen Lernen in
Form von Typen herauszuarbeiten. Um diesem Vorhaben nachgehen zu können,
müssen beim Sampling die im Folgenden dargestellten Aspekte berücksichtigt
werden.

4.3 Sampling

Für die Entwicklung von Typen ist es erforderlich, die Bedingungen bzw. die Erfahrungsräume (bspw. Milieu oder Geschlecht), die den Orientierungsmustern
zugrunde liegen, zu untersuchen (Bohnsack 2009). Typen sind bei der Dokumentarischen Methode allerdings nicht mit Fällen gleichzusetzen. Stattdessen kann
ein Fall (ein Interview) mehreren Typen zugeordnet werden (El-Mafaalani 2012,
S. 111). Es wird davon ausgegangen, dass die spezifischen Orientierungsmuster
in bestimmten Erfahrungsräumen entstehen. Für die Rekonstruktion der Erfahrungsräume wurden die Dimensionen Generation/Alter, Geschlecht und Bildungsniveau unterschieden, um zu rekonstruieren, ob und inwiefern sich die
(biographischen) Muster lebenslangen Lernens nach diesen Dimensionen unterscheiden. Die Untersuchung ist also mehrdimensional angelegt und hält die

---

[40] Hingegen entsprechen Argumentationen dem kommunikativen Wissen, da sie in der Erzählzeit,
also in der Interaktion mit dem Interviewer, vorgenommen werden und entsprechend als nicht so
nah an der erzählten Zeit gelten (Nohl 2008). Allerdings kann die Analyse von Argumentationen
gemeinsam mit den Erzählungen und Beschreibungen durchaus relevant sein (vgl. Koller 1999;
El-Mafaalani 2012).

Möglichkeit offen, in der Typologie alters-, geschlechts- und bildungsspezifische Erfahrungsräume zu unterscheiden. Demnach wurden beim Sampling die genannten Unterscheidungsmerkmale berücksichtigt. Wie im Rahmen der Dokumentarischen Methode beschrieben, sollen durch die Vergleichsfallbildung sowohl typische Unterschiede zwischen den Befragten als auch für die Dimensionen typische Gemeinsamkeiten sowie Gemeinsamkeiten aller Interviewpartner erkennbar werden (Nohl 2008, S. 98). Die in Anlehnung an Bohnsack (2009) gewählten Unterscheidungsmerkmale dienen als Vergleichshorizonten und zur Bildung verschiedener Typiken.

An dieser Stelle sei noch einmal explizit darauf hingewiesen, dass lebenslanges Lernen ein Konzept darstellt, das durch Diffusität, Vieldeutigkeit und Offenheit gekennzeichnet ist. In der vorliegenden Arbeit wird also ein Phänomen untersucht, das zunächst *alles* Lernen von der frühen Kindheit bis ins späte Erwachsenenalter umfasst (BLK 2004, S. 13), und der breite Konsens der Erwachsenenbildungsforschung zugrunde gelegt, dass alle Menschen ein Leben lang lernen (Rothe 2011, S. 391). Berücksichtigt man weiterhin das der Arbeit zugrundliegende Lernverständnis – Lernen als aufgeschichtete Erfahrungen, die sich zu einer biographischen Orientierung verdichten (biographisches Lernen) – wird deutlich, dass das Geschlecht, die Generation bzw. das Alter sowie der Milieukontext für lebenslanges Lernen eine zentrale Rolle spielen (können), da die Erfahrungsaufschichtungen von diesen Faktoren abhängig sind (Alheit 2010; Biesta et al. 2011; Ecarius 2006).

Dennoch zeigt sich im Diskurs über lebenslanges Lernen (siehe Kapitel 2), dass es sich dabei um ein offenes Konzept mit unterschiedlichen Auslegungen handelt. Daher wurde auch das Sample bewusst „offen" gewählt. Das Erkenntnisinteresse der Arbeit ist nicht auf bestimmte Institutionen, Kurse oder Berufsgruppen gerichtet, sondern auf die Art und Weise, in der Individuen lebenslang lernen. Das bedeutet selbstverständlich nicht, dass die Interviewpartner wahllos ausgesucht wurden. Stattdessen wurden die genannten Unterscheidungsmerkmale berücksichtigt, wodurch auf „objektive" Sozialdaten zurückgegriffen wurde (Nohl 2008, S. 98; Nohl 2007, S. 259).

Die Altersspanne 30 bis 40 Jahre wurde gewählt, da in dieser Lebensphase zwei Entwicklungsschritte bewältigt werden müssen: Zum einen ist dies die Einstiegsphase in den Beruf oder die berufliche „Konsolidierung", zum anderen die Gründung einer eigenen Familie (Geffers/Hoff 2010, S. 108). Demgegenüber sind diese beiden Entwicklungsaufgaben von den über 60-Jährigen bereits bewältigt.

Die Samplestruktur ist in Tabelle 1 schemenhaft dargestellt. Eine ausführlichere Darstellung der Interviewpartner folgt in Tabelle 2.

Tabelle 1: Das Sample

Geschlecht	30-40 Jahre		60+	
	Akademiker	Nicht-Akademiker	Akademiker	Nicht-Akademiker
männlich	bspw. Sozialarbeiter	bspw. Elektroniker	bspw. Jurist	bspw. Buchhalter
weiblich	bspw. Journalistin	bspw. Sekretärin	bspw. Ärztin	bspw. Bankkauffrau

4.4 Forschungspraktische Rahmenbedingungen

Aus jedem der insgesamt acht Felder wurden drei Personen interviewt, so dass insgesamt 24 Interviews[41] geführt wurden, von denen 18 für die vorliegende Untersuchung genutzt werden konnten.[42] Die gleichmäßige Verteilung soll nicht auf eine Häufigkeit oder Wahrscheinlichkeit der Orientierungsmuster schließen lassen, sondern der Annahme Rechnung tragen, dass „eine spezifische Orientierung [...] durch bestimmte Erfahrungsräume geprägt ist" (El-Mafaalani 2012, S. 111). Die Interviews dauerten zwischen 30 und 120 Minuten, wurden entweder bei den Interviewten zuhause oder in ihren Büros geführt, aufgezeichnet und transkribiert.[43] Zunächst wurden vier Fälle miteinander verglichen bis typische Gemeinsamkeiten erkennbar wurden. Daher wurde nur für die ersten Fälle eine Totaltranskription vorgenommen, die weiteren Interviews wurden selektiver bzw. problemorientierter transkribiert (Nohl 2008, S. 98). Beim Sampling wurde das Kriterium der theoretischen Sättigung berücksichtigt: es wurden keine weiteren

---

[41] Zwei der Interviews entstammen einer anderen Studie, in der ebenfalls biographisch-narrative Interviews geführt wurden. Die Verwendung der beiden Interviews war deshalb möglich, da es sich ebenfalls um offene Interviews handelte, die nach dem gleichen Muster geführt wurden.

[42] Die weiteren sechs Interviews wurden für die Auswertung nicht genutzt, da sie keine neuen Erkenntnisse lieferten. Hier zeigte sich gewissermaßen eine ‚theoretische Sättigung'.

[43] Die zugrundeliegenden Transkriptionsregeln sind der Arbeit angehängt.

Interviews geführt sobald keine zusätzlichen Daten mehr gefunden werden konnten (Nohl 2007, S. 262), d.h. dass weder neue typische Unterschiede festgestellt werden konnten, die die Konstruktion eines neuen Typus gerechtfertigt hätten, noch innerhalb eines Typus neue Aspekte zum Vorschein traten, die für die Fragestellung relevant erschienen.

Die Interviewpartner wurden teils anhand des Schneeballsystems, teils anhand von Internetrecherchen rekrutiert.

Bei der Durchführung der Interviews wurden die von Schütze (1983, S. 285) für das narrative Interview entwickelten Teile weitestgehend eingehalten. D.h. dass die Interviewten zunächst gebeten wurden, ihre gesamte Biographie möglichst chronologisch und ausführlich zu schildern. Der Erzählstimulus, mit dem das narrative Interview beginnt, war also biographisch ausgerichtet und sollte die Interviewten zu einer ausführlichen Stegreiferzählung veranlassen. Vom Interviewer wurden keine weiteren Vorgaben gemacht oder Schwerpunkte gesetzt.[44] Das Forschungsinteresse war den Interviewten nicht bekannt (Nohl 2006, S. 21). Außerdem wurden sie in dieser ersten biographischen Anfangserzählung nicht unterbrochen. Die an die Anfangserzählung anschließenden Nachfragen bezogen sich auf jene Themen, die in der Erzählung bereits in Erscheinung getreten sind. Dabei ist der Interviewer entweder auf für ihn unklare Passagen eingegangen oder er hat um eine ausführlichere Darstellung einer Thematik gebeten. So wurden die Interviewten bspw. gefragt, ob sie sich noch erinnern könnten, wie es zu der Ausbildung bzw. dem Studium oder anderen beruflichen Entscheidungen gekommen sei, oder sie wurden bspw. gebeten, ihre Weiterbildungserfahrungen ausführlicher zu schildern.

---

[44] Die Interviewten wurden lediglich gebeten, ihre gesamte Biographie zu schildern. Die Erzählaufforderung hatte in etwa folgenden Wortlaut: „Ich bitte Sie, mir Ihre gesamte Biographie zu schildern, von dem ersten Tag an, an den Sie sich erinnern können, bis heute. Ich werde Sie nicht unterbrechen und würde mich freuen, wenn Sie alles so ausführlich wie möglich erzählen".

5 Empirische Ergebnisse

Anhand der 18 ausgewerteten Interviews konnten vier Typen rekonstruiert werden, die die Muster lebenslangen Lernens bezogen auf die Gestaltung der Berufsbiographie widerspiegeln. Diese Orientierungsmuster sind (wie die von Alheit et al. (2003) rekonstruierten Lernfiguren vgl. Kapitel 2) nicht zwingend gleichbleibend und starr, sondern können sich im Laufe der Biographie verändern bzw. gleichzeitig bestehen. Wie für die Dokumentarische Methode konstitutiv, sind die rekonstruierten Typen also nicht mit den einzelnen Fällen bzw. den Interviewten gleichzusetzen.

Die vier Typen lauten 1) Organisationalisierung, 2) Professionalisierung, 3) Vermarktlichung und 4) Entgrenzung. Bei der Darstellung dieser vier Typen werden die Biographien der Individuen nicht nacheinander und jeweils im Detail rekonstruiert, sondern es werden Auszüge unterschiedlicher Interviews zu einem homologen biographischen Sachverhalt (Thema, Lebensphase, Entscheidungssituation usw.) zusammengeführt, da nicht die Biographien bzw. die Fälle als solche, sondern typische Orientierungsrahmen innerhalb der Biographie von Bedeutung sind (Nohl 2008; Bohnsack 2008). Dabei werden zur Orientierung für den Leser die interviewten Personen dann kurz vorgestellt, wenn es für die Interviewauszüge und Interpretation derselben erforderlich erscheint. Diese Form der Ergebnisdarstellung entspricht sowohl der methodischen Vorgehensweise (systematischer Fallvergleich und Sequenzanalysen) als auch dem Erkenntnisinteresse der Arbeit. Zur besseren Nachvollziehbarkeit werden die Interviewpartner mit den für diese Arbeit relevanten Sozialdaten in den folgenden Tabellen abgebildet.

Tabelle 2:   Interviewpartner der jüngeren Generation

Interviewte (Alter)	Schul- abschluss	Ausbildung / Studium	Berufe / Tätigkeiten
Anja (30)	Abitur	Bürokauffrau Diplom Ökonomie (FH)	Personal Interne Revision
Clara (30)	Abitur	Dualer Bachelor Internationales Management Master Ökonomie	Unternehmensberatung Doktorandin Ökonomie
Anna (30)	Abitur	Allgemeine und vergleichende Literaturwissenschaft	Journalistin
Tim (30)	Abitur	Master Ökonomie	Banking Unternehmensberatung Doktorand Ökonomie
Theo (30)	Abitur	Veranstaltungstechniker Studium der Sozialen Arbeit (noch nicht beendet)	Veranstaltungstechniker Jugendarbeit
Claudia (33)	Fachabitur	Fachangestellte für Bürokommu-nikation	Verwaltungsange-stellte
Carola (34)	Fachabitur	Rechtsanwalts-gehilfin	Erzieherin Rechtsanwaltsgehilfin
Kathrin (34)	Abitur	Medizinstudium nicht beendet Hebamme	Hebamme
Jonas (34)	Fachabitur	Keine Berufsausbildung Studium der Sozialen Arbeit nicht beendet	Einzelhandel Fashion Vertrieb und Marketing im Fashion- und Musikbereich DJ
Edin (35)	Mittlere Reife	Kommunikationselektroniker Techniker	Kommunikationselektroniker
Ali (39)	Abitur	Diplom Soziale Arbeit	Sozialarbeiter

Tabelle 3: Interviewpartner der älteren Generation

Interviewte (Alter)	Schul-abschluss	Ausbildung/Studium	Berufe/Tätigkeiten
Sabine (60)	Abitur	Erzieherin Diplom Soziale Arbeit und Psychologie	Sozialarbeiterin, Freiberufliche Therapeutin und Supervisorin Lehrtherapeutin und -supervisorin
Susanne (63)	Mittlere Reife	Chemielaborantin	Chemielaborantin, Ausbilderin Zum Interviewzeitpunkt im Ruhestand
Klaus (60)	Hauptschulabschluss	Tischler	Tischler, Tiefbauarbeiter, Speditionsfahrer, Möbelrestaurateur Musikvertrieb, Musiker Inhaber verschiedener Cafes und eines Bioladens, Koch
Anton (62)	Abitur	Krankenpfleger Diplom Pädagogik	Krankenpfleger Inhaber eines Verlags Freiberuflicher Coach und Weiterbildner, Angestellter Weiterbildungsreferent
Ernst (64)	Abitur	Chemielaborant Diplom Ingenieur Aufbaustudium Statistik	Chemielaborant Qualitätsmanagement Zum Interviewzeitpunkt im Ruhestand
Heinz (70)	Mittlere Reife	Industriekaufmann	Buchhalter, Programmierer Zum Interviewzeitpunkt im Ruhestand
Werner (70)	Mittlere Reife	Elektriker	Elektriker, Gebäudegutachter Ausbilder bei der Bundeswehr Profisportler Außendienstmitarbeiter, Marketingleiter Inhaber eines Hotels Immobilienhändler

Zunächst wird die Basistypik zum Lebenslangen Lernen mit ihren dazugehörigen Typen erläutert. Bei der Darstellung eines jeden Typus werden die ihn charakterisierenden Merkmale sowie die Grenzen der Orientierung aufgezeigt.[45] Daran schließt sich jeweils eine theoretische Reflexion der empirischen Ergebnisse an, bevor eine Gesamtreflexion der Typik vorgenommen wird. Bei der Reflexion der einzelnen Typen wird stets die Vermittlung von Subjektivität und objektiven Gegebenheiten vor dem Hintergrund der die Typen charakterisierenden Merkmale betrachtet, da lebenslanges Lernen „einerseits interaktiv und sozial strukturiert [ist], [...] andererseits aber einer ‚individuellen Logik' [folgt]" (Alheit et al. 2003, S. 34). Dafür werden einerseits die individuelle Biographiegestaltung bzw. die individuellen Erfahrungen und Bedürfnisse, die der Gestaltung zugrundeliegen, andererseits der soziale Referenzrahmen bzw. der soziale Bezug der Individuen in den Blick genommen. Die soziale Referenz ist das, worauf die Interviewten sich bei der Biographiegestaltung beziehen, d.h. das, was den Rahmen für die Gestaltung absteckt. Die Interdependenz zwischen diesen beiden Dimensionen (Biographie und soziale Referenz) ist die berufsbiographische Strategie bzw. das Orientierungsmuster lebenslangen Lernens, das einerseits das Ergebnis des biographischen Lernens im Hinblick auf die Berufsbiographie darstellt und andererseits die folgenden Lernprozesse strukturiert.[46] Der Lernprozess ist also Voraussetzung für die ‚Passung' von Biographiegestaltung, sozialer Referenz und entsprechender Strategie. Oder anders: Den passenden Bezugsrahmen und die entsprechende Strategie zu ‚finden', setzt einen Lernprozess voraus. Die Passung der drei Aspekte ergibt den roten Faden der Biographie. Diese Zusammenhänge werden in folgender Abbildung zusammenfassend dargestellt:

---

[45] An dieser Stelle sei bereits darauf hingewiesen, dass ein Merkmal sich stets auf das Weiterbildungsverhalten und die -motive bezieht. Dabei geht es nicht nur um formale Weiterbildung, sondern auch um die berufsbiographische Weiterentwicklung. *Grenze* bedeutet, dass mit einem Überschreiten derselben ein Verlassen der Orientierungsweise einhergehen würde. Die Grenze wird von der Orientierungsweise her bestimmt.

[46] Hier sei betont, dass die Formulierung „Ergebnis" nicht auf einen abgeschlossenen Lernprozess verweisen soll. Es handelt sich dabei um die zum Interviewzeitpunkt entwickelte Strategie, die sich – wie bereits zu Beginn des Kapitels erläutert – durchaus ändern kann. Zum einen ist der Lernprozess somit nicht als abgeschlossen zu verstehen. Zum anderen gestalten sich die folgenden Lernprozesse im Rahmen dieser Handlungsstrategie.

Abbildung 2:   Interdependenz zwischen berufsbiographischer Orientierung und
sozialem Referenzrahmen

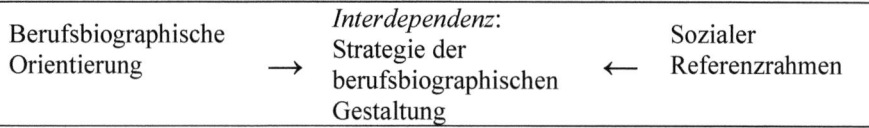

Da im Sample das Alter sowie der Bildungsstand der Interviewten berücksichtigt
wurden, werden im Anschluss an die Basistypik alters- und bildungsspezifische
Merkmale erläutert.

5.1 Typus 1 „Organisationalisierung"

Der folgende Auszug aus dem Interview mit Ernst wird der Beschreibung des
Typus „Organisationalisierung" vorangestellt, da die verschiedenen Merkmale
dieses Typus in dem Auszug gut erkennbar werden.

Ernst hat 40 Jahre in ein- und demselben Unternehmen in verschiedenen
Positionen und Abteilungen gearbeitet und ist zum Zeitpunkt des Interviews bereits seit zwei Jahren Rentner. Nach seiner Ausbildung hat er eine Ingenieurschule besucht, für die er vom Unternehmen ein Stipendium erhalten hatte. Im folgenden Auszug geht es um die Zeit nach der Ingenieurschule:

da hab ich nach meiner Ingenieurschulzeit in einen Betrieb und bekam einen Chef
welches dann wirklich ein Glücksfall war der mich gefördert hat der mir Dinge zu-
kommen ließ der mir Freiheiten ließ aber trotzdem /ehm/ schützend eigentlich die
Hand über mich hielt und mir den Weg gewiesen hat wie man ein vernünftiger Vor-
gesetzter war. man muss sich vorstellen ich kam als sechsundzwan als Fünfund-
zwanzigjähriger zurück vom Studium und habe dann einen Betrieb übernommen mit
einhundertachtzig Leuten die mir dort unterstellt waren mit einer Meisterebene mit
fünf Meistern dazwischen. und eigentlich war man [...] fachlich sicherlich soweit
dass man Dinge /ehm/ beherrscht hat aber menschlich war man sicherlich nicht dazu
in der Lage. und ich hatte da ein riesen großen Glück eben diesen Chef zu bekommen der menschlich sehr nett war der mich auch fachlich noch gefördert hat auch
noch ein ein Meister der mir unterstellt war na der hätte mein Vater sein können der
mich also auch impulsiv an die Hand genommen hatte und mir viele Dinge erklärt
und gezeigt hat ohne dass er dabei meine Stellung untergraben hat sondern mir immer sehr loyal zur Seite gestanden hat. das war sicherlich ein Punkt diese glückliche
Konstellation dass ich mich auch in meinem Beruf gut entwickeln konnte viele Dinge erfolgreich betreiben konnte ob es Forschungsprojekte waren oder Produktions-

verbesserungen waren die eben aus in einem guten Team auch umzusetzen waren (Z. 106-121)

Der Auszug verdeutlicht die Entwicklung der (emotionalen) Bindung an die Organisation. Die diesen Typus prägenden Aspekte – wie u.a. Vorgesetzte, Kollegen, die persönliche Weiterentwicklung in der Organisation – werden im Folgenden näher beschrieben.

Das erste Muster berufsbiographischer Orientierung wird als „Organisationalisierung" bezeichnet und kann anhand der Merkmale 1) Betrieb als Heimat, 2) Sicherheit und Kontinuität und 3) betriebliche Weiterbildung charakterisiert werden, die im Folgenden erläutert werden bevor schließlich die 4) Grenzen dieses Orientierungsmusters aufgezeigt werden. Insgesamt zeigt dieser Typus sehr starke Überschneidungen mit dem von Witzel und Kühn (2000, S. 18) im Rahmen der berufsbiographischen Orientierungsmuster entwickelten ersten Typus, den sie als „Betriebsidentifizierung" bezeichnet haben und auf den an den entsprechenden Stellen bzw. in der theoretischen Reflexion näher eingegangen wird.

5.1.1 Betrieb als Heimat

Die Organisation, in der die Interviewten dieses Typus tätig sind, spielt für ihre Orientierung eine bedeutende Rolle. Dabei sind weder die Tätigkeit noch der konkrete Wirkungsbereich, sondern die Atmosphäre und das Klima, das in der Organisation herrscht, von zentraler Bedeutung. Es geht nicht nur um berufliche Herausforderungen oder Aufgabenbereiche, sondern insbesondere um *Wohlfühlen*. Das wird von Carola folgendermaßen beschrieben:

> Da hab ich dann hier angefangen in der Probezeit. das hat mir so super gut gefallen. das das Klima war toll. [...] ich war schon über zwanzig und hab die Ausbildung gemacht. und dann hab ich während der Probezeit ne Zusage zum Studienplatz gekriegt in x-Stadt. dann hab ich gesagt Scheiß aufs Studium hier ist es so schön hier bleibste (Z. 21-24)

Hier wird deutlich, was für ihre Entscheidung handlungsleitend war: das Arbeitsklima. Dieses ist „so super gut", dass sie sogar die Zusage für den Studienplatz ausschlägt – und das, obwohl sie sich noch in der Probezeit befindet, die aufgrund der kurzen Kündigungsfrist mit großer Unsicherheit verbunden ist. Mit der Aussage „hier ist es so schön hier bleibste" gibt sie ein klares Statement ab, welches zum Ausdruck bringt, dass sie eine biographisch relevante Entscheidung vom Betrieb als soziales Gebilde abhängig macht und dabei eine emotionale

Bindung verspürt. Ihre berufliche Biographie war bis zu diesem Zeitpunkt von enormer Orientierungslosigkeit geprägt:

> Ich wollte schon immer Chemielaborant werden. [...] dann hab ich's mir dann doch anders überlegt und wollte dann Physiotherapeut werden und hab dann nach der zehnten Klasse mein Fachabitur in Sozial- und Gesundheitswesen gemacht. und hab dann am Ende gedacht ist doch keine gute Idee machste was ganz anderes und hab dann mit der Erzieherschule angefangen (lacht). hab dann /eh/ zwei Jahre lang die Erzieherausbildung gemacht .. [...] Und wo eigentlich feststand dass ich [auf der Erzieherschule] in Didaktik ne fünf bekomme hat meine Mutter gesagt bewerb dich doch mal für was ganz andres. sagt sie du bist doch nicht doof du bist gut in Deutsch versuch's doch einfach mit nem Bürojob. ich hab dann nebenher mich für nen Studienplatz beworben an der Gesamthochschule x-Stadt in Ökologie (lacht) was ganz anderes. und hab dann nebenher Bewerbungen geschrieben. gar nicht so viele eigentlich. aber ich hatte ach für alles Mögliche. und da war ich dann bin ich dann hier bei Chef angekommen (Z. 5-19)

Nach der langen Suche sowie einigen Irr- und Umwegen ist sie nun „angekommen". Der Betrieb wird personifiziert – sie ist „bei Chef angekommen". Das gute Arbeitsklima dient scheinbar als Lösungsstrategie für ihren Umgang mit der Orientierungslosigkeit. Hingegen scheint weder die Orientierung an einem Berufsfeld bzw. einer Disziplin (wie es bei Typus 2 der Fall ist) noch an Qualifikationen (d.h. einem Studium) für sie eine Lösung für die Orientierungslosigkeit darzustellen.

Auch bei Edin spielt das Arbeitsklima eine Rolle. Er ist zum Interviewzeitpunkt 36 Jahre alt und arbeitet bereits seit 19 Jahren in ein- und demselben Unternehmen:

> im Großen und Ganzen hab ich mich in der Firma immer sehr gut gefühlt weil einfach das Klima super war. (Z. 55 f.)

Edin geht in seiner Wortwahl noch einen Schritt weiter und spricht explizit von seinem *Gefühl*, das er in der Firma hat. Dadurch wird eine emotionale Komponente der Orientierung untermauert. Es geht bisher also nicht um mit der Organisation geteilte Ziele oder Interessen, sondern lediglich um das persönliche Wohlfühlen in der Organisation. Damit geht häufig auch ein Gefühl von Zufriedenheit einher, mit der sowohl Edin als auch Anja ihre Loyalität begründen:

> weil ich bis heute halt immer noch da bin auch wirklich <u>zufrieden</u> damit bin (Anja, Z. 272 f.)
> es gab für mich nie nen Grund zu wechseln .. /ehm/ klar ich sag jetzt mal wenn man ich war immer glücklich und zufrieden. daher gab es für mich keinen Grund anderswo anderswo nach andern Stellen zu gucken. (Edin, Z. 60-62)

Hier geht es also nicht um die Suche nach Optionen, wie es für den von Dörre (2010) beschriebenen Idealtypus des Optionen maximierenden Selbstmanagers typisch ist. Stattdessen scheint die Strategie dem entgegengesetzt: solange sie zufrieden sind, empfinden sie kein Bedürfnis, Optionen zu maximieren. Der Anspruch an die Erwerbstätigkeit kann also als vergleichsweise gering bezeichnet werden, wenn man an den vielfach unterstellten Zwang zur Optimierung denkt, der die moderne Gesellschaft kennzeichnet (Rosa 2005; Reckwitz 2010).

Die Loyalität bzw. Bindung an das Unternehmen ist positiv („glücklich und zufrieden") konnotiert und speist sich aus Zufriedenheitsaspekten. Es geht allerdings nicht um eine hohe Identifikation mit dem Unternehmen, im Sinne von geteilten Werten oder einer starken Überzeugung von der Unternehmensphilosophie. Davon ist im Zusammenhang mit der emotionalen Bindung keine Rede. Auch ein Anspruch von Selbstverwirklichung in der Arbeit spielt keine Rolle. Stattdessen setzt die Betriebsloyalität bei einer gewissen *Genügsamkeit* an. Vielleicht lässt sich diese Haltung mit der Redewendung „Lieber den Spatz in der Hand als die Taube auf dem Dach" umschreiben. Die Interviewten schätzen das, was sie sprichwörtlich „in der Hand" haben und ihnen scheinbar sicher erscheint, und verzichten auf eine eventuelle Verbesserung ihrer beruflichen Situation. Hier wird eine Ähnlichkeit zu der Lebensorientierung „Balance im Leben" von Hürtgen/Voswinkel (2012, S. 358) deutlich. Diese Orientierung ist u.a. durch eine gewisse Genügsamkeit, die sogar als Konservatismus bezeichnet werden könne, und eine Abgrenzung von jenen Orientierungen, die sich insbesondere auf Karriere konzentrieren, gekennzeichnet. Auch den hier zugrunde gelegten Interviewauszügen sind weder Optimierungs- noch Karriereambitionen zu entnehmen. Das wird auch bei Susanne deutlich:

> bei uns ging es immer weiter ohne dass wir viel darüber nachgedacht haben. es wurd was angeboten wir haben das gemacht und weiter. weiter ging's. [...] wir haben uns eigentlich wohl gefühlt und /ehm/ wir haben gerne gearbeitet [...] und damit war man eigentlich auch zufrieden (Z. 34-36)

Wenn die Organisation etwas angeboten hat (bspw. Weiterbildungen oder eine andere Stelle bzw. Position), wurden diese Angebote unhinterfragt angenommen. Routine und eine gewisse Selbstverständlichkeit scheinen ihr Verhältnis zur Organisation zu prägen. Außerdem wird hier bereits die Bedeutung von Personen für die Orientierung an der Organisation angedeutet, da Susanne ausschließlich von „uns" und „wir" spricht. Noch deutlicher wird dieser Zusammenhang von Organisation und Person(en) in folgendem Auszug:

> und privat hat es natürlich auch dazu geführt meinen Weg zu finden indem mein Mann und ich uns da kennengelernt haben während der Lehre. also ich denke die

Firma hat uns schon geprägt und /eh/ dass das so der /eh/ den Lauf beeinflusst hat den man eingeschlagen hat in seinem Leben. (Z. 10-13)

Hier werden das Privatleben und das Unternehmen kontextualisiert. Das Unternehmen hat sie, ihren Mann und ihr gemeinsames Leben geprägt und einen großen Einfluss auf sie gehabt. Diese Kontextualisierug darf aber nicht mit einer Entgrenzung von Arbeit verwechselt werden, was bedeuten würde, dass zwischen Arbeit und Freizeit keine Trennung besteht (wie es bspw. beim vierten Typus der Fall ist, wie noch gezeigt werden wird).[47] Dies ist bei Susanne nicht der Fall, die beiden Bereiche werden inhaltlich sowie zeitlich voneinander getrennt.

Dass Kollegen und Vorgesetzte für das Wohlfühlen und das Arbeitsklima eine *zentrale* Rolle spielen, wird bei Edin folgendermaßen deutlich:

in der Abteilung eines Morgens kam der Vorgesetzte rein und hat gesagt ja gestern war ein Meeting und ich hab eine gute Nachricht. ihr werdet alle übernommen. mit Festvertrag. [...] und ich hatte auch Glück dass ich wieder in meiner Lieblingsabteilung untergekommen bin wo ich schon während der Ausbildung ziemlich viel war und mit den andern Arbeitskollegen mich gut verstanden habe und auch mit dem Vorgesetzten (Z. 14-18)

Seine „Lieblingsabteilung" wird nicht mit Tätigkeiten konnotiert, sondern mit Arbeitskollegen und dem Vorgesetzten, mit denen er sich gut verstanden habe, d.h. es handelt sich um eine personale Bindung. Es werden weder Aufgaben noch Inhalte oder Möglichkeiten persönlicher Weiterentwicklung mit seiner Lieblingsabteilung in Verbindung gebracht.

Insgesamt kann die Organisation bzw. der Betrieb mit einer Art Heimat verglichen werden (Witzel/Kühn 2000, S. 18). Eine Heimat ist gewöhnlich ein Ort, mit dem man emotional verbunden ist, an dem man aufwächst und „groß wird". Das wird bei Anja deutlich, als sie von ihrer Zeit in der Vertriebsabteilung des Unternehmens berichtet:

war ganz nett das mal kennen zu lernen (lacht) womit eigentlich so die Firma A mit der ich ja nun mal jetzt groß geworden bin als Arbeitgeber so das Geld verdient (Z. 36 f.)

Obwohl sie in der Firma „groß geworden" ist, wusste sie bis zu dem Wechsel in die Vertriebsabteilung nicht, was das Kerngeschäft des Unternehmens ist. Eine solche Situation wäre bei einer anderen Orientierung (bspw. beim zweiten Typus, der durch eine Orientierung an Aufgaben und Inhalten gekennzeichnet ist)

---

[47] Der Bezug auf ‚Entgrenzung' und die noch folgende Unterscheidung von verschiedenen Formen der Entgrenzung geschieht in Anlehnung an Geffers/Hoff (2010).

nicht denkbar. Die Darstellung ihres Studiums, das Anja berufsbegleitend absolviert hat, beendet sie mit folgender Aussage:

> und das war dann quasi (lacht) der Grundstein für die Unternehmens-Karriere in Firma A sozusagen. (Z. 185 f.)

Am Terminus „Grundstein" wird die Bedeutung deutlich, die das Unternehmen in ihrer Biographie einnimmt. Ein Grundstein wird nur dann gelegt, wenn das, was folgt, für die weitere Entwicklung von Bedeutung ist. Außerdem bezeichnet es den Beginn ihrer persönlichen beruflichen Entwicklung und lässt sich dadurch mit dem Heimatgefühl assoziieren.

Wie weiter oben bereits angedeutet, ist *Heimat* hier nicht zwingend positiv besetzt – wenn man von einer Wertung sprechen kann, dann ist sie wohl in erster Linie neutral. Die Interviewten verbleiben nicht im Unternehmen aufgrund einer hohen Identifikation mit den Unternehmenswerten oder weil die Tätigkeit bzw. das Arbeitsfeld sie dort hält, sondern weil es keine Gründe gibt, *nicht* im Unternehmen zu bleiben. Die Loyalität resultiert also aus einem Zufriedenheitsempfinden.

Neben dem Aspekt des Aufwachsens bzw. Groß-Werdens in einer Heimat bietet sie Sicherheit und Verlässlichkeit. Dass die Organisation den Interviewten dieses Gefühl entgegenbringt, wird im folgenden Abschnitt deutlich.

5.1.2 Sicherheit und Kontinuität

Bevor auf die Sicherheitsorientierung der Interviewten eingegangen wird, kann gezeigt werden, dass auch die Rahmenbedingungen und „Konditionen" für die Loyalität eine Rolle spielen. Auf die Frage, ob er sich erklären könne, warum er das Unternehmen nie gewechselt hat, antwortet Edin folgendermaßen:

> Ich denke einfach das sind die guten oder die sehr guten Konditionen. die Bezahlung ist gut .. ich würde fast sogar sagen ok ich bekomme /eh/ oder das ist tariflich festgelegt was ich kriege und vielleicht deswegen gut. [...] Arbeitszeiten gut. flexible Arbeitszeiten Fünfunddreißig-Stunden-Woche dreißig Urlaubstage Gleitzeit das heißt die Überstunden kann ich abfeiern kann ich als Freizeit nehmen. (Z. 50-58)

Wieder sind es nicht die Aufgaben und Tätigkeiten, die ihn an das Unternehmen „binden", sondern diesmal sind es die „sehr guten Konditionen", die ihn von einem Unternehmenswechsel abgehalten haben. In dem gesamten Interview erwähnt Edin lediglich ein Mal sein Aufgabengebiet und zwar im Zusammenhang mit einem Abteilungswechsel, was im weiteren Verlauf näher dargestellt wird.

Anja hat bei Firma A im Anschluss an ihre kaufmännische Ausbildung ein berufsbegleitendes Studium absolviert, in dem ihr von den lehrenden Professoren empfohlen wurde, das Unternehmen nach dem Studium zu wechseln, um den eigenen Marktwert zu testen und weitere Erfahrungen zu sammeln. Ihr Bedürfnis nach Sicherheit ist dafür allerdings zu stark, wie in folgendem Auszug deutlich wird:

> ja ich hab mich umgeguckt im Internet hab nicht eine Bewerbung woanders hin geschickt weil da dann ja auch die Wirtschaftskrise /ehm/ grade passierte und ja dann hab ich einfach Schiss bekommen und gedacht ich hab von vielen gehört dass die sowieso keine unbefristeten Verträge mehr bekommen haben auch mit nem super akademischen Abschluss und da hatt ich halt viel zu viel Angst dass ich dann irgendwie ja nach der Probezeit wieder entlassen werde aus welchen Gründen auch immer und dann auf der Straße sitze. also ich merke selber immer mehr ich hab /ehm/ auch in der Phase angefangen n Coaching zu bekommen und mach das auch bis heute noch und da reflektieren wir eben auch solche Dinge und merke immer wieder dieser Sicherheitsaspekt der spielt ne ganz ganz große Rolle in meinem kompletten Leben. also das ist schon echt extrem. und das spiegelt sich da dann halt auch wider. weil ich bis heute halt immer noch da bin auch wirklich <u>zufrieden</u> damit bin und gutes Geld da verdiene aber auch einfach immer denke eigentlich müsst ich mal was Neues ausprobieren aber dann doch immer wieder n Rückzieher mache ja weil ich da eben weiß was ich habe. (Z. 263-275)

In diesem Auszug werden viele Aspekte vereint, die nicht nur die Sicherheitsorientierung widerspiegeln. Zunächst wird wieder die weiter oben bereits beschriebene Zufriedenheit artikuliert und betont. Außerdem schätzt auch Anja die gute Bezahlung. Was hier aber besonders deutlich wird, ist die „Gleichzeitigkeit von Sicherung und Einschränkung des Lebenslaufs" (Levy 1996 nach Reißig 2010, S. 53). Einerseits scheint Anja ein Gefühl von Einschränkung zu empfinden, das sie dazu bewegt, über „was Neues" nachzudenken. Andererseits ist ihr Sicherheitsbedürfnis so ausgeprägt, dass es sie davon abhält, diesen Schritt zu gehen. Da bei ihr also die Sicherheitsorientierung überwiegt, ist sie bereit, die Begleitumstände derselben zu akzeptieren und auf die neue Erfahrung zu verzichten. Anja macht sich gewissermaßen von der Sicherheit abhängig. Die Angst vor einer möglichen Verschlechterung scheint größer als das Ziel einer möglichen Verbesserung. Anjas ausgeprägte Sicherheitsorientierung ist ein Thema, das in ihrem Leben immer wieder eine Rolle spielt und auch in dem Interview mehrfach thematisiert wird. Es kann also von einer biographischen Orientierung die Rede sein, die sich durch Lernprozesse, hier insbesondere aufgrund der durch das Coaching ausgelösten Reflexion, entwickelt hat (Ecarius 2006, S. 103).

Ihre Sicherheitsorientierung ist so stark ausgeprägt, dass man ihre Ansprüche an eine Anstellung in einem anderen Unternehmen – überspitzt formuliert –

als illusorisch bezeichnen könnte, da sie es zur Bedingung macht, einen unbefristeten Vertrag zu bekommen. Außerdem könnte man ihr eine gewisse Irrationalität unterstellen, wenn sie befürchtet, in der Probezeit entlassen zu werden – „aus welchen Gründen auch immer" – und dann auf der Straße zu stehen. An dieser Stelle markiert sich ein deutlicher Gegensatz zu dem von Dörre (2010, S. 147) beschriebenen „Leitbild unkonventioneller Integration", welches aus prekär beschäftigten Arbeitssituationen resultiert, die bspw. bei Freiberuflern in den Medien oder Wissenschaftlern die Regel sind. Diese Berufsgruppen deuten ihren prekären Status positiv, da er mit Freiheit und Kreativität verbunden sei, und empfinden bereits eine Festanstellung als unattraktiv und nicht erstrebenswert.

Dass Anjas Sicherheitsorientierung sich insbesondere auf berufliche Entscheidungssituationen bezieht, wird an folgender Stelle deutlich:

> I: Mhm. du hast gesagt du bist mehr so n Sicherheitsmensch. woran kann man das festmachen?
> P: .. Also was ich eben grade schon erzählt habe insbesondere bei diesen Entscheidungen /ehm/ was den Job angeht den Unternehmenswechsel das Studium was ich dann doch berufsbegleitend gemacht habe um eben den Job zu behalten. (Z. 330-333)

Sie hatte nach ihrer Berufsausbildung darüber nachgedacht, ein Vollzeitstudium aufzunehmen und das Unternehmen zu verlassen, sich dann aber doch für das berufsbegleitende Studium entschieden, „um eben den Job zu behalten". Anja hatte demnach an zwei beruflichen Wendepunkten (nach der Berufsausbildung und nach dem Studium) den Gedanken, das Unternehmen zu verlassen, und entscheidet sich in beiden Situationen aus Sicherheitsaspekten dafür, im Unternehmen zu verbleiben. Mit der Überlegung, in ein anderes Unternehmen zu wechseln, ging keine Bewerbung bei einem anderen Unternehmen einher.

Ähnlich stellt es sich bei Heinz dar, der sich bei einer Zusammenlegung seines Betriebes mit einem anderen entscheiden konnte, bei welchem er arbeiten möchte:

> I: Und warum haben sie sich für Bergbau XY entschieden?
> P: /eh/ .. wie soll ich sagen .. ach sagen wir mal einfach treu geblieben (lacht) ja. Bergbau AB war natürlich ich wusste gar nicht wie es bei Bergbau AB weitergehen sollte welche Position ich da kriegen würde. hier hatt ich meine Kollegen auch wo ich mit bekannt war (Z. 48-51)

Es kann aufgrund des Lachens davon ausgegangen werden kann, dass er „treu" nicht im romantischen Sinne verwendet. Aber er ist in der Tat treu, d.h. in dem ihm bekannten Unternehmen, geblieben. Für jene Personen, die an beruflichen Veränderungen oder neuen Erfahrungen interessiert sind, wäre dies eine günstige

Gelegenheit gewesen, den Betrieb ohne große Mühen zu wechseln. Für Heinz sind aber eben nicht neue Erfahrungen attraktiv, sondern „Vertrautes". Etwas später in dem Interview kommt der Interviewer noch einmal auf die Entscheidungssituation zurück:

> I: Sie hätten ja theoretisch zum Bergbau AB gehen können?
> P: Ja hätte ich. aber ich war natürlich unsicher was bekommst du da für ne Stellung und so weiter. das ja. aber ob ich's da besser gehabt hätte kann ich nicht beurteilen. so hatt ich meine vertraute Umgebung. hatte meine Chefs und so weiter. (Z. 59-62)

An dieser Stelle wird nun deutlicher, warum er dem ihm bekannten Betrieb treu geblieben ist: er bot ihm Sicherheit, Verlässlichkeit, eine „vertraute Umgebung". Eine mögliche Verbesserung wird zwar in Betracht gezogen, aber da von dieser nicht per se ausgegangen werden kann, überwiegt letztlich die Sicherheitsorientierung.

5.1.3 Weiterbildung für Betriebsbedürfnisse

Die Orientierung an der Organisation wird auch erkennbar, wenn man die persönliche Weiterentwicklung der Interviewten in den Blick nimmt. Diese sowie der Besuch jeglicher Weiterbildungen sind stark an den Betriebsbedürfnissen orientiert. Während bisher eher emotionale Aspekte eine Rolle spielten, treten nun hinsichtlich Weiterbildung funktionale Aspekte in den Vordergrund.

Ernst, Ingenieur und Statistiker und zum Zeitpunkt des Interviews bereits im Ruhestand, zeichnet sich in seiner gesamten Laufbahn als sehr aufgabenorientiert aus. Diese Aufgabenorientierung mündet aber nie in einen Unternehmenswechsel, sondern wird grundsätzlich innerhalb des Unternehmens befriedigt. Er ist beständig auf der Suche nach neuen Herausforderungen, wodurch seine Selbstdeutung als sehr autonom beschrieben werden kann (Schelepa 2010). Seine Weiterbildungen sind jedoch stets vom Vorgesetzten erbeten oder für die betrieblichen Tätigkeiten erforderlich.

> I: Und dann hast du gesagt dass du dann noch mal Statistik studiert hast.
> P: Ja.
> I: Das war dann berufsbegleitend.
> P: Das war berufsbegleitend ja.
> I: Und warum genau Statistik?
> P: Mein damaliger Chef die Anekdote war folgende. mein damaliger Chef sachte wissen sie Herr Müller immer wenn die Ingenieure frisch von der Hochschule kommen da haben die tausend Ideen und dann machen die Versuche Versuche Versuche Versuche. nur richtig auswerten können sie die nicht. und dafür brauch man statisti-

sche Methoden. ja ja kann schon so sein. ich hab ja auch keine Ahnung von Statistik. haben sie mal Lust das so richtig zu lernen so Statistik. hab ich gesagt ja klar. und so bin ich dann im Prinzip da rein gekommen. (Z. 432-442)

Hier wird also ein deutliches re-aktives Weiterbildungsverhalten erkennbar, das aus einer Bitte bzw. einem Angebot seines Chefs resultiert.[48] Auch bei anderen Weiterbildungen wird die Orientierung an der Organisation erkennbar, da es sich um „interne Weiterbildung" handelt, die „in der Firma" absolviert wurde (Ernst, Z. 459-463). Obwohl Ernst seine berufliche Entwicklung insgesamt eher pro-aktiv steuert, indem er neue Aufgaben und Herausforderungen sucht, sind jegliche Weiterbildungen vom Betrieb initiiert. D.h. dass er hinsichtlich des Besuchs von Weiterbildungen eher funktional bzw. zweckrational handelt.

Auch Heinz nimmt auf Anfrage seines Vorgesetzten an einer Weiterbildung teil:

> Hatte also meinen bestimmten Bereich [als Buchhalter] und irgendwann kam mal der Chef und fragte mich /eh/ sagen sie mal [...] wir haben da jetzt ein Rechenzentrum eingerichtet und jetzt muss alles programmiert werden. [...] aber dafür dazu müssten sie mal nach München zum Lehrgang fahren. [...] ich sag ja gut. ist ganz schön. [...] ich bin dann vier Wochen in München gewesen. hab dann da das Programmieren gelernt. für diese Rechenanlage. [...] die Programmsprache war speziell für diese Rechenanlage. [...] ja ich hab dann also [...] auch weitere neue Programme nach Wunsch geschrieben (Z. 27-32)

An seiner Ausdrucksweise wird deutlich, dass er sich insgesamt immer an den Bedürfnissen des Unternehmens orientiert hat. Sowohl der Besuch des Lehrgangs als auch das Schreiben neuer Programme erfolgen „nach Wunsch".

Während Heinz und Ernst also bei jeglichen Weiterbildungen von ihren Vorgesetzten um die Teilnahme gebeten wurden, unterscheidet Susanne zwischen pro- und re-aktiver Teilnahme:

> I: Könntest du beide Varianten mal beschreiben was du eigeninitiativ gemacht hast und was durch den Vorgesetzten?
> P: Also eigeninitiativ hab ich später n bisschen bei der Volkshochschule /eh/ wo auch Kurse von Chemikern von der Firma gegeben wurden oder Physikern /eh/ zum Beispiel im physikalisch-chemischen Arbeiten. weil das während unserer Ausbildung noch ganz zu kurz kam. oder auch intern. die Firma wir hatten ja auch ne Fortbildung. darüber. aber gut das wurd dir angeboten auch von der Firma aus. also das kann man gar nicht so trennen. aber du warst nicht verpflichtet daran teilzunehmen. also das war immer ne freiwillige Leistung (Z. 21-28)

---

[48] An dieser Stelle erscheint re-aktiv treffender als heteronom, da mit Heteronomie Abhängigkeit und Fremdbestimmtheit einhergehen (Schelepa 2010).

Der Besuch der Weiterbildungen war also grundsätzlich eigeninitiativ bzw. frei-
willig. Allerdings hat sie keine der Weiterbildungen organisationsunabhängig
besucht, so dass sie schließlich selbst feststellt, dass die VHS-Kurse nicht von
den internen Weiterbildungen zu trennen seien, weil in beiden Varianten die Organisation eine Rolle spielt. Selbst die VHS-Kurse wurden von ihren Arbeitskollegen angeboten, weshalb die Unterscheidung zwischen intern und extern in der
Tat schwerfällt.

Bei Edin wird die organisationale Orientierung besonders deutlich. Er entscheidet sich zwar aus eigenem Antrieb für den Besuch einer Abendschule, um
einen Technikerschein zu erlangen. Sein damit einhergehender Wunsch einer
persönlichen Weiterentwicklung ist aber ausschließlich an dem Unternehmen
orientiert:

> ich hab mir einfach gedacht wenn ich meinen Technikerschein habe kann ich mich
> vielleicht innerhalb der Firma auf ne andre Stelle bewerben. weil es gibt immer wie-
> der interne Stellenausschreibungen. und bei manchen Jobtiteln wird zum Beispiel
> verlangt /eh/ Studium oder vergleichbare Ausbildung. vergleichbare Ausbildung ist
> halt so ein Technikerschein oder Meisterschein oder Ähnliches. [...] ich hab einfach
> gedacht ok dann hat man halt n bisschen was mehr in der Hand und ja. also ich hab
> nicht wirklich erwartet aber ich wollte mir eine weitere Tür dadurch öffnen.

Der Erwerb des Technikerscheins ist mit großen Mühen verbunden (Besuch der
Kurse abends und an Wochenenden), die er auf sich nimmt, um sich „innerhalb
der Firma" auf eine andere Stelle bewerben zu können. D.h. dass er sich bei seiner persönlichen Weiterentwicklung, die mit großen Anstrengungen verbunden
war, an „internen Stellenausschreibungen" orientiert hat. Bei solchen Mühen und
Anstrengungen würde man eigentlich davon ausgehen, dass die berufliche Entwicklung auch außerhalb der Organisation gesehen wird. Bildlich gesprochen
geht die Tür, die er sich mit dem Technikerschein öffnen möchte, aber nur nach
innen und nicht nach außen.

Alle anderen Weiterbildungen, die Edin absolviert hat, wurden intern angeboten und nicht pro-aktiv aufgesucht:

> I: Mhm. und hast du noch andere Weiterbildungserfahrungen?
> P: .. /ehm/ nein. also abgesehen von den Weiterbildungen innerhalb der Firma nein.
> aber da sind wir auch oder werden wir immer regemäßig zu Schulungen geschickt
> für irgendwelche neuen Produkte (Z. 104-112)

Auch Anja hat eigeninitiativ ein Studium aufgenommen und die Mühen, dieses
berufsbegleitend zu absolvieren, auf sich genommen, um sich *innerhalb* des Unternehmens weiterentwickeln zu können:

hab damals auch noch nicht so konkret über n Studium nachgedacht. das kam erst eigentlich in der Ausbildung als ich dann auch mehr gemerkt hab was man mit der Ausbildung eigentlich machen kann in welche Richtung man bei der Firma A gehen kann und wo eben dann auch die Grenzen sind bis wohin man kommt wenn man eben kein Studium abgeschlossen hat. das war nachher so der Auslöser der mich dazu gebracht hat dass ich gesagt hab ok dann möchte ich doch auf jeden Fall noch studieren um /eh/ ja einfach bessere und und mehrere Möglichkeiten nachher habe mich weiterzuentwickeln. (Z. 150-156)

Edin und Anja zeigen hier also eine sehr ähnliche Strategie: Die Weiterqualifikation ist damit verbunden, sich mehr berufliche Möglichkeiten zu eröffnen. Diese Möglichkeiten werden aber ausschließlich *im* Unternehmen (interne Stellenausschreibungen, Möglichkeiten innerhalb der Firma) gesehen.[49] Mit der Ambition, sich beruflich weiterzuentwickeln, scheinen sie ihren beruflichen Weg zwischen Sicherheit und Weiterentwicklung auszubalancieren. Allerdings wird die Weiterentwicklung nur unter dem Sicherheitsaspekt in Erwägung gezogen.

Etwas anders gestaltet es sich bei Claudia, die zwar ebenfalls eigeninitiativ Fortbildungen besucht, diese aber nicht auf ihre persönliche Weiterentwicklung, sondern lediglich auf innerbetriebliche Erfordernisse ausrichtet.

I: Mhm. und haben sie hier jetzt an der Uni auch schon Fortbildungen gemacht?
P: Ja. mehrere Sachen hab ich gemacht. […] ich hab mehrere Fortbildungen im Bereich Excel gemacht. ich hab was gemacht im Bereich Drittmittel und Steuern .. /ehm/ ich hab hier schon ganz viele Sachen besucht (lacht). /eh/ rund um die Beschaffung. das war so das Aktuellste was ich jetzt zuletzt gemacht hab. /ehm/ ja.
I: Das ist dann also alles intern?
P: Alles intern spezifisch. also hier an der Universität gibt's n Weiterbildungsinstitut. […] und das hat eigentlich ne ganz gute Weiterbildungsqualität. und ich mach das auch regelmäßig. also es ist eigentlich schon so dass wenn dieses Fortbildungsprogramm rauskommt ich mir da schon zwei drei Fortbildung pro Jahr raussuche die ich dann auch besuche.
I: Also das machen sie dann hier eigeninitiativ nicht weil ihr Chef
P: Nee nicht weil mein Chef sagt das müssen sie sondern das muss ich auch sagen meine Chefs alle Chefs die ich hier bisher hatte die waren immer so dass sie gesagt haben nimm alles mit was du hier kriegen kannst. entscheide du was für dich wichtig ist. /ehm/ also da hat mir hier bisher noch niemand Steine in den Weg gelegt und wenn ich jetzt sagen würde ich geh jetzt mal ein Semester oder zwei nicht zu ner Fortbildung dann ist das halt allein meine Entscheidung.
I: Mmh. ok. aber wenn sie sagen dass sie sich sofort immer schon das Heft nehmen wenn's neu rauskommt wie kommt das dass sie da so

---

[49]   Dass Edin und Anja sich eigeninitiativ weiterqualifizieren, kann auf die Generation zurückgeführt werden. Darauf wird später näher eingegangen.

P: Weil ich einfach das Fortbildungsprogramm hier sehr gut finde. also das sind wirklich auch Sachen /ehm/ die man tatsächlich in der Praxis gebrauchen kann. dieses Fortbildungsinstitut fragt auch immer wieder. also es gibt hier an der Universität einen Arbeitskreis Sekretariatsmanagement da haben sich alle Sekretärinnen so zusammen geschlossen und aus diesem Kreis kommen dann auch zum Beispiel mal Innovationen an das Institut wo wir sagen ja /ehm/ wir haben halt gemerkt das und das hat sich im Laufe der Zeit wo man hier arbeitet sehr stark verändert können wir dazu nochmal ne Fortbildung haben. also das sind auch Fortbildungen zum Teil die von uns selbst angestoßen werden. (Z. 245-272)

Alle von ihr besuchten Fortbildungen waren „intern spezifisch", speziell auf betriebliche Erfordernisse ausgerichtet. Darin wurden Inhalte vermittelt, „die man tatsächlich in der Praxis gebrauchen kann". Auch die Fortbildungen, die von dem Arbeitskreis Sekretariatsmanagement angestoßen werden, resultieren aus aktuellen organisationalen Veränderungen. Es wäre ja durchaus denkbar, auch jene Fortbildungen des Instituts zu besuchen, die sie persönlich, unabhängig von betrieblichen Erfordernissen, interessieren und beruflich weiter bringen. Claudias persönliche Weiterentwicklung scheint für ihr Weiterbildungsverhalten aber keine Relevanz zu besitzen.[50] Ihr Weiterbildungsverhalten kann also ebenfalls als funktional bzw. strategisch bezeichnet werden.

Neben der Orientierung an der Organisation hinsichtlich des Besuchs von Weiterbildungsveranstaltungen ist auch der persönliche Werdegang, der sich unabhängig von formaler Weiterbildung vollzieht, auf die Organisation ausgerichtet bzw. von ihr bestimmt und von (individuellen) Veränderungen in der Organisation abhängig. Selbst wenn die Aufgabenbereiche, die Abteilungen oder die Standorte gewechselt werden, bleibt die Organisation richtungsweisend und der zentrale Bezugspunkt. Neue Herausforderungen werden primär innerhalb des Unternehmens gesucht oder – wie im folgenden Falle bei Ernst erkennbar – aus der Organisation heraus entwickelt:

I: Dann hast du gesagt wolltest du danach die Firma wechseln. warum?
P: Weil mich die Aufgabe interessierte. die hatten die ausgeschrieben in der Zeitung und die Aufgabe interessierte mich und hab mich darauf beworben und die wollten mich dann auch haben. und dann bin ich zu meinem Chef gegangen und hab gesagt ich hab da mich beworben und wollte einen anderen Job machen und der hat gesagt ja Fazit warum ob es mir nicht gefallen würde ob ich nicht genug Geld hätte oder so. und da hab ich gesagt nö eigentlich der Aufgabe wegen. und welche Aufgabe das denn wär ja und die und die und die. ja dann hat er im Prinzip ist die Organisation

---

50 Dass Claudia trotz derselben Generation wie Anja und Edin eine andere Weiterbildungsstrategie verfolgt, kann evtl. auf den Bildungsstatus zurückgeführt werden. Auch hierauf wird im weiteren Verlauf noch eingegangen.

bei uns im Bereich so umgestrickt worden dass ich halt diese auf Aufgabe bekam. (Z. 420-427)

Eine nahezu identische Situation ereignete sich ein zweites Mal in Ernst Biographie:

> ich hatte mal einen Bereich so etwa von fünfunddreißig /ehm/ wollte ich noch mal das Unternehmen wechseln. und /em/ bin dann damals auch zu meinem Chef gegangen und wollt und hab ihm davon von dieser von meiner Absicht Kenntnis gegeben dass ich wechseln wollte in einen anderen Bereich. und auch hier war eigentlich nichts so sehr das primär das Finanzielle sondern eigentlich primär die Aufgabe die mich reizte. und /ehm/ ich wollte dann bei einem anderen Unternehmen eben einen umfassenderen Bereich der da übernehmen der sich mit dem entsprechende Entwicklung /ehm/ Entwicklung eines Produktes bis hin zur bis hin zum Vertrieb befasste. und auch hier wurde wieder die Organisation in unserem Hause so umgestrickt dass ich genau diesen Job eigentlich in unserem Hause durchführen konnte was dann wiederum verhinderte dass ich die Firma wechselte also wiederum bei dieser Firma blieb. (Z. 249-258)

Somit ereignete sich zwei Mal in seiner beruflichen Laufbahn das gleiche Szenario: er möchte sich persönlich weiterentwickeln und eine neue Aufgabe übernehmen, ist bereit, dafür das Unternehmen zu verlassen, setzt seinen Chef von seiner Absicht in Kenntnis, der dann wiederum die Organisation „so umstrickt", dass Ernst eine neue Aufgabe erhält und im Unternehmen verbleibt. Ernst schaut sich hinsichtlich seiner beruflichen Weiterentwicklung – anders als Edin und Anja – also auch außerhalb des Unternehmens um. Auffallend ist aber, dass er seinen Chef in beiden Fällen über seine Absicht, das Unternehmen zu verlassen, informiert. Hier kann vermutet werden, dass er die Hoffnung hegt, bleiben zu können. Ansonsten ist es üblich oder zumindest denkbar, sich auf die Stellen zu bewerben, die Zu- oder Absage abzuwarten und den Vorgesetzten dann darüber in Kenntnis zu setzen.

Auch Edin möchte sich beruflich verändern, da seine Tätigkeit im Außendienst ihm zu langweilig wurde:

> I: Und das ist jetzt so bis bis heute machst du das quasi?
> P: Ja. wobei ich jetzt ein Mal aus dem Außendienst in den Innendienst gewechselt bin /ehm/ weil ich da auch schon mit geliebäugelt habe. weil irgendwann wurd's mir da draußen n bisschen langweilig weil am Anfang fand ich das interessant. später wurd's n bisschen monoton weil das .. in Anführungszeichen immer das Gleiche war. das heißt es waren zwar immer verschiedene Kunden aber bei jedem Kunden hat man immer das Gleiche gemacht. das war mir am Ende zu viel /ehm/ .. /ehm/ .. ja weil sich die Sachen einfach ständig wiederholen. und zu der Zeit hab ich dann auch mitgekriegt dass die in der Hotline Stellen frei sind und dass die Leute suchen.

und da hab ich mich dann beworben und auch die Stelle dann sofort bekommen [...] und seitdem mach ich das dann auch. gut bin jetzt seit neun Jahren in der Hotline (schmunzelt). hab zwar verschiedene Themengebiete in der Zeit gehabt aber im Endeffekt immer in der gleichen Abteilung und ähnliche Arbeitsweise. mit andern Themengebieten. (Z. 19-29)

Wie bereits gezeigt, hat Edin sich für den Erwerb des Technikerscheins entschieden, um sich *intern* weitere Türen zu öffnen. Auch bei dem Wunsch, den Aufgabenbereich zu wechseln, schaut er sich von vornherein innerhalb des Unternehmens nach Alternativen um bzw. „kriegt mit", dass innerhalb des Unternehmens Stellen in einem anderen Bereich zu besetzen sind. Er geht bei seinem Veränderungswunsch also nicht so pro-aktiv vor wie Ernst und verbleibt im Gegensatz zu Ernst, der alle drei bis fünf Jahre den Bereich gewechselt hat (Z. 170), schließlich neun Jahre in derselben Abteilung. Pongratz/Voß (2004, S. 88) haben in Anlehnung an die von Witzel/Kühn (2000) entwickelte Kategorie „Statusarrangement" (die den zu Beginn erwähnten Typus „Betriebsidentifizierung" umfasst) den Subtypus „Abrundung" definiert, der sich durch geringen Handlungsdruck und weitgehende Zufriedenheit auszeichnet. In diesen Subtypus scheint auch Edin eingeordnet werden zu können.

Anja zieht am Ende ihres Studiums ebenfalls eine berufliche Veränderung in Erwägung, denkt aber im Gegensatz zu Edin darüber nach, was sie außerhalb des Unternehmens sowie außerhalb ihres Fachbereichs interessieren könnte.[51] Die Überlegung, sich außerhalb des Unternehmens weiterzuentwickeln, scheint – wie weiter oben bereits erwähnt – durch den Vorschlag der Dozenten getriggert. Letztlich verbleibt Anja aufgrund ihrer ausgeprägten Sicherheitsorientierung im Unternehmen. Dort vollzieht sie zwei Abteilungswechsel. Durch den ersten Abteilungswechsel sammelt sie Auslandserfahrungen, die ihr Bedürfnis nach beruflicher Veränderung zu befriedigen scheinen:

bin dann jetzt /ehm/ Diplomkauffrau .. hab dann überlegt was ich beruflich also in welche Richtung ich noch so gehen könnte was mich noch interessiere würde außerhalb /eh/ der Firma A aber eben auch einfach außerhalb der Fachrichtung Personal. bin dann in die Revision gegangen der Firma A mit dem Schwerpunkt Sales und Service. hab da auch viele Auslandserfahrungen sammeln können was eben auch dann neu für mich war und /ehm/ hab einfach mal so was ganz anderes und neues kennengelernt und bin ungefähr ein Jahr da geblieben. hab dann aber festgestellt dass mich diese Auslandstätigkeit nicht besonders erfüllt (lacht) ich das nicht brauche und doch lieber n geregelteren ja Tages und Arbeitsablauf haben möchte und bin jetzt immer noch in der Revision allerdings in ner andern Fachrichtung bin wieder

---

[51] Hier wird ein deutlicher Unterschied zum zweiten Typus markiert, da sie überlegen muss, was sie interessieren könnte. Inwiefern Typus 2 berufliche Interessen entwickelt, wird im nächsten Kapitel dargestellt.

zurück gegangen in die /ehm/ Schwerpunktrichtung Personal. mache quasi den gleichen Job wie vorher auch aber eben nicht mehr im Sales und Service sondern in dem
Personalbereich und /ehm/ schwerpunktmäßig jetzt auch im Inland. (Z. 22-33)

Anja hat also den Versuch einer beruflichen Veränderung mit Blick auf eine „er-
füllende" Tätigkeit unternommen, kehrt aber wieder in den Personalbereich im
Inland zurück. „Erfüllung" scheint nicht zu ihrem gewöhnlichen Wortschatz
bzw. zu ihrer beruflichen Orientierung zu gehören, was das darauffolgende Lachen markiert. Dieses Lachen ohne ersichtlichen Grund verweist auf eine Distanzierung, in diesem Fall eine Distanzierung von dem Anspruch einer erfüllen-
den Tätigkeit. Außerdem bevorzugt Anja einen „geregelteren Tagesablauf", womit Routine einhergeht, die wiederum mit dem Bedürfnis nach Sicherheit asso-
ziiert werden kann.[52]
     Während bei Ernst und Anja eine autonome Haltung zur beruflichen Verän-
derung erkennbar wurde, liegen den Tätigkeitswechseln von Heinz ausschließlich externe Einflüsse zugrunde:

> P: ich hab dann aber hauptsächlich auch wieder die Buchführung gemacht. [...] und
> dann /eh/ kam ich dazu dass ich /eh/ so in die Finanzgeschichte reinkam. Hauptkas-
> senführer und Dispositionen Disponent. das heißt also Überweisungen ja. natürlich
> nicht (lacht) in eigener Regie sondern man kriegte Anweisungen. mach mal das
> mach mal das [...]
> I: Also wenn ich nochmal so den Ablauf ihrer Berufstätigkeit. nach der Ausbildung
> hatten sie /eh/ zunächst verschiedene Konten [...]
> P: Ja Buchführung.
> I: Haben sie die betreut. dann kam die Programmierung.
> P: Programmierung.
> I: Und dann kamen die Finanzen?
> P: Finanzgeschichte. das sind so sagen wir mal so die drei /eh/ Abschnitte. (Z. 35-
> 47)
> I: Und diese verschiedenen Stationen Programmierung und Finanzen und so weiter
> das wurd aber immer durch die Firma angestoßen?
> P: Jaa. richtig richtig.
> I: Nicht durch sie?
> P: Nein. nein. nein. (Z. 68-72)

Die Wortwahl „reinkommen", „Anweisungen kriegen" und das vehemente drei-
fache Verneinen der Frage, ob die Abteilungswechsel durch ihn angestoßen wurden, unterstreichen seine heteronome Einstellung zu den beruflichen Stationen;
ein aktives berufliches Ich ist nicht erkennbar (Schelepa 2010, S. 133). Stattdes-

---

[52] Damit sind zwei deutliche Unterschiede zum vierten Typus markiert, wie noch dargestellt werden wird.

sen folgt er bei seiner beruflichen Entwicklung den betrieblichen Bedürfnissen und verhält sich eher funktional. Dass die persönliche Entwicklung und die Entwicklung des Unternehmens Hand in Hand gehen, wird auch bei Ernst deutlich. Nachdem das Unternehmen ihn geprägt und ihm beständig Entwicklungsmöglichkeiten geboten hat, nimmt *er* anschließend Einfluss auf die Entwicklung des Unternehmens. Dabei zeigt er einen enormen Einsatz:

> [ich bin] durch einige Projekte darauf gekommen dass wir noch ja viel schlummerndes Potential hatten welches es zu heben galt um das Unternehmen im Ergebnis zu verbessern. da war eben im starken Maße die Fehlerquote zu reduzieren oder Reklamationen zu /ehm/ runter zu rücken und /ehm/ und da hab ich mich in diesem Bereich mit einem Projekt stark nach vorne bewegt und habe dann /ehm/ na neue Denkansätze ins Unternehmen gebracht und neue Arbeitsweisen eingeführt neue Arbeitstechniken eingeführt. und das endete dann darin dass wir das ganze Projekt dem Vorstand damals vorstellten und ich dann die Zahl genannt hab dass wir also mindestens ein Verbesserungspotential von zehn bis fünfzehn Prozent hätten wenn man das so auf das Ergebnis übertrug das das Unternehmen damals hatte. das waren rund zwei Komma acht Milliarden Umsatz. dann kann man sich vorstellen welches Potential da schlummerte. und nach diesem Vortrag kam der Vorstandsvorsitzende auf mich zu und sagte wenn ich doch davon überzeugt wäre dass da so viel zu gewinnen wäre dann sollte ich das doch tun. damit hatte ich den Auftrag /eh/ Qualitätsverbesserung und Produktverbesserung und Sicherung natürlich in hinsichtlich Kosteneinsparungen zu betreiben. (Z. 179-192)

Ernst scheint dem Unternehmen etwas zurückgeben zu wollen, welches zuvor bereits viel Aufwand betrieben hat, um ihn im Unternehmen zu halten. Nachdem zuvor der Betrieb umstrukturiert wurde, um ihm Entwicklungsmöglichkeiten zu bieten, strukturiert er nun das Unternehmen um bzw. setzt sich dafür ein, dieses in verschiedenen Hinsichten zu verbessern. Ernst scheint dem Unternehmen etwas zurückgeben zu wollen. Das zeigt sich auch an einer weiteren Station seiner beruflichen Laufbahn:

> I: Okay. und dann hast du gesagt bist du zum Qualitätswesen gewechselt. wie genau kam das?
> P: Ja das war wir hatten ein Problem dass in einem Bereich in dem ich arbeitete Kunden Anforderungen stellten mit bestimmten Qualitätsmerkmalen und solchen klassischen Qualitätsanforderungen tbk und solche Geschichten. und dann musste man sich damit beschäftigen. und dann haben wir eine Arbeitsgruppe gebildet von drei Leuten die nachher im Prinzip ich sag mal so in Anführungsstrichen die Qualitätspäpste waren. die haben dann die Methodik erarbeitet die Schulung erarbeitet wie man das macht überhaupt diese das das gesamte Kapitel Qualität für das Unternehmen strukturiert und entsprechend in die einzelnen Bereiche rein gebracht. (Z. 470-477)

An beiden Stellen agiert er nicht nur im Sinne seiner Abteilung, sondern im Sinne des gesamten Unternehmens. Er scheint also in der Tat zurückgeben zu wollen, was das Unternehmen zuvor in ihn investiert hat.

5.1.4 Grenzen der Orientierungsweise

Trotz dieser engen Verbindung von Person und Organisation gibt es Grenzen dieser Orientierung – zum einen jene, die von den Personen ausgehen, zum anderen solche, die ihren Ursprung im Unternehmen haben.

Wie weiter oben bereits bei Ernst und Anja gezeigt, ist da zum einen der Gedanke bzw. die Absicht, das Unternehmen zu verlassen. Bei Ernst ist es jedes Mal der Wunsch, eine andere Aufgabe zu übernehmen. Er erhielt für sein Studium ein Stipendium des Unternehmens, das ihn dazu verpflichtete, nach dem Studium fünf Jahre im Unternehmen zu verbleiben:

> ich wollte eigentlich nach fünf nachdem ich meine fünf Jahre abgesessen hatte in Anführungsstrichen wollte ich gerne den den Bereich wechseln und wollte zu einer Firma die weltweit Anlagen erstellt und diesen Betrieb nehmen. das war also mein Traum /ehm/ irgendwo in der Welt solche Anlagen in Betrieb zu nehmen. darauf waren wir eigentlich eingestellt es kam dann allerdings ganz anders. ich wollte dann nach fünf Jahren also nach vier Jahren nachdem der Betrag den ich hätte zurückzahlen müssen also ein Fünftel dessen gesamten Bezuschusses des Studium wollte ich die Firma wechseln und hatte mich um einen anderen Arbeitsplatz bemüht und beworben und /ehm/ in einer ganz anderen Branche war in der EDV-Branche. ich wollte dort als Ausbilder für den chemischen Bereich /ehm/ tätig werden (Z. 136-144)

Die Terminologie, die Ernst im Zusammenhang mit der Verpflichtung, im Unternehmen verbleiben zu müssen, nutzt, erinnert an eine Haftstrafe („fünf Jahre abgesessen"). Diese Haltung scheint insbesondere deshalb interessant, da er das Unternehmen bis zu seinem Berufsende nie verlassen hat. An solchen Situationen, in denen Ernst sich bereits bei anderen Unternehmen beworben hat, wird die Grenze der Orientierung an der Organisation erkennbar. Wäre die Organisation nicht auf ihn zugegangen, hätte er sie unter Umständen verlassen (müssen).

Bei Anja kommt die Überlegung des Unternehmenswechsels zum einen durch einen Anstoß von außen:

> also ich war quasi offiziell im Januar 2009 Diplomkauffrau da war noch mein Kolloquium und dann ja dann lief's erst mal so weiter. dann hatt ich noch so ne kleine oder mittelgroße (lacht) Selbstfindungsphase weil ich eben dann /ehm/ dann ja nicht wusste welche Richtung ich so genau einschlagen sollte und dann auch mal kurzfris-

tig überlegt hatte die Firma A zu verlassen weil die Dozenten an der Uni auch mal uns eingetrichtert haben grade danach sollen wir erst mal unsern Marktwert prüfen und Bewerbungen raus jagen und Gespräche führen (Z. 255-260)

Zum anderen wirkt es so, als wäre sie sich des modernen Zwangs der Optionen-maximierung bewusst, wenn sie sagt, sie „müsste" etwas Neues ausprobieren:

weil ich bis heute halt immer noch da bin auch wirklich zufrieden damit bin und gu-tes Geld da verdiene aber auch einfach immer denke eigentlich müsst ich mal was Neues ausprobieren aber dann doch immer wieder n Rückzieher mache ja weil ich da eben weiß was ich habe. (Z. 272-275)

An dieser Stelle wird deutlich, dass es sich bei dem Gedanken, das Unternehmen zu verlassen, nicht um ein inneres Bedürfnis oder einen eigenen Wunsch handelt, sondern um die mit der Individualisierung einhergehende Problematik, aus einer Fülle an Optionen auswählen zu *müssen* (Alheit 2002).[53] Rosa (2005) verweist im Zusammenhang mit der sozialen Beschleunigung darauf, dass diese den Ge-sellschaftsmitgliedern beständig das Gefühl gibt, etwas verpassen zu können. Dies scheint hier bei Anja erkennbar zu sein. *Diese gesellschaftlichen Heraus-forderungen (Optionenvielfalt, Entscheidungszwang, Beschleunigung) sind in vielen Fällen erkennbar, aber der Umgang damit ist, wie im Verlauf der Arbeit anhand der anderen Typen noch gezeigt werden wird, ein grundlegend anderer.*

Bei Edin wird die Orientierung an der Organisation hingegen durch organi-sationale Veränderungen begrenzt.

Nach der Ausbildung hab ich erst nen Zeitvertrag gehabt bei der gleichen Firma über sechs Monate. ich hab da auch gearbeitet. und während dieser Zeit hab ich mich schon anderweitig beworben weil es nicht klar war ob ich die ob ich nach dem Zeit-vertrag auch einen Festvertrag bekomme oder ob es weitergeht. (Z. 4-7)

Edin hat nicht die Absicht, das Unternehmen aus „freien Stücken" zu verlassen, sondern er antizipiert, dass das Unternehmen ihn aufgrund von wirtschaftlichen Restriktionen entlassen könnte. Damit wird die Orientierung durch die Organisa-tion begrenzt.

Schließlich kann eine Grenze der Orientierungsweise dann erkennbar wer-den, wenn die organisationalen Interessen sich so verändern, dass der Mitarbeiter nicht länger mit ihnen übereinstimmen kann. Im Fall von Ernst war dies zum Ende seiner beruflichen Laufbahn der Fall:

---

[53] Die Problematik des Entscheidungszwangs wird von den Interviewten der älteren Generation nicht thematisiert. Diese Altersspezifik wird in Kapitel 5.5 näher ausgeführt.

also die Philosophie war eine ganz andere und das war schon ein bisschen schwierig für mich diese Philosophie mit zutragen weil sie manchmal wirklich absolut em unverständlich war und und nur noch dem dem schwierigen Marmoren diente ohne dabei auf grade soziale Aspekte von Mitarbeitern auch drauf einzugehen was früher nicht der Fall war. [...] also eine soziale Verantwortung war eigentlich immer weniger da und das hat mich sehr gestört eigentlich nachher in meinem Berufsleben so dass ich also dann nicht unglücklich war als ich /ehm/ dann aufhörte. ich hab dann auch eine sehr schöne Abschiedsfeier gehabt wo viele Leute noch gekommen sind auch aus dem Ausland aus Brasilien daran erinner ich mich noch und aus USA Kollegen die extra zu meiner Verabschiedung gekommen sind. und ich kann eigentlich auf mein Berufsleben zurück blicken und sagen ich habe eigentlich nur versucht das Beste daraus zu nehmen aber naja auch in sozialer Verantwortung zu leben .. und so schau ich eigentlich auf ein gut erfülltes Berufsleben zurück (Z. 330-347)

In der Rückschau auf seine berufliche Laufbahn betont Ernst zwar besonders jene Aspekte, die für diesen Typus entscheidend sind („schöne Abschiedsfeier" mit „vielen Leuten"). Allerdings scheint die organisationale Identifikation, verstanden als ein Gefühl von Solidarität und Unterstützung für die Organisationsstrategie (Böhm 2008, S. 30), zum Ende seiner Berufstätigkeit nicht vorhanden zu sein, was sich bei Ernst auf den Wechsel der „Philosophie" zurückführen lässt. Dennoch resümiert er sein Berufsleben als „gut erfüllt" und – wie bereits gezeigt wurde – zeigt sich das Geben und Nehmen bzw. der Grundsatz von Gegenseitigkeit, wie ihn die Social-Exchange-Theorie beschreibt (Westphal 2011, S. 45), in seiner Biographie besonders deutlich. Nach dieser Theorie fühlen sich Individuen verpflichtet, etwas zurückzugeben, wenn sie von der Organisation bzw. ihrer Unterstützung, z.B. durch bestimmte Förderprogramme, profitieren.

Die Grenzen dieser Orientierungsweise dienen gleichzeitig dazu, abschließend eine besonders ausgeprägte Form von Verbundenheit mit dem Unternehmen zu verdeutlichen. Die folgenden Auszüge von Edin und Heinz zeigen, dass sie im Unternehmen verbleiben, obwohl eine Grenze bzw. Begrenzung markiert ist. Im ersten Auszug, der aus dem Interview mit Edin stammt, geht es um die ihm vom Unternehmen angebotene Abfindung, als dieses in einer wirtschaftlichen Krise steckte. Im zweiten Auszug geht es um Heinz' berufliche Stationen.

Ich hätte brutto an die Fünfzigtausend gekriegt als Abfindung. was meines Erachtens viel ist. aber trotzdem wollt ich nicht wechseln. weil ich einfach denke hier wo ich jetzt bin ich hab's gut auch wenn die auch wenn ich nicht mehr besonders motiviert bin vielleicht wie früher. die andern Kollegen sind es auch nicht. weil man auch die Vorgesetzten nicht weil jeder weiß man lebt von Jahr zu Jahr. weil große Pläne kann man nicht mehr machen (Edin, Z. 71-75)
ich war dann kein Programmierer mehr. ja. in dem Sinne. obwohl ich gesagt hatte zum Chef damals ich möchte aber auch aber das hatte sich dann irgendwie doch

nicht mehr ergeben. ich war dann also praktisch wieder Buchhalter nur noch. (Heinz, Z. 56-58)

Beide bleiben der Organisation treu, obwohl die Motivation fehlt oder die eigenen beruflichen Vorstellungen nicht berücksichtigt werden bzw. nicht in die Entwicklung des Unternehmens passen. Bei Heinz sei daran erinnert, dass er die Programmierung auf Wunsch des Unternehmens übernommen und ebenfalls auf Wunsch des Unternehmens an einem Lehrgang teilgenommen hatte. Auf seinen Wunsch, weiterhin als Programmierer tätig zu sein, wird hingegen nicht eingegangen. Er wird im Gegensatz zu Ernst wahrscheinlich nicht das Bedürfnis verspüren, etwas zurückgeben zu müssen. Es kann davon ausgegangen werden, dass jene Individuen, die sich nicht durch eine Organisationsorientierung auszeichnen, spätestens an diesen Punkten das Unternehmen verlassen oder zumindest die Absicht hegen würden, dieses zu tun. Sowohl Heinz als auch Edin haben sich aber nicht einmal woanders beworben.

Insgesamt scheint die Orientierung bei steigendem Bildungsniveau und jüngerem Alter schwächer ausgeprägt zu sein als bei jenen Interviewpartnern, die durch ein geringeres Bildungsniveau gekennzeichnet sind und der älteren Generation angehören. Diese Unterschiede seien hier lediglich angedeutet und werden in Kapitel 5.5 näher beleuchtet.

5.1.5 Zusammenfassung und Reflexion

Im Folgenden werden die bisher dargestellten Ergebnisse kurz zusammengefasst, um sie anderen Studien gegenüberzustellen und schließlich abstrahieren zu können.

Die empirische Analyse hat gezeigt, dass die Interviewten sich im Rahmen ihrer Biographiegestaltung an der Organisation orientieren. Das Unternehmen bildet den Radius, innerhalb dessen die berufliche Biographie gestaltet wird. Selbst wenn Aufgaben, Abteilungen oder der Standort gewechselt werden, bleibt die Organisation der zentrale Bezugspunkt. Sie dient als Mittel zum Zweck für das Gefühl der Sicherheit und Geborgenheit, welches durch die vertraute Umgebung sowie die bekannten Kollegen und Vorgesetzten entsteht. Das Arbeitsklima hat eine hohe Bedeutung für die Interviewten. Sie möchten sich wohlfühlen und beschreiben die Organisation so, dass die Assoziation mit Heimat bzw. Familie (aufgrund der hohen Bedeutung der Personen) passend erscheint. Routine, Selbstverständlichkeit, Sicherheit und Kontinuität kennzeichnen ‚Heimat und Familie' und machen gleichzeitig die Besonderheiten dieses Typus aus.

Diese Bindung an die Organisation scheint der in Kapitel 3 beschriebenen Subjektivierung der Arbeit zu widersprechen, da damit ein labiles und anfälliges

Verhältnis zur Organisation einhergeht und weniger eines, das von Treue und Kontinuität gekennzeichnet ist (Baethge 1991, S. 10). Dazu konstatiert Minssen (2011, S. 120) allerdings: „Die Prozesse der Subjektivierung erzeugen Unsicherheit. Subjektivierung ist die ‚Schwester‘ von Entgrenzung, also das Pendant der Entgrenzung im Subjekt, und oben war darauf hingewiesen worden, dass Entgrenzung die Sicherheit, die Grenzen nun mal bedeuten, beeinträchtigt. Deswegen ist es nicht überraschend, dass sich die These einer zunehmenden normativen Subjektivierung in ihrer stringenten Form nicht bestätigen lässt; denn Subjektivierung ist mit Flexibilisierung und erhöhten Beschäftigungsunsicherheiten verbunden und diese können subjektbezogene Wertorientierungen (Autonomie in der ‚Arbeitsgestaltung, Selbstverwirklichung, Anerkennung etc.) vielfach in den Hintergrund treten lassen‘ (Hauff 2008, S. 72)“ (Minssen 2011, S. 120). Diese Einschätzung scheint mit der hier vorliegenden Orientierung des ersten Typus kompatibel.

Hinsichtlich ihrer persönlichen Entwicklung und Weiterbildung verhalten sie sich überwiegend funktional bzw. zweckrational. Sie bilden sich nicht um der Bildung willen weiter, sondern um die erworbenen Kenntnisse in der Praxis anwenden zu können. Jegliche Weiterbildungsinitiativen werden entweder durch die Organisation initiiert oder von den Interviewten *in* der Organisation gesucht. Sie sind (mit wenigen Ausnahmen) an den Bedürfnissen des Unternehmens ausgerichtet. In den Ausnahmefällen, in denen nicht die Betriebsbedürfnisse im Vordergrund stehen, sondern die eigenen beruflichen Möglichkeiten erweitert werden sollen, werden diese Möglichkeiten *innerhalb* der Organisation gesehen. Neue Herausforderungen werden primär in der Organisation gesucht oder (wie im Fall von Ernst) aus der Organisation heraus entwickelt.

Dieser Typus stimmt hinsichtlich vieler Merkmale mit der Kategorie „Statusarrangement“ aus der von Witzel/Kühn (2000, S. 18) erarbeiteten Typologie überein.[54] Die Kategorie „Statusarrangement“ setzt sich aus den beiden Typen „Betriebsidentifizierung“ und „Lohnarbeiterhabitus“ zusammen. Die Befragten, die dem Typus „Betriebsidentifizierung“ angehören, beschreiben den Betrieb als eine Art Heimat. Sie wollen sich im Unternehmen wohl fühlen und messen dem Arbeitsklima eine hohe Bedeutung bei. Veränderungs- oder Aufstiegsambitionen

---

[54]   Sie haben anhand einer Längsschnittstudie über sechs Jahre eine Typologie berufsbiographischer Gestaltungsmodi (BGM) entwickelt, die sich auf die Orientierungen junger Fachkräfte unterschiedlicher Berufsgruppen (u.a. Maschinenschlosser, Kfz-Mechaniker, Friseure) bezieht. Bei der Studie ging es um die Frage, mit welchen Orientierungen und Handlungen die Interviewten ihre Statuspassagen strukturieren. Die sechs entwickelten Typen werden in drei Kategorien zusammengefasst, so dass sich folgendes Bild ergibt: BGM „Betriebsidentifizierung“ und BGM „Lohnarbeiterhabitus“ werden zu „Statusarrangement“ zusammengefasst. BGM „Laufbahnorientierung“ und BGM „Chancenoptimierung“ werden unter „Karriereambition“ subsummiert. Schließlich ergeben BGM „Persönlichkeitsgestaltung“ und BGM „Selbstständigenhabitus“ die Kategorie „Autonomiegewinn“.

werden nicht geäußert. Weiterbildungen werden nur dann absolviert, wenn sie für neue Anforderungen nötig sind. Abgesehen von den nicht vorhandenen Veränderungs- oder Aufstiegsambitionen sind alle anderen Merkmale auch für diesen ersten Typus charakteristisch. Pongratz/Voß (2004) haben im Rahmen ihrer Studie zum Arbeitskraftunternehmer Typen der Erwerbsorientierung entwickelt, die hohe Übereinstimmungen mit den berufsbiographischen Gestaltungsmodi von Witzel/Kühn (2000) aufweisen. Sie haben den „Lohnarbeiterhabitus", der sich u.a. durch die Bereitschaft auszeichnet, den Betrieb zu wechseln, wenn damit ein höheres Einkommen oder bessere Arbeitsbedingungen einhergehen, in der Form nicht rekonstruieren können und daher Subtypen entwickelt, von denen der Subtypus „Abrundung" gut zu dem hier vorliegenden Typus, insbesondere zu Edin und Susanne, passt, da er sich durch geringen Handlungsdruck und weitgehende Zufriedenheit auszeichnet (Pongratz/Voß 2004, S. 88).

Die Interviewten binden sich aus unterschiedlichen Gründen an die Organisationen bzw. sind aus unterschiedlichen Gründen an sie gebunden. Ernst scheint sich bspw. bei dem Unternehmen revanchieren zu wollen, da dieses viel für ihn investiert hat. Hingegen fürchten Edin und Anja bei einem Unternehmenswechsel schlechtere Arbeitsbedingungen und eine geringere Bezahlung, Heinz möchte die sozialen Beziehungen mit den ihn bekannten Kollegen nicht missen. Was allen Interviewten gemein ist, sind die emotionalen Äußerungen, die mit der Organisation verbunden sind, wie bspw. sich wohlfühlen, zufrieden sein, es gut haben, die vertraute Umgebung u.Ä..

Wie am Beginn des empirischen Kapitels erläutert, wird der Typus abschließend vor dem Hintergrund biographietheoretischer Dimensionen dargestellt. Dazu wird einerseits in den Blick genommen, worauf die Biographie ausgerichtet ist bzw. nach welchem zentralen Aspekt sie gestaltet wird. Andererseits wird die Referenz bzw. der soziale Bezug der Individuen berücksichtigt. Das biographische Lernen und die persönliche Entwicklung im Hinblick auf die Berufsbiographie stellen die Interdependenz zwischen diesen beiden Dimensionen (Person und sozialer Bezug) dar.

Die Gestaltung der Biographie kann bei diesem Typus als sicherheitsorientiert bezeichnet werden. Jegliche berufliche Initiativen (bspw. berufliche Veränderungen) werden unter Sicherheitsaspekten betrachtet und schließlich der Orientierung an Sicherheit untergeordnet. Diese Sicherheit kann die Organisation den Interviewten bieten. In der vertrauten Umgebung können sie sich wohl und sicher fühlen. Die Organisation als eine Art Heimat stellt den sozialen Referenzrahmen für die Berufsbiographie dar. Um die eigenen Bedürfnisse mit der sozialen Referenz ‚vereinbaren' zu können, haben die Interviewten die (implizite) Strategie der Bindung an die Organisation für ihre Berufsbiographie entwickelt. Daher kann „Organisationalisierung" als das Ergebnis des biographischen Lernprozesses verstanden werden.

5.2 Typus 2 „Professionalisierung"

Während beim vorangegangen Typus die Aufgaben- bzw. Themengebiete für die berufliche Orientierung vergleichsweise wenig Relevanz besaßen, spielen sie im Folgenden eine herausragende Rolle. Folgende Charakteristika zeichnen diesen Typus aus: 1) Beruf als Berufung, 2) Vielfalt und Kohärenz und 3) Professionalisierung (innerhalb) des Berufsfeldes. Abschließend werden die Grenzen der Orientierung dargestellt.

5.2.1 Beruf als Berufung

Dass der Beruf für die Interviewten dieses Typus eine Form von *Berufung* darstellt, wird am folgenden Auszug von Ali deutlich, dem bereits zu einem frühen Zeitpunkt in seiner Biographie klar ist, was er beruflich tun möchte. Dabei geht es weniger um einen konkreten Beruf, sondern vielmehr um eine „Bestimmung":

> und was machste nach dem Abitur? also mir war klar ich will irgendwie Migranten unterstützen. ich will irgendwie auch die Schwachen (lacht) ja die einfach Unterstützung brauchen da zur Seite stehen. und auch eine Stimme sein für sie. (Z. 284-287)

Ali artikuliert hier zwar noch nicht, anhand welchen Berufs er diesem selbst auferlegten Auftrag nachgehen möchte, aber seine Aufgabe soll es sein, „Migranten" und „Schwachen" eine „Stimme" zu geben. Diese Wortwahl erscheint interessant, da Berufung im religiösen Sinne als innere Stimme verstanden werden kann, die zu einer bestimmten Lebensaufgabe drängt. Ali scheint diese innere Stimme zu verspüren. Deshalb fängt er auch bereits während des Abiturs an, in einem unterstützenden Bereich tätig zu sein:

> ich hatte dann schon einen Nebenjob auch über eine Freundin mit der ich Abitur gemacht habe im k-Viertel. Kinder- und Jugendbetreuer. offenes Angebot für Kinder und Jugendliche. in der l-straße m-straße habe ich dann angefangen Kinder zu betreuen. das war aber schon im Abitur. also das habe ich nebenbei gemacht. (Z. 327-330)

Diese (im Vergleich zu den anderen Typen) frühe Orientierung an einem Berufsfeld zeigt sich auch in anderen Interviewauszügen dieses Typus. Als Gegensatz dazu sei bspw. an Anja erinnert, die ihre Berufsausbildung nach dem Ausschlussprinzip ausgewählt hat, oder an Carola, die „alles [hätte] werden können". Der Auszug von Ali, der schließlich als Sozialarbeiter tätig ist, korrespondiert mit einer von Cloos (2006) entwickelten Orientierung, die er im Rahmen von Interviews mit Mitarbeitern der Kinder- und Jugendhilfe entwickelt hat. In dieser sind „beruflich-habituelle Orientierungen mit einem frühen Interesse an einem sozialen Beruf zu erkennen" (Cloos 2006, S. 197).

Auch bei Kathrin, die zunächst Medizin studiert hat und dieses Studium aufgrund des nicht bestandenen Physikums abbrechen musste, entsteht schon früh ein Interesse, sogar eine Faszination für ein Themenfeld:

> hab dann den Mut gefunden ein Praktikum zu machen bei ner Hebamme. damit ich hab ich eigentlich das hat mich immer schon interessiert und immer schon fasziniert aber ich hab einfach mich nie getraut mich damit näher auseinanderzusetzen und hab dann n Praktikum und das war das absolute Aha-Erlebnis. (Z. 23-26)

Ihre Haltung zu dem Beruf ist von Respekt geprägt, der sie scheinbar davon abgehalten hat, sich näher mit dem Beruf auseinanderzusetzen. Dadurch war sie zuvor, d.h. bis zum Zeitpunkt des Praktikums, orientierungslos und scheinbar auf der Suche nach diesem „Aha-Erlebnis": Sie hat unter anderem ein freiwilliges soziales Jahr im Ausland absolviert, sie ist viel gereist, hat Medizin studiert sowie den Versuch unternommen, Geschichte und Soziologie zu studieren. Schließlich erlebt sie während des Praktikums dieses „Aha-Erlebnis", d.h. die Orientierungslosigkeit scheint durch den Beruf der Hebamme plötzlich gelöst. Kathrin scheint von der Richtigkeit dieser Lösung überzeugt zu sein, da sie nach dem Praktikum die Ausbildung zur Hebamme aufnimmt und (wie noch gezeigt werden wird) davon überzeugt ist, dass dies der richtige Beruf für sie sei. Dass sie früh daran interessiert ist (ähnlich wie Ali), Menschen zu helfen, zeigt sich an folgendem Auszug:

> I: Und was hat dich so besonders gereizt an Medizin?
> P: Ja natürlich dieser Helferaspekt ne. ganz klar. also weniger so dieses Wissenschaftliche sondern mehr so dieses ja irgendwie was für die Menschen tun und irgendwie was Sinnvolles machen und hoffentlich irgendwie was besser machen. also dass es den Leuten wieder besser geht ne. (Z. 31-34)

Zu dem „Helferaspekt" kommt „was Sinnvolles machen". Die Sinnhaftigkeit der Arbeit wird von Medizinern häufig betont (Nierobisch 2010, S. 148). Kathrin erklärt wie selbstverständlich, dass es „natürlich dieser Helferaspekt" sei, der sie an der Medizin gereizt habe. Dass dieser Helferaspekt für ihre Berufswahl grundlegend ist, zeigt sich daran, dass sie ausschließlich in pflegerischen oder sozialen Bereichen tätig war und ist (mit Ausnahme des Geschichts- und Soziologiestudiums, dem sie allerdings auch nur vier Wochen lang nachgegangen ist): Neben dem bereits erwähnten freiwilligen sozialen Jahr und dem Medizinstudium hat sie vor Beginn der Ausbildung im Altenheim gejobbt und befindet sich zum Zeitpunkt des Interviews in der Ausbildung zur Hebamme. Im Unterschied zum ersten Typus, der einer Organisation treu bleibt und in dieser verschiedene Tätigkeiten übernimmt, bleibt sie dem Berufsbereich bzw. einer „Disziplin" treu und wechselt die Organisationen. Identifikation mit einer Tätigkeit bedeutet eben keineswegs Identifikation mit einer Organisation, innerhalb der sie ausgeübt wird (Baethge 1991, S. 11). Dass sie davon überzeugt ist, nun das Richtige gefunden zu haben, belegt folgender Auszug:

> P: Es [die Hebammenausbildung] macht mir totalen Spaß. also ich hab das Gefühl ich bin endlich angekommen und weiß was ich warum ich da bin was ich machen muss. damit es mir gut geht auch.
> I: [...] kannst du das n bisschen konkreter beschreiben was du damit meinst angekommen?
> P: Also ich [...] hatte immer das Gefühl irgendwie bist du nicht so erfüllt und so zufrieden und du bist immernoch so wie auf der Suche und hast noch nicht ja deine Aufgabe im Leben gefunden. so würd ich das beschreiben. du hast noch nicht das gefunden was du gut kannst und was dich aber gleichzeitig auch zufrieden stellt. (Z. 79-85)

Bei Berufung kann – genau wie Kathrin es in diesem Auszug artikuliert – von einer „Lebensaufgabe" die Rede sein. Diese habe sie nun gefunden, nachdem sie zuvor „auf der Suche" und weder „erfüllt" noch „zufrieden" gewesen sei. Sie benötigt die Erfüllung bei dieser Aufgabe sogar, damit es ihr gut gehe. Sie wisse nun, warum sie da sei – diese Formulierung deutet an, dass es sich bei der Tätigkeit um ihren persönlichen Lebenssinn handelt und damit die Nähe zur „Berufung" gegeben ist.

Während Typus 1 eine Bindung an die Organisation aufweist, liegt bei Anton eine generelle Bindung an Erwerbsarbeit vor:

> also generell ist ja so meine Haltung also für mich ist Arbeit also eigentlich nicht nur Mittel zum Zweck. also ich identifiziere mich eigentlich immer sehr mit meiner Arbeit (Z. 186-188)

Er identifiziert sich also nicht mit einer Organisation, sondern mit „seiner" Arbeit, die mehr ist als ein „Mittel zum Zweck", also nicht nur dazu dient, Geld zu verdienen, sondern mit einem gewissen Mehr verknüpft ist. Daraus kann allerdings nicht unmittelbar abgeleitet werden, dass er subjektive Ansprüche an Erwerbsarbeit erhebt, wie bspw. Spaß an der Arbeit zu haben oder sich darin selbst zu verwirklichen (Baethge 1991, S. 7).[55] Bei Anton ist es Identifikation mit der Arbeit, zu der er eine eigene „Haltung" einnimmt. Lebensanschauung, Denkart oder Gesinnung sind Begriffe, die synonym zu „Haltung" verwendet werden können und die eine Nähe zum Terminus Berufung aufweisen.

---

[55] Dies trifft auf Typus 4 zu, wie noch gezeigt werden wird

Auch Ali und Sabine folgen einer deutlichen „Denkart", indem sie ein sehr konkretes inhaltliches Interesse aufweisen und damit einen deutlichen Unterschied zum Typus 1 markieren. In Typus 1 findet sich kein Interviewauszug, in dem eine konkrete Fragestellung oder ein grundlegendes Interesse Anlass waren, einen Beruf zu wählen bzw. einer Organisation anzugehören. Sowohl Ali als auch Sabine, die beide Soziale Arbeit studiert haben, stellen sich konkrete inhaltliche Fragen, die sie so umzutreiben scheinen, dass sie deren Beantwortung in einem Berufsfeld suchen. Soziale Arbeit wie auch Erziehungswissenschaft sind Fächer, die persönliche Interessenschwerpunkte voraussetzen und sich demnach an jene Personen richten, die ein Interesse am Fach aufweisen (Felden 2010, S. 234). Bei Ali äußert sich dies folgendermaßen:

> P: mich interessierte einfach wie die Laufbahn so .. wie man kriminell wird und wie man eben auch helfen kann vor allen Dingen. (Z. 357 f.)

Wie bei Kathrin, kommt auch bei Ali nun der Helferaspekt ins Spiel. Auf die Fragestellung folgt der Anspruch bzw. der Wunsch, das Problem zu verstehen und daraus ableiten zu können, „wie man auch helfen kann".

Sabine, die nach dem Abitur ebenfalls Sozialarbeit studiert hat, begründet ihre Tätigkeit als Bewährungshelferin so:

> das war schon dass ich mich mit Chancengleichheit Thema ne oder Chancengleichheit [...] /ehm/ das hat mich schon immer interessiert bewegt warum kommen die Leute in Knast und so. [...] das waren so die Aspekte. eigentlich immer so dieser widersprüchliche Arbeitsauftrag zwischen Beratung aber immer wieder auch alles /eh/ vermitteln müssen keine Schweigepflichtsmöglichkeit und so (zu bekommen?) (Z. 36-40)

Nach dem Studium der Sozialarbeit und der Tätigkeit als Bewährungshelferin hat sie in ihrer „Babypause" Psychologie studiert und antwortet auf die Frage, wie es dazu gekommen sei:

> So Veränderungsprozesse von Menschen das interessiert mich. also auch natürlich nochmal so <u>Bedarfe</u>. also wenn man so will auch ne Fortsetzung der Gedanken wieso wird jemand straffällig ne. /ehm/ ja wie entsteht sowas und welche Bedingungen sind dafür und so weiter [...] war das naheliegend das in der Psychologie zu tun. (Z. 41-45)

Hier zeigt sich bereits, was in Abschnitt 3 dieses Kapitels weiter ausgeführt wird: aus einem inhaltlichen Interesse erwächst der Wunsch, sich in einem bestimmten Bereich zu professionalisieren.

Dass eine bestimmte Fragestellung mehr umfasst als Interesse, zeigt sich
wiederholt bei Ali als er von seiner Tätigkeit beim Jugendamt berichtet:

> ich weiß nicht aus welchen Gründen gab es immer ein Hindernis dahin zu wechseln
> zur Jugendgerichtshilfe obwohl das mein Herzblutthema war. Aber die Jugendhilfe
> ist dann auch zu meinem Herzblutthema geworden weil ich einfach mit Familien-
> kontext zu tun hatte. (Z. 472-475)

Hier wird deutlich, dass vermutlich alles, was im Bereich der Sozialen Arbeit
liegt, zu Alis „Herzblutthema" werden könnte. Wenn jemand sein Herzblut für
eine Sache gibt, spricht dies für einen hohen Einsatz und eine gewisse Aufopfe-
rung. Der Terminus steht für großes Engagement und starke innere Anteilnahme.
Auf diesen von Sozialarbeitern zu erbringenden besonderen Einsatz verweist
auch Heite (2008). Professionelle Sozialarbeit sei eine Tätigkeit, „in der es um
‚mehr' geht und die die ‚ganze Person' statt ‚nur' die/den Professionelle_n in ih-
rer/seiner Berufsrolle in Anspruch nehme" (Heite 2008, S. 85).

Während bei Anton das „Mehr" bisher noch nicht eindeutig definiert war,
wird es im folgenden Auszug umso deutlicher. Er möchte gewissermaßen das
gesamte Berufsfeld, in dem er tätig ist, optimieren. In seiner gesamten Biographie ist er in unterschiedlichen Stationen in der pflegerischen Aus- und Weiterbildung tätig.

> I: Und wie kam es dazu dass sie nen Verlag gegründet haben?
> P: Das kam dazu als ich damals diese Altenpflegeausbildung angefangen habe /ehm/
> war einfach n großes Problem das didaktische Material gab's kein vernünftiges ne
> [...] und für mich war eben sehr wichtig also sowohl in der Krankenpflegehilfe als
> auch in der Altenpflege einfach mehr so Selbsterfahrung zu vermitteln [...] und dann
> haben wir so angefangen gemeinsam (mit einer Kollegin) diese Konzepte zu entwi-
> ckeln das auszuprobieren [...] und dann haben wir gesagt ok wir machen jetzt Bü-
> cher. [...] und dann haben wir eben den Verlag gegründet. (Z. 177-183)

Er steckt also, ohne den Terminus explizit zu verwenden, ebenfalls Herzblut in
die Sache, indem er und seine Kollegin die Lehrkonzepte nicht nur entwickeln,
sondern entsprechende Bücher publizieren und einen Verlag gründen. Damit
eröffnet er der gesamten Branche der Pflegeausbildung die Möglichkeit der Teilhabe an den innovativen didaktischen Materialien und vereinnahmt gewissermaßen das gesamte Berufsfeld. Dadurch zeigt sich eine enorme Identifikation mit
dem Berufsfeld und eine gewisse Leidenschaft für die Thematik.

5.2.2 Vielfalt und Kohärenz

Die Interviews verdeutlichen einerseits, dass es sich um *ein* Berufsfeld handelt, in dem die Interviewten tätig sein möchten. Andererseits wird betont, dass innerhalb dieses Berufsfeldes eine große Vielfalt herrsche. Die vielfältigen Tätigkeiten, denen die Interviewten nachgehen, werden durch das Berufsfeld zusammengehalten und bauen aufeinander auf. Die Organisation, in der sie ihrer Berufung nachgehen, spielt keine Rolle.[56]

Die Betonung von Vielfalt wird bei Ali deutlich, als er von der Suche nach einem Platz für das Anerkennungsjahr berichtet, welches Sozialarbeiter zu Alis Ausbildungszeit nach dem Studium absolvieren mussten:

> und ich habe sozusagen mein Anerkennungsjahr jetzt gesucht und hab .. zeitversetzt Zusagen bekommen. also die Bewährungshilfe hat mich schon eingestellt .. ich bin da hin wurde auch schon vereidigt quasi und ich sollte nur noch den Arbeitsvertrag unterschreiben der mir zugesandt wurde. und dann kam die Zusage für ein Anerkennungsjahr vom Jugendamt. .. ja was machste da? hin und her überlegt. und ich habe mir gedacht ja Jugendgerichtshilfe und Jugendamt hat ja auch noch viele andere Bereiche der sozialen Arbeit. bei der Bewährungshilfe ist das so eine eingeschränkte Sache du machst da nur sage ich mal Bewährungshilfe. und habe mich schweren Herzens wirklich schweren Herzens dann fürs Jugendamt entschieden wobei schweren Herzens sage ich mal so ich war selber irgendwie traurig darüber dass ich da nicht jetzt hingegangen bin obwohl mich das auch sehr interessierte. aber das war halt wo ich mehr Möglichkeiten gesehen habe für mich. und habe dann hier mein Anerkennungsjahr angefangen bei der Jugendgerichtshilfe. (Z. 380-390)

Obwohl ihn die Bewährungshilfe „auch sehr interessierte", entscheidet er sich aufgrund der „viele(n) andere(n) Bereiche der sozialen Arbeit" für die Jugendgerichtshilfe. Er will sich möglichst wenig einschränken und sucht nach „mehr Möglichkeiten" innerhalb der Sozialen Arbeit. Man könnte bei der Berufsfeldorientierung zunächst annehmen, dass die Interviewten an ‚Gleichförmigkeit' interessiert sind. Hier zeigt sich aber, dass das Gegenteil der Fall ist und die Vielfalt innerhalb des Feldes betont wird. Die Entscheidung für die Jugendgerichtshilfe führt Ali weiter aus:

> ich hätte das [Bewährungshilfe] auch sehr gerne gemacht nur ich habe hier im Jugendamt aufgrund der Vielfalt also das ist ja irgendwie das Hauptamt was das angeht also diese Garantenstellung in der Jugendhilfe einfach zu haben das war mir ja

---

[56] Ähnlich verhält es sich bei der Berufsgruppe der Professoren, wie Wilkesmann (2012b, S. 207) zeigt. Sie bestehen auf ihre individuelle Vielfalt und fühlen sich der Organisation, in der sie tätig sind, also der Hochschule, weniger zugehörig als der Profession, was in diesem Fall mit der „Personalmacht" der Professionen zusammenhängt, da sie über die Karriere der Professoren entscheiden.

klar. ich wusste auch von Wolfgang Müller [einem erfahrenen Kollegen] dass natürlich Bewährungshelfer bist bist dein Leben lang Bewährungshelfer. Beamter auf Lebenszeit. die einzige Möglichkeit wo du hinwechseln kannst war in den Knast das
hätte mich auch gereizt sehr. aber ich habe auch schon damals so mir gedacht ein
Leben lang Bewährungshelfer sein das war auch wiederum beängstigend. (Z. 437-
443)

Es wird also wiederholt deutlich, dass er sich nicht für die Jugendgerichtshilfe
entscheidet, da die Bewährungshilfe ihn nicht interessiert – im Gegenteil: der
Bereich hätte ihn „auch sehr gereizt", aber nicht unter der Bedingung, dies „ein
Leben lang" zu tun. Während „Beamter auf Lebenszeit" für Typus 1 aufgrund
der Sicherheitsorientierung äußerst attraktiv wäre, ist für Ali die Vielfalt handlungsleitend. Die folgende Frage des Interviewers bezieht sich auf seine aktuelle
Position als Kinderschutzbeauftragter:

> I: Und was hat dich gereizt an dieser Stelle?
> P: An dieser Stelle hat mich gereizt das Thema Kinderschutz Kindeswohlgefährdung
> in erster Linie. nicht mehr sozusagen direkt an der Basis zu arbeiten. also obwohl
> mir das auch ein stückweit fehlt würde ich gerne auch noch mal mit Familien arbei-
> ten gar keine Frage. aber so dieses übergeordnete Arbeiten Grundsatzangelegenhei-
> ten zu machen also den Standard auch hier mit zu setzen und die Kollegen zu beglei-
> ten. also die im Grunde von meiner Erfahrung teilhaben zu lassen. das war so der
> Reiz den ich dabei hatte zu sagen du machst das. du kannst da deine Erfahrung ein-
> bringen. (Z. 658-664)

Wie weiter oben bereits deutlich wurde, ist Ali immer wieder sehr daran interessiert, zu helfen. Hier geht der „Helferaspekt" in eine Art Gestaltungswillen über.
Während er bisher „an der Basis" gearbeitet hat, möchte er nun „übergeordnet
arbeiten". Ähnlich wie Anton, der einen Verlag gründet, um die Altenpflegeaus-
bildung zu optimieren und Kollegen an den Konzepten teilhaben zu lassen,
möchte auch Ali „einen Standard setzen", Kollegen an seiner „Erfahrung teilhaben lassen", seine Erfahrung einbringen. Damit scheint auch Ali das gesamte Berufsfeld professionalisieren oder zumindest als Multiplikator gestalten zu wollen.
   Die Berufsfelder scheinen für die Individuen eine hohe Bedeutung zu haben. Ansonsten erscheint es schwer vorstellbar, diese Gestaltungsambitionen zu
entwickeln. Oder um in Antons Worten zu bleiben: wenn eine Tätigkeit bloß
Mittel zum Zweck ist, gibt man lediglich das, was nötig ist. Während Typus 1 –
verkürzt ausgedrückt – an Sicherheit, organisationalen Rahmenbedingungen und
einem guten Arbeitsklima interessiert ist, sind für Typus 2 Inhalte bzw. Themen-
und Berufsfelder sowie Gestaltungsmöglichkeiten orientierungswirksam.
   Dass die Vielfalt des *Berufsfeldes* und das Interesse an Inhalten und konkreten Fragestellungen eine hohe Relevanz besitzen, führt dazu, dass Treue und

Loyalität gegenüber einer *Organisation* in den Hintergrund rücken. Während Typus 1 auch dann noch im Unternehmen verbleibt, wenn bspw. die Motivation fehlt oder die Tätigkeiten nicht den eigenen Vorstellungen entsprechen, ist Typus 2 ohne Hadern oder langes Zögern bereit, die Organisation umgehend zu verlassen, wenn woanders eine interessante Aufgabe wartet. Die Suche danach vollzieht sich nicht wie bei Edin oder Anja innerhalb der Organisation, sondern innerhalb des *Berufsfeldes* und außerhalb einer Organisation. So war Ali bspw. sieben Jahre lang in einer Einrichtung tätig, zunächst als Mitarbeiter, anschließend als stellvertretender Leiter und schließlich sogar als Leiter der Einrichtung, „aber dann kam die Ausschreibung zum quasi Integrationsbeauftragten" (Z. 532 f.), auf die er sich dann auch bewarb:

> I: Diese Stelle als Integrationsbeauftragter warum hast du dich darauf beworben? also was war daran so interessant?
> P: Also da stand unter anderem in der Ausschreibung drin halt Kontakt zu den Migrantenorganisationen und in Zusammenarbeit mit diesen Migrantenorganisationen Projekte ins Leben zu rufen Projekte auf den Weg zu bringen und auch politisch den Oberbürgermeister beraten Entscheidungen zu treffen im Bereich der Integration. das hat mich gereizt da den Oberbürgermeister ... ist quasi als Fachperson in diesem Bereich ja zu beraten. das ... in der Stadtspitze jemanden beeinflussen zu können in dem Bereich was dich natürlich interessiert tätig zu sein. (Z. 790-797)

Wieder orientiert sich Ali bei seinem Arbeitsplatzwechsel an seinen inhaltlichen Interessen sowie an Gestaltungs- oder Einflussmöglichkeiten, wobei er betont, dass diese deshalb reizvoll für ihn seien, da es sich um einen Bereich handelt, der ihn interessiere. Diese Position bietet ihm sowohl weniger Macht als auch weniger Einkommen als seine vorherige Leitungsposition, wodurch deutlich wird, wie stark Ali sich (im Unterschied zu Typus 3, wie noch gezeigt wird) an Inhalten und Interessen orientiert. Für ihn ist der Aufgabenbereich, in dem er die Möglichkeiten der Einflussnahme hat, von entscheidender Bedeutung – nicht die Einflussnahme an sich.

Bevor Claudia, die bereits aus Typus 1 bekannt ist, beginnt, sich an der Organisation (in ihrem Fall an der Universität) zu orientieren, betont auch sie, wie vielfältig der Verwaltungsbereich sei. Sie hat zunächst eine Ausbildung bei der Stadtverwaltung absolviert:

> die Ausbildung hat drei Jahre gedauert. /ehm/ in der Zeit hab ich dort verschiedene Abteilungen durchlaufen. ich war im Jugendamt tätig im Kinder- und Jugendbüro hab ne zeitlang im Ordnungsamt gearbeitet /ehm/ war eine zeitlang im Sozialamt eingeteilt also Stadtkasse () hab eigentlich das Komplettpaket einer Kommunalverwaltung einmal kennengelernt. (Z. 19-23)

Bevor sie schließlich bei der Universität als Sekretärin angestellt wird, hat sie von dieser Stadtverwaltung noch einmal zu einer anderen Stadtverwaltung gewechselt:

> hab dort sieben Jahre lang im Ordnungsamt gearbeitet. hab dort aber /eh/ nicht nur Sachen ausm Ordnungsamt bearbeitet sondern Rentenversicherungsangelegenheiten ich war Standesbeamtin (lacht) ganze lange Zeit und /ehm/ ja hab dann halt im Bereich Ordnungsamt sowas gemacht wie Obdachlose /eh/ Obdachtlose /eh/ Unterbringung obdachloser Personen. /ehm/ .. ja solche Geschichten dann halt. nicht immer das angenehme Programm aber halt bunt gemischter Warenkorb. (Z. 29-34)

Auch sie wählt Termini wie „Komplettpaket" oder „bunt gemischter Warenkorb" und verweist damit auf die Vielfalt des Berufsfeldes. Allerdings fällt die Beschreibung ihres Berufsfeldes anders aus als bei den anderen Interviewpartnern. Bei ihr ist weder von Herzblut (Ali) noch von Identifikation (Anton) noch von Sinn (Kathrin) noch davon, dass sie etwas bewegen könne (Sabine), die Rede. Vielleicht ist das ein Grund, warum sich bei ihr schließlich eine Orientierung an der Organisation manifestiert.

Bei Kathrin ist die Bedeutung der Vielfalt anders gelagert. Auf die Frage, warum sie vor Antritt der Ausbildung zur Hebamme im Altenheim gejobbt habe, antwortet sie:

> /ehm/ ja Pflege lag einfach nah dass ich das mache weil ich das halt ausm Studium schon kannte und ich hab halt auch gedacht irgendwie ist es vielleicht ganz sinnvoll wenn ich mich später mal mit dem Beginn des Lebens beschäftigen will wenn ich mich jetzt auch nochmal n bisschen mit dem Ende vorher beschäftige. [...] ich fand die Vorstellung auch ganz schön im Altenheim irgendwie zu arbeiten. und da auch jemanden länger zu begleiten. (Z. 73-78)

Hier gibt sie ihrer Berufsbiographie anhand des medizinisch-pflegerischen Feldes einen deutlichen roten Faden. Während ihre Biographie bis zum Beginn der Hebammenausbildung von Orientierungslosigkeit und biographischen Brüchen, also von biographischen Verlaufskurven (Schütze 1983), geprägt war, gelingt es ihr nun, dieser anhand des Berufsfeldes einen Rahmen zu geben und die unterschiedlichen Tätigkeiten kohärent zu verbinden. In ihrem Beruf als Hebamme geht es um den Beginn des Lebens, weshalb sie es als lohnenswert und sinnvoll erachtet, sich auch mit dem Ende zu beschäftigen.

Die Fülle an verschiedenen Tätigkeiten innerhalb des Berufsfeldes wird von Sabine, die als Coach und Therapeutin tätig ist, wieder expliziter formuliert:

> also ich bin /ehm/ systemische Therapeutin /eh/ mit Familien arbeite ich weniger. jetzt weniger. ich arbeite viel mit Paaren aber auch mit einzelnen Menschen. /ehm/

> ja ich arbeite als Supervisorin /ehm/ da bin ich auch also auch viel in therapeuti-
> schen aber auch in /ehm/ in Führungskräftekontexten. also im Business. (Z. 115-
> 118)

Am Ende des Interviews fasst sie zusammen:

> ich wollt grad meinen Bauchladen erklären. Therapie. Supervision. und dann arbeite
> ich als Lehrtherapeutin und Lehrsupervisorin für einige Institute (Z. 124 f.)

Der Terminus „Bauchladen" bringt es auf den Punkt: eine Konstruktion mit verschiedenen Fächern und Schubladen, in denen diverse Inhalte gelagert werden
können. Genauso beschreibt auch Anton seine biographischen Stationen:

> dann hab ich dann da mein Diplom-Pädagoge und ja dann war so meine akademi-
> sche Karriere so mehr oder weniger beendet. genau. und dann hab ich eben halt im-
> mer in verschiedenen Bereichen gearbeitet. also weitgehend immer in der Aus- und
> Weiterbildung. viele Jahre freiberuflich. und ja jetzt seit zweitausendundneun wieder
> hier [an einer Universität] (Z. 88-91)

Er war zwar „weitgehend immer in der Aus- und Weiterbildung" tätig, dabei
aber auch „immer in verschiedenen Bereichen". Einerseits bezeichnet er sich
selbst als Pädagogen, andererseits stellt er aufgrund seiner vielfältigen Tätigkeiten und unterschiedlichen biographischen Stationen heraus, dass es schwierig sei,
ihn einem „festen Beruf" zuzuordnen. Dies wird deutlich, wenn er zunächst sagt:

> für mich als sagen wir mal als Pädagoge also ich würde mich schon so auch als Pä-
> dagoge von meinem Image her so bezeichnen (Z. 141 f.)

und zu einem späteren Zeitpunkt im Interview weiter ausführt:

> Ich weiß noch ich glaub da war ich schon fünfzig da hat die [seine Mutter] gefragt ja
> was wirst du jetzt eigentlich weil die nie ne Vorstellung hatte was bin ich von Beruf
> ne. und ich mein im Grunde genommen hat sie ja Recht. also in dem Sinne so nen
> festen Beruf hatt ich ja auch die ganze also viele Jahre nicht ne. also war immer ir-
> gendwie pädagogisch tätig ne. (Z. 203-206)

Inwiefern er „immer irgendwie pädagogisch tätig" war, wird deutlich, wenn man
sich seine freiberufliche Erwerbsphase anschaut:

> I: Und was sind die verschiedenen anderen Sachen [denen er während seiner freibe-
> ruflichen Tätigkeit nachgegangen ist]?
> P: Ja also immer so Weiterbildung angeboten in verschiedenen Bereichen. also Aus-
> bildung Krankenpflege /ehm/ ich hab dann nachher so Casemanagement gemacht

für Langzeitarbeitslose also so Berufstraining Bewerbungstraining Karriereberatung. hab dann auch so im Einzelnen noch Weiterbildung gemacht so kleinere. und ja aber eigentlich ging das immer so dass in der Zeit war das eigentlich noch ging das noch relativ gut dass man so von einem Projekt zum andern da eigentlich sich immer hangeln konnte und wie gesagt also ich war wirklich sehr gut vernetzt so dass ich eigentlich immer wusste wo ein Projekt war und wie man da so dahin kommt und hab dann also sehr viele Sachen gemacht. also auch dann wie gesagt Gesundheitsförderung war ein Schwerpunkt den ich gemacht hab für einen Bildungsträger [...] ich hatte dann eben diese diese Säule Bildung /eh/ Gesundheit und hab dann immer so Gesundheitsprogramme mit denen gemacht [...] also im weitesten Sinne so ne Art Casemanagement. [...] das hab ich dann auch fast drei oder vier Jahre gemacht. immer so in verschiedenen Variationen. [...] Drittmittelprojekte ne. also immer irgendwie ne Ausschreibung vom Arbeitsamt. [...] und wenn man da gut drin war einmal in diesem Netz ja dann hat man von einem Projekt zum andern das mitgemacht ne. und das fand ich sehr interessant weil da also die Anforderungen und so das war immer sehr vielseitig und ich mein das hat sich auch bezahlt gemacht dass ich also wirklich so früher im Studium also auch eben nicht nur zielstrebig auf einen Punkt hin sondern einfach auch sagen wir mal die Fähigkeit hatte mich relativ schnell auf neue Aufgaben so /ehm/ einzustellen. also fand das auch immer ja spannend und hab da auch nie Angst vor gehabt sagen wir mal irgendwie so Themen anzupacken wo keiner wusste wie man sowas macht ne. also das fand ich dann immer ganz toll. genau. (Z. 112-132)

Anton war in seiner gesamten Biographie in der pflegerischen Aus- und Weiterbildung tätig, aber immer „in verschiedenen Bereichen", „von einem Projekt zum andern" und „in verschiedenen Variationen". Er wiederholt mehrfach, wie vielseitig diese langjährige Erwerbsphase gewesen sei. Hier tritt eine Gleichzeitigkeit von Kontinuität und Diskontinuität (Geffers/Hoff 2010) zum Vorschein. Diskontinuierlich sind die verschiedenen, teilweise voneinander unabhängigen Projekte, durch die er sich „hangeln" konnte; kontinuierlich und kohärent wird es durch die Inhalte der Projekte, die sich immer in der (pflegerischen) Aus- und Weiterbildung ansiedeln lassen. Die Vielseitigkeit dieser Erwerbsphase hängt – wie auch bei Sabine im folgenden Auszug deutlich werden wird – mit der ständigen Identifizierung von Problemen, die in dem Berufsfeld vorherrschen, zusammen. Beide suchen nach Lösungen und der Möglichkeit, sich (und teilweise das Feld) zu professionalisieren. Dadurch ergeben sich mehr und mehr Perspektiven auf diverse Problemstellungen im Arbeitsfeld.

5.2.3 Professionalisierung (innerhalb) des Berufsfeldes

Die Weiterbildungsaktivitäten der Interviewten sind an dem Berufsfeld orientiert und dienen v.a. der eigenen Professionalisierung. Bei der persönlichen Weiterentwicklung geht es um eine *professionelle* Weiterentwicklung. Diese stetige Professionalisierung äußert sich bei Sabine folgendermaßen:

> habe nach dem Abitur Sozialarbeit studiert .. und hab auch fleißig als Sozialarbeiterin gearbeitet. das hat mir sehr viel Freude gemacht. ich kam so in den letzten Semestern mit der systemischen Sichtweise in Kontakt. [...] bin dann schwanger geworden und hab in der Babypause Psychologie studiert in k-Stadt und bin Psychologin. und bin dann hab danach ne klassische therapeutische Ausbildung gemacht und bin danach dann nach Amerika gegangen und hab systemische Therapie studiert. [...] und bin dann quasi als systemische Therapeutin wieder nach Deutschland gekommen. bin /eh/ war da etwas Besonderes. bin sehr früh angefragt worden von Mitarbeitern aus Beratungsstellen zur Fallberatung und dann hab ich gedacht ja das ist ja Supervision und wenn ich das tu kann ich's eigentlich auch erstmal anständig lernen und hab dann ne Supervisorenausbildung gemacht an der Akademie in v-Stadt die auch aus der humanistischen Richtung kommt. ja und hab dann mich selbstständig gemacht als Supervisorin und systemische Therapeutin oder Familientherapeutin. das sind eigentlich so meine Kernausbildungen. da ich mich immer sehr für Sprache interessier hab ich ne komplexe Ausbildung im NLP gemacht. /ehm/ hab eine Traumatherapieausbildung gemacht eine Ausbildung in Hypnotherapie und ja befasse mich seit einiger Zeit mit den neurophysiologischen Themen. die sprechen mich sehr an. hab dann auch noch mal eine EMDR-Ausbildung gemacht. ja und mogel mich jetzt manchmal bei den Neurophysiologen in den Hörsaal. (Z. 5-20)

Für Sabine hat der Besuch formaler Weiterbildungsveranstaltungen scheinbar einen sehr hohen Stellenwert. Sie möchte Dinge „anständig lernen" bevor sie sie ausführt. Hier zeigt sich ein klarer Gegensatz zu Typus 4, der auf formale Aus- und Weiterbildung keinen Wert legt und sich ausschließlich autodidaktisch Dinge aneignet. Sabine hingegen sucht sich die Weiterbildungen gezielt aus, absolviert sie an verschiedenen Orten und in verschiedenen Einrichtungen. Sie kommt während ihres Studiums mit der systemischen Sichtweise in Kontakt und nimmt die Mühen auf sich, systemische Therapie in Amerika zu studieren, da dieser Ansatz dort bereits etabliert war und hier noch nicht die Möglichkeit bestand, sich in diesem Bereich zu professionalisieren. Hier sei darauf hingewiesen, dass sie zu diesem Zeitpunkt bereits Mutter von zwei Kindern war:

> I: Wie kam es dann dazu dass sie nochmal in die USA gegangen sind?
> P: Ja weil ich /eh/ gedacht hab also das [die klassische therapeutische Ausbildung] hab ich jetzt für alle Fälle. [...] ach so ja dann hab ich mein zweites Kind bekommen und dann sind wir als Familie nach Amerika gegangen. [...] und ich hab dann dort studiert. [...] naja und dann gab es auch in Kalifornien so ne so ne Brutstätte der neuen Humanisten der Kommunikationswissenschaftler. das fand ich dann einfach hochspannend und wir konnten es uns erlauben. [...] das ist nochmal n richtiges Studium. also die bauten auch sehr auf Sozialarbeit. gar nicht auf die weil die Psycho-

logie ja noch eben ganz anders angedockt war war es eigentlich n Aufbaustudium.
(Z. 55-62)

Diese Mühen auf sich zu nehmen, mit der gesamten Familie in die USA auszu-
wandern, zeugt von einem ausgeprägten Professionalisierungswillen und der
Priorisierung der persönlichen beruflichen Weiterentwicklung. Solch ein Verlauf
– etwas „hochspannend" zu finden und aufgrund dessen ein biographisches „Risiko" einzugehen – ist bei Typus 1, für den eine Sicherheitsorientierung kennzeichnend ist, nicht denkbar. Zudem artikuliert Sabine ein breites und interdis-
ziplinäres Professionswissen.
    Dass Sabine (wie zuvor auch Anton) in ihrem Feld Probleme identifiziert
bzw. sich mit in dem Feld verbreiteten Arbeitsansätzen nicht identifizieren kann
und nach Lösungen sucht bzw. einer Optimierung der Ansätze strebt, zeigt sich
an ihrem Wunsch, „mehr Macht" und „mehr Steuerungsmöglichkeiten" haben zu
wollen:

> I: [...] Sie haben ganz am Anfang gesagt dass Erzieherin n wunderbarer Beruf ist
> aber nicht für sie. können sie das noch ein bisschen konkretisieren wie sie das mei-
> nen?
> P: Ja. sehr gerne. also ich hab einfach meine Grenzen erfahren. ich hatte eine Lei-
> tung und das ja das war eigentlich immer dass ich nicht förderlich fand für die Ent-
> wicklung der Kinder [...] also es waren so grundsätzliche pädagogische Aspekte die
> ich überhaupt nicht mittragen konnte. hab aber dann auch gar nicht gedacht geh mal
> probier's woanders sondern hab gedacht nee das ist so ein wichtiger Beruf du musst
> so etwas werden dass du mehr Macht hast als so inkompetente Leitungen. [...] ich
> wollte mehr Steuerungsmöglichkeiten haben. [...] (Z. 21-28)

Dieser Wunsch rührt daher, dass sie „so grundsätzliche pädagogische Aspekte
[…] überhaupt nicht mittragen konnte". Auch bei Typus 1 gibt es solche Momente bzw. Situationen, die dann bspw. durch Kompromissbildung gelöst werden. Dazu scheint Sabine nicht in der Lage. Sie setzt sich intensiv mit dem, was
sie tut, auseinander und reflektiert die Arbeitsweise ihres Feldes. Und wenn Sabine etwas tut, dann tut sie es „auch richtig":

> P: Das [die Ausbildung zur Supervisorin] ist noch mal über vier Jahre berufsbeglei-
> tend. [...] ich bin da auch mit angefangen ne drauf zu gucken und dann /eh/ so dann
> hab ich gedacht nee das willste also wenn dann machst es jetzt auch richtig. [...]
> I: Wie ist es dazu [zur Fortbildung zur Trauma- und Hypnotherapeutin] gekommen?
> P: Naja also das .. ja man man achtet ja darauf dass man oder ich achte darauf dass
> ich auch immer auf Ballhöhe bleib ne. und /ehm/ ja. und für mich passt das /eh/
> passt es sehr zum Beispiel die Traumatherapie sehr in dieses lösungsorientierte Ar-
> beiten was meine Arbeitshaltung ist. ja und dann wollt ich wissen wie das geht und
> dann macht man ne Weiterbildung oder Ausbildung Zusatzausbildung. (Z. 69-76)

Hier wird ihre eigene Suche nach Professionalisierung deutlich. Diese scheint für sie so selbstverständlich, dass sie zwei Mal in die „man"-Terminologie verfällt, obwohl es ihr bereits beim ersten Mal bewusst wird und sie sich korrigiert. Sie möchte „auf Ballhöhe" bleiben, es „richtig" machen, „wissen, wie das geht". Diese stetige Professionalisierung und Weiterentwicklung im Feld nimmt an dieser Stelle in ihrer Biographie aber noch kein Ende:

> I: Dann haben sie gesagt seit kurzer Zeit interessiert sie auch noch die Neurophysiologie. haben sie da ne Idee woher dieses Interesse rühren könnte?
> P: Ja ganz /eh/ () ist auch schon ewig her. hab ich mal n Buch von Werner Meier gehabt der für mich verständlich beschrieben hat was neurophysiologisch also auch hirnorganisch bei uns passiert. das find ich hoch spannend. hoch spannend. und meine ganze Traumaarbeit in Verbindung jetzt mit dem EMDR. /ehm/ da nutz ich die Kenntnisse die heutigen Kenntnisse der Neurophysiologie. (Z. 82-87)

Sobald Sabine sich für etwas interessiert, sie etwas „hoch spannend" findet, sucht sie eigenhändig und intensiv nach entsprechenden Professionalisierungsmöglichkeiten. Damit kann ihre Haltung als „biographisches Handlungsschema" (Schütze 1983) bezeichnet werden. Bei ihren Fort- und Weiterbildungen handelt es sich um eine Professionalisierung innerhalb von größeren Arbeitsfeldern, unabhängig von der Orientierung an einer akademischen Disziplin. Die gebotene Interdisziplinarität im Umgang mit sozialen und psychischen Problemen repräsentiert sie persönlich durch ihre berufliche Entwicklung.

Auch Ali ist bereit, für die professionelle Weiterentwicklung große (finanzielle) Mühen auf sich zu nehmen. Dafür geht er eigeninitiativ auf die Suche nach passenden Professionalisierungsmöglichkeiten:

> I: Und was genau für Fortbildungen hast du gemacht?
> P: Ich habe eine Mediationsausbildung gemacht ich habe eine Sachverständigen-Ausbildung gemacht beim Familiengericht. also ich könnte zum Beispiel wenn es um Umgangsstörungen geht oder um Sorgerecht geht also Umgangsregelung oder Sorgerechtentscheidungen geht können mich die Richter beauftragen und ich arbeite mit den Familien an dieser Sache.
> I: Wie kam es zu den beiden Weiterbildungen?
> P: Im Rahmen meiner Arbeit im Jugendhilfedienst.
> I: Eigeninitiativ oder hat dein …
> P: Komplett eigeninitiativ. eigeninitiativ und Eigenbezahlung (lacht). also komplett. die eine Ausbildung hat mich 10.000,-- Euro gekostet die ich gerade auch erst abbezahlt habe. also die Familiengerichtsgeschichte.
> I: Warum hast du die gemacht?
> P: Ich habe die gemacht um selbstständig zu werden. also so einen Teil Selbständigkeit. habe ich auch gemacht jetzt ein Stück. also ich habe als ich dann bei der Inte-

grationsagentur war konnte ich da so aufgrund der Arbeit nicht so viel arbeiten darin. ich habe bisher nur zwei Gutachten gemacht aber jetzt habe ich ganz frisch eine
Internetseite hatte ich glaube ich allen denen auch gesagt das war bevor ich noch
gewechselt habe eine Internetseite und ich möchte da gerne in dem Bereich neben-
beruflich tätig sein. und mein Wunsch eigentlich mein Ziel wäre es Wunsch eigentlich ja ganz aus der Verwaltung raus. mein eigenes Ding machen. wenn es ...
I: Und das wäre Gutachten schreiben.
P: Das wäre Gutachten schreiben das wäre Verfahrensbeistandschaft das wäre Um-
gangspflegschaften das wäre Amtsvormundschaften all die gesamte Palette die das
Gericht sozusagen im Rahmen des familiengerichtlichen Verfahrens für Instrumente
hat. dieser gesamte Bereich wäre das den ich dann sozusagen in der Selbstständigkeit machen könnte. (Z. 668-691)
I: Und warum hast du Mediation gemacht?
P: Mediation habe ich gemacht zur Ergänzung zu dieser familiengerichtlicher Geschichte um einfach so diesen lösungsorientierten Ansatz zu haben das heißt zu
vermitteln. also ich finde den Gedanken eigentlich ganz gut als Sachverständiger im
klassischen Sinne gehst hin guckst dir das an schreibst auf und sagst .. machst eine
Empfehlung. aber mich reizt ja viel mehr mit den Leuten eine Lösung zu erarbeiten.
und Mediation ist ideal dafür und deshalb habe ich das als Ergänzung gemacht. (Z.
703-708)

Zunächst möchte Ali selbstständig werden, „ganz aus der Verwaltung raus", um
sein „eigenes Ding" machen zu können. Dazu dient die Sachverständigenausbil-
dung, weitere Ausbildungen wären nicht zwingend erforderlich. Aber diesen Typus macht es ja gerade aus, dass dennoch eine weitere Ausbildung absolviert
wird, da sie der weiteren Professionalisierung dient. Die Mediations-Ausbildung
deckt sich mit *seinem* Verständnis von der Aufgabe eines Sachverständigen, wodurch wiederum die hohe inhaltliche Auseinandersetzung mit dem Feld und die
Identifikation mit bestimmten feldspezifischen Ansätzen deutlich werden.

Während die Weiterbildungen, die die Interviewten des *ersten* Typus absolvieren, an Betriebsbedürfnissen ausgerichtet sind, geht es hier also um die persönliche professionelle Weiterentwicklung im Berufsfeld. Damit stimmen die
Weiterbildungsinteressen dieser ersten beiden Typen mit den Typen „Betriebsidentifizierung" und „Laufbahnorientierung" von Witzel/Kühn (2000) überein.
Während ersterer Weiterbildungen dann besucht, wenn betriebliche Anforderungen dies erforderlich machen, besucht der Typus „Laufbahnorientierung" Weiterbildungen zur Spezialisierung in einem bestimmten Bereich. Bei Anton äußert
sich dies etwas anders als bei Ali und Sabine, da seine Motivation für die Weiterbildungen nicht so deutlich wird. Dennoch dienen auch die Weiterbildungen,
die er absolviert, der Professionalisierung in seinem Feld:

I: Mhm. dann haben sie gesagt sie haben verschiedene Weiterbildungen gemacht.
können sie darüber noch n bisschen erzählen?

P: Ja genau. was hab ich gemacht. also /ehm/ was ich hab gemacht. also einmal eben diese Weiterbildung zum Moderator für betriebliche Gesundheitsförderung [...] inhaltlich ging's da um zwei Seiten. also vor allem so um betriebliche Prozesse [...] und eben Thema Gesundheitsverhalten [...] so im Zusammenhang mit Organisationsentwicklung [...] dann im Rahmen dieser Arbeitsförderung also hab ich dann so verschiedene kleinere Weiterbildungen gemacht [...] also die gingen da alle so um Frage Assessment Begleitung Kommunikation [...] was hab ich denn dann noch gemacht .. ja das Letzte jetzt war ja hier die Weiterbildung zum Casemanagement (Z. 144-152)

Auch er kann als weiterbildungsaktiv bezeichnet werden. Bei ihm wird der Professionalisierungswille immer dann deutlich, wenn er über die Definition seiner Tätigkeit oder – wie weiter oben bereits gezeigt – seine Identifikation spricht. Dort hat er sich von seinem „Image" her als Pädagoge bezeichnet. Im Folgenden Auszug ist es ihm wichtig, zwischen „Dozent" und „Coach" zu unterscheiden:

I: Das heißt sie waren immer Dozent dann in der Zeit?
P: Genau. Dozent. genau. oder eben mehr so Coach teilweise. also jetzt nicht immer so im Sinne von Frontalunterricht sondern auch eben sehr so persönliche Begleitung [...] also das Letzte was ich gemacht hab das waren dann immer so Assessments und Profiling. (Z. 133-136)

Während ein Dozent eher frontal unterrichtet, unternimmt ein Coach auch „Begleitung", „Assessments" und „Profiling". Durch die Verwendung dieser Fachtermini weist er darauf hin, dass es sich um professionelle Tätigkeiten handelt, die von bloßem „Frontalunterricht" zu unterscheiden sind. Während es beim frontalen Unterrichten in erster Linie um die Vermittlung von Wissen geht, steht beim Coaching die konkrete Arbeit am Fall im Vordergrund, wodurch es sich um eine professionelle Tätigkeit handelt. In dem gesamten Interview mit Anton wird seine Identifikation als Pädagoge immer wieder deutlich, wenn er von „meine pädagogische Fähigkeiten" (Z. 70) oder „meinem persönlichen Bildungsideal" (Z. 84) spricht.

Die Verbindung von persönlichen Bedürfnissen auf der einen Seite und sozialen Möglichkeitsräumen auf der anderen Seite gelingt durch den Bezug auf das Arbeitsfeld. Wie bereits bei Ali gezeigt werden konnte, lässt sich diese Orientierung nicht mit Organisationstreue vereinbaren. Dies wird im folgenden Abschnitt noch einmal präzisiert.

Ali ist selbst dann bereit, den Schritt des Organisationswechsels zu vollziehen, wenn dies nicht üblich bzw. überhaupt machbar erscheint. Er war als Integrationsbeauftragter im Oberbürgermeister-Amt, also einer sehr angesehenen Position, tätig und hat sich dennoch entschieden, diese Position aufzugeben:

und habe dann wie es so ist Stadtverwaltung ist groß diese Ausschreibung als Kinderschutzbeauftragter gelesen. und habe hier und da natürlich gefragt und meine Fühler ausgestreckt und /eh/ ich habe sofort hier meine Abteilungsleitung die waren sehr verwundert darüber. man geht nicht vom OB-Amt wieder zurück ins Jugendamt das macht man nicht. das hat mir auch mein Chef dann gesagt als ich dann ihm gesagt habe ich will mich bewerben. das geht nicht das machen wir nicht. das geht schon mal gar nicht. ... was wir dann mit der Struktur und das Integrationszentrum machen darüber kann man noch reden. wir können auch hier im Amt des OB des Oberbürgermeisters gucken was wir machen können. [...] und ja mein Chef hat mir noch gesagt ich gebe dir eine Woche Zeit überlege dir das rede noch mal mit dem und dem darüber. ... wir können dir auch andere Möglichkeiten aufzeigen und eine Woche später bin ich hingegangen und habe gesagt ich ... bewerbe mich. (Z. 621-642)

Diese Entscheidung resultiert aus zwei Gegebenheiten: Zum einen hat er sich mit seiner dortigen Kollegin, mit der er sehr eng zusammen arbeiten musste, nicht verstanden; zum anderen sollte die Integrationsagentur mit einem anderen Bereich zusammengelegt werden und die eben erwähnte Kollegin würde seine Vorgesetzte. Nun erscheint diese Entscheidung unter den genannten Umständen nicht verwunderlich. Typus 1 würde sich in dieser Situation aber wahrscheinlich trotz der Umstände *für* die Organisation entscheiden – insbesondere wenn allgemein bekannt zu sein scheint, dass „man [...] nicht vom OB-Amt wieder zurück ins Jugendamt [geht]", dass „das [...] schon mal gar nicht geht". Darüberhinaus werden, wie bei Typus 1 im Fall von Ernst, Angebote des Entgegenkommens gemacht. Ali ist aber dennoch bereit, den Schritt zu gehen und das Amt zu verlassen.

Bevor Claudia beginnt, sich an der Organisation Universität zu orientieren, war auch sie bereit, den Arbeitgeber zu wechseln. Sie hat sich nach ihrer Ausbildung bei einer Kommunalverwaltung für einen Wechsel entschieden:

hab meine Ausbildung da auch mit großem Erfolg absolviert. und /eh/ ja bin nach der Ausbildung dort auch fest übernommen worden wollte aber dort nicht mehr bleiben weil das halt so n bisschen damit behaftet war mein Papa hat halt jahrelang bei dieser Verwaltung gearbeitet und /ehm/ irgendwie stand man immer in dem Lichte ja das ist die Tochter von. und hab dann gedacht nee also das ist zwar alles gut und nett und schön aber du willst in deinem Leben vielleicht auch nochmal was andres sehen und hab mich dann zu einer andren Kommunalverwaltung beworben. deutlich kleiner als die in der ich vorher gearbeitet hab (Z. 23-29)

In dieser Kommunalverwaltung hat es ihr dann aufgrund eines Abteilungsleiterwechsels „nicht mehr ganz so gut gefallen", so dass sie sich entschieden hat, auch dort zu kündigen. Obwohl sie zum Zeitpunkt der Kündigung noch keine andere Stelle hatte, war sie bereit, den Job aufzugeben und sich arbeitslos zu melden:

> ja da hab ich sieben Jahre lang dann gearbeitet. dann hat's mir dort nicht mehr ganz so gut gefallen. /ehm/ ich hab dann da von mir aus gekündigt bin dann drei Monate in die Arbeitslosigkeit gegangen (Z. 34-36)

Zu diesem Zeitpunkt lässt sich bei ihr also keine Sicherheitsorientierung erkennen. Das Umfeld bzw. das Arbeitsklima spielt zwar bereits eine Rolle, aber die Orientierung ist auf das Arbeitsfeld und noch nicht auf die Organisation gerichtet. Sie möchte weiterhin in der Verwaltung arbeiten, wobei die konkrete Organisation dabei keine Relevanz besitzt:

> I: Und war ihnen als ihnen klar wurde dass sie kündigen möchten schon klar was sie danach gerne weitermachen würden?
> P: Also es war mir schon ganz klar dass ich gerne im Verwaltungsbereich bleiben würde. aber /ehm/ mir war halt nicht klar in welche Richtung das gehen würde. ich hab mich dann in den drei Monaten auch auf alles Mögliche beworben. auch im Bereich Kommunalverwaltung halt in der Universitätsverwaltung in der Verwaltung von Krankenkassen Rentenversicherung also ja. (Z. 212-217)

Es wird also deutlich, dass die Orientierung am Berufsfeld nur dann realisierbar ist, wenn die Individuen sich nicht an die Organisation binden. Würden sie dies tun, wäre es nicht möglich, sich am Berufsfeld zu orientieren, da diese Orientierung eine hohe Flexibilität erfordert. Während Typus 1 der Organisation treu bleibt und innerhalb der Organisation hinsichtlich Aufgaben bzw. Abteilungen flexibel ist, ist dieser Typus hinsichtlich der Organisationen flexibel, hinsichtlich des Themen- bzw. Arbeitsfeldes allerdings nicht. Auch hier kann wieder auf die Gleichzeitigkeit von Kontinuität und Diskontinuität verwiesen werden (Geffers/Hoff 2010, S. 112). Die Wechsel der Arbeitsstätten wurden von den Interviewten selbst veranlasst und aktiv herbeigeführt, so dass es sich nicht um eine erzwungene Diskontinuität (bspw. durch eine Entlassung) handelt. Die Kontinuität ergibt sich durch das Berufs- bzw. Arbeitsfeld, das mit immer wieder ähnlichen Aufgaben und Inhalten verknüpft ist.

5.2.4 Grenzen der Orientierungweise

Genau an dieser Stelle hat die Orientierung also ihre Grenze – dort, wo sich eine Bindung an die Organisation vollziehen würde. Dieser Typus zeichnet sich aber dadurch aus, dass er genau dies *nicht* tut. Stattdessen lässt er sich diesbezüglich durch eine hohe Flexibilität charakterisieren. Dass er hinsichtlich des Arbeitsortes flexibel ist und sich nicht an die Organisation bindet, kann abschließend am Beispiel von Anton gezeigt werden, der nach Abschluss seiner Pflegeausbildung das Angebot bekommen hat, eine HNO-Operationsstation zu leiten, dieses Angebot aber ausschlägt:

> hab dann da die dreijährige Ausbildung gemacht und merkte aber dann dass mich das also nicht ausfüllen würde auf Dauer ne. und dann weiß ich noch also kurz vor Ende kriegte ich dann von der Pflegedienstleitung der wollte mir dann irgendwie dann so ein HNO-Op als Leitung anbieten. sagt er machst du die Weiterbildung ein halbes Jahr und dann kriegst du hier die Leitung vom HNO-Op. und dann hab ich gesagt nee. das war einerseits natürlich so n bisschen reizvoll. auf der andern Seite war natürlich auch klar den ganzen Tag im Op stehen und dann mit diesen niedergelassenen Ärzten da immer den Koffer hinterher tragen. das war nicht so mein Ding (Z. 60-66)

Obwohl er also die Möglichkeit hatte, früh in seiner beruflichen Laufbahn eine Führungsposition zu übernehmen, entscheidet er sich dafür, die Organisation zu verlassen.

5.2.5 Zusammenfassung und Reflexion

Anhand der Analyse sollte deutlich geworden sein, dass die Interviewten sich überaus stark mit ihrem Berufsfeld identifizieren. Sie fühlen sich zu einem frühen Zeitpunkt ihrer Biographie zu ihrem Beruf „berufen". Was beim ersten Typus die Organisation war, ist hier das Berufsfeld. Dieses gibt den Rahmen vor, innerhalb dessen die berufliche Biographie gestaltet wird. Jegliche Weiterbildungs- und Weiterentwicklungsmöglichkeiten entstehen in diesem Rahmen. Dabei betonen die Interviewten gleichzeitig, von welcher Vielfalt das jeweilige Berufsfeld gekennzeichnet ist. Dieses ist bei allen Interviewten im sozialen Bereich angesiedelt, d.h. dass sie alle mit Menschen arbeiten, die in irgendeiner Form Hilfe benötigen (Kranke, Benachteiligte, Ratsuchende).[57] Die Arbeit an Personen statt an Gegenständen wird von verschiedenen Autoren innerhalb interaktionistischer Konzepte als ein Merkmal für Professionen angeführt (Demszky von der Hagen/Voß 2010, S. 763). Darüberhinaus werden häufig lange (akademische) Ausbildungszeiten sowie eine Gemeinwohlorientierung betont, wenn von Professionen die Rede ist. Insgesamt herrscht hinsichtlich der Merkmale von Profes-

---

[57] Diese Tatsache erweckt den Anschein, dass diese Orientierungsweise nur im Gesundheits- und Sozialwesen auftritt. Es erscheint zwar plausibel, dass sie in diesem Bereich in der Tat häufiger vorkommt, aber es ist durchaus denkbar, dass auch andere Berufsgruppen bzw. Arbeitsbereiche in diesen Typus passen. Ebenfalls wäre es denkbar, dass Personen, die im Gesundheits- und Sozialwesen tätig sind, auch andere Orientierungsmuster aufweisen.

sionen allerdings Uneinigkeit und die Tradition der Verhandlung über die Charakteristika ist lang (Pfadenhauer/Sander 2010, S. 361). Als neue professionelle Felder können die Pädagogik, psychosoziale Dienstleistungen sowie pflegerische Tätigkeitsfelder bezeichnet werden (Helsper et al. 2000). Daher scheinen die Interviewten dieses zweiten Typus – mit aller Vorsicht hinsichtlich dieses Terminus – „Professionen" bzw. professionalisierungsbedürftigen Bereichen anzugehören. Für Professionen, insbesondere für die Soziale Arbeit, ist eine spezifische innere Haltung kennzeichnend, die sich bspw. in einer inneren Bindung an die Berufsrolle in Form einer beruflichen Identität ausdrückt (Heiner 2004). Mit der Betonung der inneren Haltung bzw. der individuellen Persönlichkeit als eine Frage des Habitus (Becker-Lenz/Müller 2009) können eventuell das tiefgreifende Interesse an Inhalten sowie das stetige Bedürfnis der Professionalisierung (sowohl der eigenen Person als auch des Feldes) erklärt werden. Im Unterschied zu Typus 1 betonen die Interviewten dieses Typus ihre berufliche Identität, ihre Haltung zu ihrem Beruf, die sich in ihrem Interesse „an der Sache" ausdrückt. Wie mit dem Terminus „Berufung" deutlich werden sollte, ist hier nicht rationales Abwägen handlungsleitend, sondern der Eigen- bzw. Selbstwert ihrer Handlungen. Wer sich zu etwas berufen fühlt, muss nicht abwägen. Das Einlösen ihrer „Berufung" geschieht innerhalb des Berufsfeldes. An diesem orientieren sich die Interviewten sehr stark, insbesondere auch wenn es um ihre Weiterentwicklung und Professionalisierung geht. Nicht Betriebsbedürfnisse werden herangezogen, wenn es um Weiterbildung geht, sondern die Profession. Dieses bildet die Referenz der Interviewten. Dabei ist das Weiterbildungsverhalten nicht funktional ausgerichtet. Stattdessen wird der Weiterbildung ein Wert an sich beigemessen. Sie entwickeln ihr Bedürfnis nach Professionalisierung eigeninitiativ (unabhängig von einer Organisation oder einem Vorgesetzten), aber grundsätzlich innerhalb des Feldes (also „außerhalb" ihrer Person) mit eindeutigem Bezug auf die Profession.

Damit ist bereits auf den sozialen Referenzrahmen – die Profession und die Vielfalt innerhalb derselben – verwiesen. Während Typus 1 die berufliche Biographie sicherheitsorientiert gestaltet, richtet Typus 2 sie (wie ebenfalls bereits umfassend geschildert) auf die Berufung aus. Die Interdependenz von Individuum bzw. Biographie und sozialer Referenz stellt in diesem Fall die Professionalisierung im Arbeitsfeld dar, d.h. dass die ‚Einlösung' der auf die Berufung ausgerichteten Biographiegestaltung, die sich innerhalb der Profession vollzieht, durch die Professionalisierung im Arbeitsfeld gelingt. Somit kann die Professionalisierung (innerhalb) des Berufsfeldes als Ergebnis des lebenslangen Lernprozesses verstanden werden.

5.3 Typus 3 „Vermarktlichung"

Während die ersten beiden Typen sich stark an der Organisation bzw. dem Arbeitsfeld orientierten, ist dieser Typus stärker an sich, und zwar am eigenen Erfolg, orientiert. Er ist gekennzeichnet durch die Merkmale 1) Karriere und Erfolg, 2) Wettbewerb und Zielstrebigkeit und 3) Vermarktlichung der eigenen Arbeitskraft. Wie zuvor, werden unter 4) die Grenzen der Orientierungsweise dargestellt. Die Zusammenhänge der Merkmale werden im Folgenden verdeutlicht.

5.3.1 Karriere und Erfolg

Für dieses Merkmal werden zunächst zwei Prototypen dieser Orientierung vorgestellt, die sich von anderen Interviewpartnern dadurch unterscheiden, dass die Ausprägung extremer und der berufliche Erfolg zentraler ist sowie zu einem früheren Zeitpunkt in der Biographie artikuliert wird. Darüberhinaus binden sie sich weder an eine Organisation noch an eine Profession.

Zunächst werden zwei Auszüge von Tim angeführt, in denen er über seine Schulzeit berichtet:

> ich würd mich zwar nicht als Streber bezeichnen und ich glaub nicht mal meine Mitschüler hätten das gemacht /eh/ aber ich hatte schon immer den Anspruch /ehm/ gute Leistungen zu erbringen. vor allem als ich dann gesehen hab dass ich es in dem Sport nicht so weit bringe dass ich da mal auf internationaler Ebene erfolgreich sein kann hatte ich schon relativ früh die Vorstellung beruflich erfolgreich zu sein. (Z. 38-42)

Im Unterschied zu den zuvor vorgestellten Interviewauszügen, zeigt sich hier eine frühe berufliche Erfolgsorientierung, die bereits während der Schulzeit vorhanden ist. Tim „hatte schon immer den Anspruch, gute Leistungen zu erbringen". Bei ihm ist also hier bereits klar, dass es nicht Schritt für Schritt „nach oben" geht, sondern von vornherein festgelegt ist, wo die Reise hingehen soll: er will beruflich erfolgreich sein. Dass seine Orientierung an Erfolg extrem ist, zeigt sich daran, dass der Bewertungsmaßstab für den Sport (er ist *Leistungs-sportler* im Eiskunstlaufen) die internationale Ebene ist; mit großem Erfolg auf nationaler Ebene gibt er sich nicht zufrieden. Daher muss der berufliche Weg erfolgreich verlaufen.

> dann gings aufs Abi zu. das war im Prinzip alles relativ unspektakulär. ich hab dann n sehr gutes Abi gemacht mit 1,2. ich war dann der Zweitbeste in meinem Jahrgang /ehm/ .. wobei das mit Jahrgangsbester oder nicht das hat mich eigentlich nicht so

interessiert ich wollte für mich so mein meine Ziele erreichen und ich hab in den Fächern wo gut war eigentlich überall sehr gut erreicht. (Z. 45-48)

Da für ihn nichts anderes infrage kommt als Erfolg, erscheint eine Abiturnote von 1,2 als „relativ unspektakulär". Dass es ihn nicht interessiert habe, wer Jahrgangsbester sei, erscheint interessant, da man sich die Frage stellen kann, warum er dennoch erwähnt, dass er der Zweitbeste in seinem Jahrgang gewesen ist. Hier wird außerdem bereits deutlich (wie weiter unten noch erläutert wird), dass selbstgesetzte Ziele und das Erreichen derselben eine zentrale Rolle spielen. In den beiden kurzen Absätzen wird jeweils zwei Mal „erfolgreich" sowie „sehr gut" erwähnt, womit seine totale (i.S. von ausnahmslose) Erfolgsorientierung bereits zu einem frühen Zeitpunkt des Interviews und zu einem frühen Zeitpunkt in seiner Biographie deutlich wird.

Solche Terminologien ziehen sich durch das gesamte Interview, wie der folgende Auszug zeigt, in dem er von seiner Beziehung zu seiner damaligen Freundin und seinem Grundstudium der Betriebswirtschaftslehre berichtet.

das hat obwohl die Beziehung damals eigentlich sehr gut funktioniert hat gab's ein wenig Reibung weil ich extrem viel lernen musste selber überrascht war wieviel ich lernen musste aber /eh/ das auch als notwendig angesehen hab weil viele viele Sachen einfach sehr standardisiert waren in meinem Vordiplom wo ich einfach extrem viel auswendig lernen musste. wo man einfach Zeit investieren musste um halt gute Noten zu haben. also man konnte das nicht irgendwie durch Vorwissen abbilden sondern man musste sich halt vorbereiten. und mir war das eben extrem wichtig wie ich schon mal sagte also ich hatte schon das Gefühl dass ich beruflich erfolgreich sein will (Z. 136-142)

Hier nutzt er gleich drei Mal das Wort „extrem", um zu zeigen, wie viel er lernen musste, um seinen Ansprüchen (gute Noten zu erzielen) gerecht zu werden und erfolgreich zu sein. Diese Absicht, beruflich erfolgreich sein zu wollen, formuliert er hier also bereits zum zweiten Mal. Einerseits kann „Erfolg" so verstanden werden, dass er stets an Leistungen gebunden ist. Wenn jemand ohne Leistung erfolgreich ist, wäre dann eher von Glück die Rede. Andererseits kann es auch Erfolg ohne Verdienst geben (Neckel 2002, S. 109 f.). An dieser Stelle scheint es für Tim nicht möglich, ohne Leistung erfolgreich zu sein. Als seine langjährige Partnerschaft auseinandergeht, war er einerseits traurig, andererseits hat es ihm aber „Aufwind" (Z. 316) gegeben:

also ich war zwar traurig aber andererseits war ich froh jetzt so mein Ding machen zu können ohne dass mich einer zurückhält (Z. 316-318)

Hier scheint der Drang nach beruflichem Erfolg über das Ende einer langjährigen Beziehung hinwegzutrösten. Der berufliche Erfolg steht gewissermaßen über dem Privatleben. Dieser Zusammenhang von Privat- und Berufsleben bzw. Studium erinnert an die von Geffers/Hoff (2010, S. 110) definierte „arbeitszentrierte Entgrenzung", in der das Private gleichsam vom beruflichen Leben „verschluckt" wird. Zum Zeitpunkt des Interviews befindet er sich kurz davor, sich mit einer Kreditvermittlungsplattform selbstständig zu machen. Damit verfolgt er folgendes Ziel:

> also ich hab mir /eh/ ehrlich gesagt das Ziel gesetzt dass ich mit meiner Selbstständigkeit .. so erfolgreich werde dass ich finanziell innerhalb der nächsten zehn Jahre ausgesorgt habe. noch nicht mal weil ich nicht mehr arbeiten will sondern weil ich mir noch mehr Unabhängigkeit verschaffen will um nur noch rein Sachen zu machen die ich für (richtig?) für spannend und für interessant halte. so und das also dieses Ziel hab ich mir natürlich früher schonmal gesetzt dass ich so circa bis zu meinem vierzigsten Lebensjahr das erreichen möchte. und /ehm/ ich halte das nach wie vor für möglich aber das vorherzusehen ob man das hinkriegt steht woanders ja (lacht). (Z. 738-744)

Auch hier ist es nicht das Ziel, dass die Selbstständigkeit überhaupt gelingen wird, sondern dass sie so erfolgreich gelingen wird, dass er mit vierzig Jahren ausgesorgt hat. Er definiert also sehr genau, was „erfolgreich" für ihn bedeutet. Dieses Ziel habe er sich „natürlich früher schon mal gesetzt" – natürlich. Dass er sich damit „noch mehr Unabhängigkeit verschaffen will", zeugt im Umkehrschluss davon, dass diese in seiner beruflichen Laufbahn bisher eingeschränkt war.[58] Er war – wie in folgendem Abschnitt gezeigt werden wird – von vorgegebenen Karrierepfaden abhängig. An dieser Stelle ergeben sich große Überschneidungen mit dem von Witzel/Kühn (2000, S. 18) definierten „Selbstständigenhabitus". Dieser strebt nach beruflicher Autonomie und der Chance höheren Einkommens. Der Geschäftserfolg steht im Mittelpunkt, hingegen rücken die Arbeitsinhalte in den Hintergrund. Selbstverwirklichung spielt dabei keine Rolle.

Der zuvor erwähnte Zusammenhang von Privat- und Berufsleben zeigt sich in ähnlicher Weise bei Clara, die den zweiten Prototypen der Erfolgsorientierung darstellt. An ihrem Beispiel kann gezeigt werden, dass sich das Streben nach Erfolg auf den privaten Bereich und vor allem auf ihre Hobbies auswirkt. Ihre ausgeprägte Erfolgsorientierung nimmt den Freizeitbereich vollständig ein:

> I: Okay. /ehm/ dann hast du jetzt zuletzt noch mal erwähnt dass du eine Yogalehrerausbildung gemacht hast weil es einfach dein Hobby war. /ehm/ und da hast du ge-

---

[58] Wenn er „nur noch rein Sachen" machen möchte, die er „für spannend und für interessant" hält, würde damit ein Musterwechsel einhergehen. Seine in die Zukunft gerichtete Vision hätte dann Parallelen zu Typus 2.

sagt auch noch mal das nächste Level. kannst du das noch mal ein bisschen erläutern wie du das meinst? also was dich dazu angetrieben hat?

P: /Ehm/ ja also zum einen ich habe ja für mich persönlich gesagt Yoga man kann ja dahin gehen. und dann geht man halt durch diese Kurse halt durch und ich wollte halt zum einen meine eigene practice also ein Hintergrund ist wenn ich anfange zu arbeiten dass ich meine Matte ausrolle und dann einfach meine Übungen halt abspulen kann für mich selber. weil ich halt merke dass es mir gesundheitlich halt super gut tut. aber zum anderen ist es glaube ich schon so ein Charakterzug irgendwie von mir wenn ich irgendwas mache dann mache ich das halt immer ... also ich mache immer was 100 Prozent und dann kann es aber auch sein dass ich zur nächsten Sache springe. also es kann sein dass wenn wir in einem Jahr sprechen dass ich sage so Yoga mache ich gar nicht mehr. [...] es gibt schon manche Sachen also ich arbeite mich ganz schnell tief ein dann ist das irgendwie fertig und dann mache ich das nächste und dann mache ich das zu 100 Prozent. [...] ich mache halt eine Sache und dann mache ich das 24 Stunden. und das auch wenn jemand fragt hast du irgendwie so ein Hobby dann ist das teilweise ganz schwer bei mir zu beantworten weil meistens ist das irgendwie ziemlich stark mit meiner Arbeit irgendwie korreliert dann schreibe ich irgendwas oder dann ... irgendwie mache ich was das ist dann aber immer irgendwie auch parallel zu meiner Entwicklung irgendwie akademisch oder professionell. und dann ist das so okay 100 Prozent. [...] ich glaube es ist eher so eine Charakterfrage. zum Beispiel ich habe jetzt auch Tauchen angefangen. [...] da habe ich gesagt [...] ich möchte jetzt unbedingt dieses Tauchzertifikat haben. da habe ich auch dann wieder nachts irgendwie für auf diese Prüfung halt diese Tauchprüfung gelernt. und dann haben die auch gesagt eigentlich muss man zwei Wochen dafür brauchen. da habe ich gesagt das ist mir egal ich mach das zwei Tage und dann mache ich 24 Stunden lerne ich das dann alles. und dann habe ich das gehabt und dann hat man die Möglichkeit noch mal einen Tauchzertifikat zu machen und ich weiß eigentlich ist es irrational weil dieses Zertifikat bräuchte ich gar nicht. aber ich wollte dann noch mal dieses Zertifikat haben. dann habe ich noch mal alles gepusht bis ich dieses Zertifikat auch noch haben konnte. [...] ich weiß nicht woher das kommt aber es ist so dieses immer alles ganz irgendwie machen und dann irgendwie 100 Prozent. dann kann ich auch nicht sagen jetzt habe ich eins jetzt mache ich ein bisschen ruhig sondern wenn ich dann die Möglichkeit habe das jetzt auch noch mitzumachen dann mache ich das einfach.

Clara betreibt ihre Hobbies, um darin Erfolg zu erzielen. Sie scheint gar nicht in der Lage zu sein, einem Interesse nachzugehen, ohne dabei an Erfolg bzw. Leistung zu denken. Wie sie selbst sagt, nimmt das manchmal „irrationale" Züge an. Sie mache alles immer 100 Prozent, und dann springe sie wieder zum nächsten. Von Kontinuität oder Konstanz scheint also keine Rede sein zu können. Das Einzige, was kontinuierlich besteht, ist die Erfolgsorientierung. Da sich diese Orientierung also auch in ihren Freizeitbereich drängt, hat sie Schwierigkeiten, zwischen Beruf und Freizeit zu unterscheiden. Ihre Hobbies seien „stark mit [ihrer] Arbeit irgendwie korreliert". Wie noch gezeigt werden wird, ist dies bei Typus 4 auch der Fall, allerdings sind die Gründe dafür grundsätzlich andere. Bei ihr werden die Hobbies „immer irgendwie auch parallel zu [ihrer] Entwicklung irgendwie akademisch oder professionell" betrieben. Damit kann bei Clara von einer Entgrenzung von Arbeit und Freizeit die Rede sein. Interessant erscheint, dass sie sich der Erfolgs- und Leistungsorientierung durchaus bewusst ist. Daher hat sie den Versuch unternommen, eine Ursache oder Erklärung für die Orientierungsweise zu finden. Bisher habe sie allerdings keine Antwort darauf gefunden. Giegel (1995, S. 217) verweist darauf, dass Erfolgskarrieren einerseits von externen Faktoren (wie dem Arbeitsmarkt), andererseits von internen biographischen Regulierungsmechanismen abhängig sind; diese können als tiefliegende biographische Orientierungsmuster verstanden werden. Wenn es sich bei Clara um ein solch tiefliegendes biographisches Muster handelt, wäre verständlich, dass sie die Gründe dafür weder eruieren noch explizieren kann, obwohl ihr das Muster selbst präsent ist.

Clara erinnert in ihrer Orientierung an einige Merkmale der Lebensorientierung „Aufstieg und Prestige", die Hürtgen/Voswinkel (2012, S. 356) entwickelt haben. Sie verstehen unter Lebensorientierung die Einstellung zum Leben insgesamt, nicht nur zur Berufsbiographie. Grundlegend für „Aufstieg und Prestige" sind das Leistungsprinzip und der damit verbundene Anspruch an sich selbst, leistungsfähig zu sein und bspw. Erholung in den Hintergrund zu stellen.

Der Unterschied zwischen ihrem Privat- und ihrem Berufsleben besteht hinsichtlich der Erfolgsorientierung und Perfektion darin, dass sie im privaten Bereich ihren persönlichen Interessen (Yoga, Tauchen) nachgeht, sich im Berufsleben aber (wie noch gezeigt wird) an der Konkurrenzsituation orientiert. Dort besitzen bzw. besaßen ihre persönlichen Interessen oder Neigungen überwiegend keine Relevanz.[59] Ihre Hobbies und ihr Beruf hängen also insofern stark zusammen, als dass beide Bereiche erfolgsorientiert ausgefüllt werden.

Der ausgeprägte Perfektionismus und die Orientierung an Superlativen ziehen sich durch die gesamten Biographien von Tim und Clara. Tim war lange Zeit Leistungssportler und hat den Sport letztlich aufgegeben, da seine Leistungen nicht für die internationale Ebene ausreichten. Clara ist Stipendiatin eines der renommiertesten deutschen Stipendienprogramme und Studentin sowie Doktorandin an einer Ivy League Universität[60] in den USA. Von Tim wissen wir bereits, dass er der Zweitbeste in seinem Abiturjahrgang gewesen ist und sein Abitur mit der Note 1,2 absolviert hat. Auch sein Studium hat er mit Auszeichnung bestan-

---

[59]   Zum Zeitpunkt des Interviews befindet sie sich gewissermaßen an einem Wendepunkt. Sie fängt an, auch im Berufsleben „stärker auf sich selbst zu hören". Die Erfolgsorientierung wird allerdings nicht aufgegeben.

[60]   Als Ivy League Universität wird eine Universität dann bezeichnet, wenn sie zu den acht Eliteuniversitäten der USA gezählt werden kann.

den und für die Diplomarbeit die Note 1,0 erhalten (Z. 384-386). Clara war während ihres Studiums an einer Berufsakademie

> die Einzige die so viele Praxiseinsätze im Ausland gemacht hat die dann auch von der ausländischen Abteilung bezahlt wurden weil [sie] eben diese super Empfehlungen hatte und das sich dann irgendwie rumgesprochen hatte. (Z. 204-207)

Im weiteren Verlauf des Interviews beschreibt Clara ihr Verhältnis zu einem Professor der Ivy League Universität, der als Koryphäe auf dem Gebiet ihres Dissertationsthemas bezeichnet werden kann, folgendermaßen:

> und dann konnte ich auch jede Woche konnte ich mit ihm einen Termin haben. und ich meine er berät halt den Präsidenten also er ist wirklich halt die Top-Person. und ich konnte jede Woche hatte ich access zu dem. und auch jetzt danach noch er hat mir erst letzte Woche eine E-Mail geschickt. /ehm/ also praktisch er kontaktiert mich jetzt noch weil er von mir Expertise von einem spezifischen Thema an meiner Forschung haben will. und dann habe ich gedacht das ist echt out of this world. (Z. 588-593)

Beide Auszüge von Clara verdeutlichen ihre Fähigkeit, sich selbst zu promoten und zu vermarkten. Im letzten Auszug wird darüberhinaus deutlich, was ihre Orientierung prägt und was ihr wichtig ist: „access" zu einer „Top-Person", die dann auch noch von ihr „Expertise" will. Das ist für Clara „out of this world".

Dass beide Interviews von Superlativen durchzogen sind, zeugt davon, dass diese den Biographien sowohl Orientierung als auch einen roten Faden geben.

Während bisher die maximalen Ausprägungen dieser Orientierung dargestellt wurden, die dadurch gekennzeichnet sind, dass der individuelle Erfolg die zentrale Rolle in der Biographie einnimmt, werden im Folgenden Interviewauszüge angeführt, die ebenfalls eine Erfolgs- oder Aufstiegsorientierung widerspiegeln. Mit Ausnahme von Werner, der in Typus 4 näher vorgestellt wird, sind die Personen bereits aus den ersten beiden Orientierungsmustern bekannt. Dadurch soll gezeigt werden, dass die Interviewpartner nicht mit Typen gleichzusetzen sind und dass sowohl jene Personen, die sich überwiegend an der Organisation orientieren, als auch jene, für die das Arbeitsfeld handlungsleitend ist, Erfolgs- und Karrieremotive aufweisen (wenn auch deutlich geringere als die beiden bereits dargestellten Prototypen).

Edin hat nach seiner Ausbildung zum Kommunikationselektroniker einen Technikerschein erworben und verfügt aufgrund dessen über ein Fachabitur, welches ihm ein Studium an einer Fachhochschule ermöglichen würde. Über die Aufnahme eines Studiums hat er nachgedacht, da er „viel mehr [hätte] schaffen können":

ich hab auch mit dem Gedanken gespielt noch zu studieren weil seitdem ich den Technikerschein habe hab ich auch ein Fachabi Fachabitur. das heißt ich könnte auch an der Fh irgendwas studieren. IT et cetera. wobei /ehm/ ich auch schon überlegt hab ob ich mir das auch wirklich finanziell erlauben kann weil das nächste Kind also ich hab schon jetzt ein Kind das nächste Kind meine Freundin ist wieder schwanger. ich hab bald zwei Kinder. ich hab ein Haus gekauft und es wird wahrscheinlich problematisch sein das alles zu finanzieren. motiviert wär ich schon zu studieren. auch mit vierzig. [...]
I: Wieso hast du dadrüber nachgedacht zu studieren? wie kam's dazu?
P: ... ich denke mal aus dem gleichen Grund warum ich auch diese Abendschule gemacht habe. weil ich einfach gedacht habe du hättest eigentlich viel mehr schaffen können. (Z. 82-90)

Was ihn letztlich von einem Studium abhält, sind finanzielle Gründe. An der Motivation für ein Studium hätte es nicht gemangelt. Mit der Ambition, „mehr" zu erreichen, sind Aufstiegsansprüche erkennbar. Diese waren bereits nach der Ausbildung vorhanden, so dass er an der Abendschule einen Technikerschein erworben hat. Auch Werner, der (wie bereits erwähnt) insbesondere Merkmale des letzten Typus aufweist, stellt früh in seiner beruflichen Laufbahn fest, dass er aufsteigen möchte. Da er bei der Bundeswehr bereits zum Zeitpunkt seiner Wehrpflicht als Ausbilder tätig war, habe sich seine berufliche Perspektive erweitert.

dann bin ich zu Bundeswehr gegangen. das heißt Bundeswehr eingezogen worden. ganz normal. achtzehn Monate. und /ehm/ nach der Bundeswehr das war auch n besonderer Schritt für mich. ich bin auch als als Wehrpflichtiger bin ich als Ausbilder abgegangen was an sich außergewöhnlich ist [...] und /ehm/ das Ganze hat mich an sich dazu irgendwie angeregt durch diese Perspektive die ich da insgesamt gewonnen habe dass ich also mein Leben sicherlich nicht als Elektriker bei Firma X irgendwie fristen werde. und ich bin bin ich /ehm/ von einer /eh/ hab ich mich bei einer deutsch-englischen Gesellschaft für den Außendienst beworben. ich hab überhaupt kein Wort Englisch gesprochen [...] und dann hat man mir gesagt ja also sie müssen schon n bisschen Englisch lernen ne. ja und dann hab ich Urlaube darauf verwandt nach England zu fahren in eine Schule um Englisch zu lernen. ich hatte irgendwie so nen Erfindergeist und habe habe in dieser Gesellschaft sehr viele Dinge entwickelt verändert was gar nicht meine Aufgabe war. und bin dann in dieser Gesellschaft [...] bin ich Marketingleiter geworden .. dieses noch Alles parallel zum Sport. also dieser Halbprofisport ne. also der Tag war mit fünfundzwanzig Stunden ausgefüllt. (Z. 6-18)

Nachdem ihm also bewusst geworden ist, dass er sein Leben „nicht als Elektriker bei Firma X irgendwie fristen" möchte, bewirbt er sich bei einer deutschenglischen Gesellschaft für den Außendienst und erhält den Job. Damit ist sein beruflicher Aufstieg aber noch nicht beendet. In dieser Gesellschaft engagiert er sich außerordentlich, übernimmt übergeordnete Aufgaben und steigt aufgrund seines „Erfindergeist" zum Marketingleiter auf.

Auch Ernst gelingt der Aufstieg, in seinem Fall vom Chemielaboranten zum Bereichsleiter. Er erkennt ebenfalls bereits während seiner Ausbildung, dass dies nicht sein „Job für's ganze Leben sein sollte" und entschließt sich, das Abitur nachzuholen.

> naja ich hab dann also die Lehre angefangen als Chemielaborant in einem völlig fremden Umfeld. erstmal kam ein Schock auf mich zu als ich in so ein Labor rein kam. als ich zum ersten Mal da gesehen hatte also solche Praktikas wie es heute gibt das Schüler mal vorher in das Berufsleben rein schnuppern können gab es zu der Zeit nicht. und hatte einfach geglaubt das begreifst du nie hier aber das ist nun wie das ist. man nach relativ kurzer Zeit versteht man es doch. und /ehm/ bewegt sich in seinem Umfeld dann auch noch einigermaßen sicher. ich merkte dann allerdings sehr schnell dass dies nicht mein .. mein Job für's ganze Leben sein sollte und ich sah mich um was man da machen könnte. und habe dann noch mit zwei anderen Kollegen angefangen am Abendgymnasium hier in g-Stadt das Abitur nachzuma-chen. also das was ich hätte vorher machen können mit Sanktionierung von Eltern und Lehrern was ich aber nicht wollte dann eben aus freiwilligen Stücken. das sah dann so aus dass wir drei Mal in der Woche nach der Arbeitszeit uns ins Auto setz-ten welches einem Kollegen gehörte von m-stadt nach g-stadt fuhren um dort um fünf oder halb sechs ich weiß das nicht mehr genau begann der Unterricht bis abends halb zehn. das dreimal wöchentlich und am Samstag hatten wir dann morgens Un-terricht von acht bis um eins oder so und man musste natürlich am Wochenende auch die ganzen Sachen aufarbeiten. das Ganze belief sich dann auf drei Jahre so dass wir am Ende der drei Jahre gleichzeitig im etwas versetzten Zeitraum was von vier Wochen unseren Abschluss als Chemielaboranten machten und gleichzeitig un-ser unsere Abiturarbeiten schrieben. als das dann geschafft war wollte ich dann auch studieren (Z. 70-87)

Für die berufliche Weiterentwicklung nimmt er die von ihm beschriebenen Mü-hen in Kauf. Nach absolviertem Abitur möchte er „dann auch studieren". Hier zeigt sich (ebenso wie zuvor bei Werner), dass die berufliche Laufbahn keinem vorgezeichneten Plan folgt, sondern dass der Aufstieg Schritt für Schritt ge-lingt.[61] Wie in Kapitel 5.1 bereits gezeigt werden konnte, ist die Organisation der zentrale Orientierungspunkt für Ernst. Als diese fusioniert und sein Bereich mit einem anderen zusammengelegt wird, ist für diesen Bereich nur noch eine Füh-rungskraft vorgesehen. Für Ernst besteht hier nur die Option der Übernahme der Leitungsposition:

---

[61]   Zu dem gleichen Ergebnis kommt El-Mafaalani (2012) in seiner Analyse von Aufsteigerbiogra-phien.

dann kam die Fusion was hieß für die praktische Umsetzung es gibt nicht mehr zwei Chefs der Abteilung sondern nur noch einen. und es gibt nicht mehr zwei Chefs der des Bereiches der Technik sondern nur noch einen. und das galt für alle anderen Bereiche auch und so wurde ein Personalscreening durchgeführt von externen /ehm/ Beratern die sich dann mit einzelnen Kollegen die sich für diesen Posten die diese Posten inne hatten sich mit denen unterhielten oder irgendwelche Strategien entwickeln ließen oder entwickelten. und /ehm/ eben dort auch die Belastbarkeit der Kollegen testeten dann um zu demselben Ergebnis zu kommen dass aus zweien eben einer wird. und /ehm/ über verbleibende sollte dann entsprechend eben im Team wieder mitarbeiten und das wäre für mich einfach nicht kein Weg gewesen und ich habe gleich recht früh zu Beginn /ehm/ zu erkennen gegeben dass ich also diesen Weg nicht mitgehen würde dass ich entweder diese diesen Bereich übernehmen würde oder ich würde wieder zurück gehen in einen Technikbereich in einen Betrieb übernehmen oder woanders arbeiten. dadurch dass ich so eine lange Werkszugehörigkeit hatte hatte ich natürlich auch entsprechende /ehm/ Verbindungen und ich hatte auch eine gute Reputation so dass es mir nicht schwer gefallen wär auch einen adäquaten anderen Job wiederum zu finden (Z. 235-248)

Abgesehen davon, dass er als einzige Alternative zu der Bereichsleiterposition eine Leitungsposition *innerhalb* der Organisation sieht, ist es für Ernst ausgeschlossen, in der betrieblichen Hierarchie unter seinem Kollegen zu arbeiten. Damit wird neben der Orientierung an der Organisation eine Erfolgs- bzw. Karriereorientierung erkennbar.[62]

Auch Anja ist bereits aus Kapitel 5.1 bekannt. Ihr wird ebenfalls während der Berufsausbildung klar, dass ihr mit dieser Ausbildung Schranken gesetzt sind und der Weg nach oben begrenzt ist. Daher möchte sie studieren und sich mehr Entwicklungsmöglichkeiten *innerhalb* des Unternehmens eröffnen.

hab damals auch noch nicht so konkret über n Studium nachgedacht. das kam erst eigentlich in der Ausbildung als ich dann auch mehr gemerkt hab was man mit der Ausbildung eigentlich machen kann in welche Richtung man bei der Firma A gehen kann und wo eben dann auch die Grenzen sind bis wohin man kommt wenn man eben kein Studium abgeschlossen hat. das war nachher so der Auslöser der mich dazu gebracht hat dass ich gesagt hab ok dann möchte ich doch auf jeden Fall noch studieren um /eh/ ja einfach bessere und und mehrere Möglichkeiten nachher habe mich weiterzuentwickeln. (Z. 150-156)

Mit Ausnahme von Werner, dessen Orientierungsweise überwiegend zu Typus 4 passt und der das Unternehmen, in dem er zuletzt als Marketingleiter tätig ist, verlässt, um sich selbstständig zu machen, kann an dieser Stelle noch einmal gezeigt werden, dass Ernst, Edin und Anja, die bereits aus Kapitel 5.1 bekannt sind,

---

[62] Es sei darauf hingewiesen, dass Ernst die Führungsposition erhält und sein Kollege „unter" ihm im Team mitarbeiten muss.

ihre Entwicklungsmöglichkeiten *in* der Organisation suchen. Werner artikuliert hingegen nicht, wo *innerhalb* des Unternehmens Grenzen oder Möglichkeiten für eine berufliche Entwicklung gesetzt bzw. gegeben sind und ist folglich auch der Einzige, der das Unternehmen trotz erfolgreicher Position verlässt, um sich selbstständig zu machen.

Ali wird mit einer ähnlichen Situation konfrontiert wie soeben bei Ernst beschrieben, da während seiner Tätigkeit als Integrationsbeauftragter die Gründung eines Integrationszentrums vorgesehen ist, welches nur eine Leitung benötigt. Im Unterschied zu Ernsts Situation ist hier allerdings von vornherein klar, dass seine Kollegin die Leitungsposition erhält, da sie eine Lohnstufe höher eingestuft ist als Ali:

> es muss ein Integrationszentrum aufgebaut werden mit einer klaren Hierarchie. und das würde bedeuten d-Stadt ist eine der größten Städte hier in der Region der Integrationsminister kommt aus d-Stadt Müller der Regierungspräsident kommt aus d-Stadt also d-Stadt hat eine hohe Stellung in diesem Thema eine Vorreiterstellung auch. das ist uns auch gesagt worden. also wir müssen auch irgendwo Vorbild auch für andere Städte sein wenn wir das Thema so beackern. und … für mich wurde klar du hast keine Möglichkeit dich aus diesem System da deine eigene Arbeit zu machen weil meine Kollegin ja praktisch dann in der Hierarchie über mir wäre. durch das Integrationsgesetz musst du eine Leitung eine Stellvertretung eine Assistenz haben und […] ich habe mir gedacht nein das machst du nicht. das kannst du also ich bin nicht dahin gegangen das habe ich auch meinen Vorgesetzten gesagt. ich habe gesagt ich bin nicht hierhergekommen um sozusagen Mitarbeiter meiner Kollegin zu werden. (Z. 602-613)
>
> und ja mein Chef hat das nicht so ernst genommen der hat gesagt ja die ist zwei Lohngruppen über dir das verstehe ich auch. ich verstehe auch die Zwänge aus dem Gesetz aber ich kann das nicht mitmachen. für mich ist das eigentlich ein No-Go das geht nicht. und /ehm/ … als dann klar war … da geht es für mich nicht weiter ich würde da auch nur zerrieben werden habe ich mich natürlich umgeschaut. (Z. 617-621)

Ali ist also nicht bereit, ein Mitarbeiter seiner Kollegin zu werden und in der Hierarchie unter ihr zu arbeiten. Daher beschließt er, den Bereich zu verlassen, insbesondere deshalb, da es für ihn „nicht weiter [gehen] würde", womit die Aufstiegsorientierung deutlich wird.

Anhand dieser Auszüge konnte gezeigt werden, dass Aufstiegs- und Karriereambitionen häufig vorhanden sind, diese – im Unterschied zu Tim und Clara – die berufliche Biographie allerdings weniger prägen.

Für die folgenden Auszüge wird wieder auf die beiden Protopen Tim und Clara zurückgegriffen. Sie sind bestrebt, sich in der Konkurrenz zu behaupten und durchzusetzen, wie das nächste Merkmal dieser Orientierungsweise verdeutlicht.

5.3.2 Wettbewerb und Zielstrebigkeit

Nach Giegel (1995, S. 215) kann beruflicher Erfolg einerseits individuell unterschiedlich definiert werden, andererseits existieren Kriterien für Erfolg, die fast überall in der Gesellschaft anerkannt sind. Dazu zähle vor allem Erfolg in Konkurrenz um höhere berufliche Positionen. Tim und Clara haben sich mit Erfolg und Karriere also Ziele gesetzt, die nicht ohne Konkurrenz auskommen.

Zunächst wird gezeigt, wie das Ziel der beruflichen Karriere zustande gekommen ist bzw. welche biographische Rolle es spielt, um daraufhin darlegen zu können, wie es von Tim und Clara verfolgt wird, wie also die Karrierepfade aussehen.

Die folgenden Auszüge zeigen – im deutlichen Gegensatz zu dem Typus „Berufung" – dass es sich weder bei Tim noch bei Clara um ein inhaltliches *Interesse* handelt, das sie antreibt. Bei Tim entwickelt sich „die Idee" für seinen beruflichen Werdegang während eines Auslandsaufenthalts, den er im Rahmen seines Studiums absolviert.

> das war das ne extrem wichtige Zeit wo auch so so ich sag mal so einen Schlüsselmoment es gab zumindest was meine berufliche Ausrichtung anging. ich hatte da schon so n bisschen die .. Idee dass mein Studienwerdegang und mein beruflicher Werdegang so ein bisschen Richtung Finanzen gehen soll und ich hatte aber keinen einzigen Kurs in v-Stadt /eh/ der irgendwas mit Finanzen zu tun hatte weil das Programm des Stipendiengebers das hieß Wirtschaft und Politik in z-Staat. und ich hatte dann so nen Politikkurs den ich auch total interessant fand und dann so /eh/ VWL-Kurs und dann noch ein zwei andere Kurse aber nichts was eigentlich mit Finanzen zu tun hatte. (Z. 191-197)

Obwohl er den Politikkurs „total interessant fand", hat er die „Idee", dass sein „beruflicher Werdegang [...] Richtung Finanzen gehen soll". Damit richtet er seinen beruflichen Werdegang nicht an seinem inhaltlichen Interesse aus, sondern er entwickelt eine „Idee", wie dieser aussehen soll. Woher diese „Idee" rührt, wird nicht expliziert. Es liegt aber nahe, dass er den Finanzbereich deshalb auswählt, da dieser für eine Erfolgs- und Leistungsorientierung prädestiniert erscheint (insbesondere vor dem Hintergrund, mit 40 ausgesorgt haben zu wollen). Giegel (1995, S. 217) führt als eine für Erfolgskarrieren typische Operationsweise die „selbstständige Suche nach karrierefördernden Arbeitsplätzen" an. Wäre Tim weniger leistungs- und erfolgsorientiert und würde stärker seinen Neigungen und Interessen nachgehen, wäre eine denkbare Folgerung aus dem dargestellten Auszug, den beruflichen Werdegang Richtung Politik auszulegen, v.a. wenn man bedenkt, dass er 1. ein Stipendienprogramm gewählt hat, das den Titel „Wirtschaft und Politik" trägt und dass er 2. den Politikkurs „total interessant" fand.

Zum Zeitpunkt des Interviews ist Tim Doktorand und – wie bereits geschildert – gleichzeitig dabei, sich mit einer Kreditvermittlungsplattform selbstständig zu machen. Zuvor war er als Unternehmensberater tätig. Auf die Frage, ob er schon mal drüber nachgedacht habe, wie die nächsten zehn Jahre seines Lebens verlaufen werden, antwortet er:

> Ja ich hab da drüber nachgedacht aber ... das ist jetzt tatsächlich /ehm/ ein Punkt in meinem Leben wo das glaub ich am schwierigsten absehbar ist. also bis vor .. n paar Jahren war für mich immer klar wie die nächsten Schritte aussehen. und da hätt ich diese Frage relativ einfach und schnell beantwortet. und jetzt ist ein Punkt wo sich innerhalb der nächsten drei vier Monate so viel verändern kann dass es /eh/ dass quasi Weichenstellungen kommen die mich in eine Richtung bringen wie ich jetzt überhaupt noch nicht vorhersehen kann. ich hab natürlich Ziele und genau da will ich hin. aber es war noch nie in meinem Leben so schwer absehbar ob ich diese Ziele so erreichen kann wie ich es mir gesetzt habe da mehr externe Faktoren dabei eine Rolle spielen. (Z. 727-736)

Hier wird deutlich, welche Rollen selbstgesetzte Ziele und eine genaue Planung in seiner Biographie spielen. Wenn jemandem „immer klar [war], wie die nächsten Schritte aussehen", spricht das für eine detaillierten Entwurf der eigenen Biographie. Er scheint die Risiken und Unsicherheiten moderner Biographien nicht als Belastung zu erleben. Seine Ausdrucksweise erinnert an klassisches Projektmanagement, bei dem schrittweise geplant wird, was zu tun ist, um das Projekt zu einem erfolgreichen Abschluss zu bringen. Während einer Gründungsphase ist es selbstverständlich schwierig zu sagen, wie die nächsten Jahre verlaufen werden, aber Tim hat „natürlich Ziele", die er „genau" erreichen möchte. Die Formulierung spiegelt wider, wie konkret seine Ziele sind. Dass sie ambitioniert sind, ist bereits aus dem vorangegangenen Kapitel bekannt.

Clara hat während der Schulzeit bei einem Automobilhersteller gejobbt und begründet die Entscheidung für ihr Wirtschaftsstudium folgendermaßen:

> Gut ich war ja als ich bei Firma A war im Wirtschaftsbereich. also wir haben Logistik gemacht dann war ich im Controlling /ehm/ bei der Teileplanung und ... das kam wirklich dadurch die haben alle BWL studiert gehabt ich habe das so gemacht und dann habe ich so gesagt na ja das macht mir eigentlich schon Spaß dann mache ich das. das war halt das Einzige wo ich eigentlich den Kontakt dazu hatte. es hätte gut sein können wenn ich jetzt irgendwie in einer weiß ich nicht Architekturfirma irgendwas gearbeitet hätte dass ich dann Architektur studiert hätte. [...] also hätte ich jetzt vielleicht irgendwie im Krankenhaus ein Praktikum gemacht hätte ich vielleicht auch Medizin studiert. also das war wirklich nicht von mir intrinsisch so getriggert. (Z. 768-777)

Wieder konträr zu Ali oder Sabine, die sich bspw. die Frage stellen, „wie wird man kriminell" und aufgrund dessen ihren Beruf bzw. ihr Studienfach auswählen und ihrer „Berufung" nachgehen, studiert Clara Wirtschaft, da sie „Kontakt dazu hatte". Ihre Studienfachwahl hätte durch eine andere Nebentätigkeit auch auf ein anderes Fach fallen können. Eigene Präferenzen hatte sie zu dem Zeitpunkt also scheinbar nicht. Eines war aber in jedem Fall immer von Bedeutung: die externe Legitimation des Studienfaches. Es ist „nicht von [ihr] intrinsisch getriggert", was sie beruflich tut. Es sind nicht ihre Neigungen oder Interessen, die den Werdegang prägen, sondern die externe Anerkennung. Nach ihrem Berufsakademiestudium und dem Bachelorabschluss beginnt sie ein Masterstudium an einer Privatuniversität.

I: Okay gut. dann hast du erzählt dass du so im ersten Mastersemester hier das erste Semester gar nichts gemacht hast was irgendwie mit BWL zu tun hatte sondern nur komplett andere Sachen. weißt du da was … kannst du dich noch erinnern was die Beweggründe waren?
P: Sicherlich auch eine Abgrenzung zu dem BA-Studium. weil das war ja konnte man gar nichts auswählen. und /ehm/ .. ja für mich war halt schon so dieses .. ich glaube auch so von den Neigungen her als ich dann ich hatte zum Beispiel auch im Abitur ich hatte Leistungskurs Deutsch und da war ich eigentlich schon immer auch ziemlich begabt. also ich musste ja nie was machen und dieses Schreiben das lag mir eben total. und meine Deutschlehrerin hat damals gesagt ich soll Germanistik irgendwie was machen. aber das war ja so weit weg. also Uni wollte ich ja sowieso nicht und dann haben auch meine Eltern gesagt nee Germanistik das ist ja eine ganz brotlose Kunst und .. ja es war halt irgendwo dass ich halt in dem ersten Semester grade mit Gedichten zu arbeiten wieder mit Literatur zu arbeiten ich glaube das hängt schon auch damit zusammen. und wenn man es vielleicht mal so sehen würde … wenn ich noch mal alles von vorne machen würde jetzt mit dem Wissen was ich habe dann würde ich vielleicht wirklich Germanistik studieren. ich hatte zwischendurch auch überlegt hier in w-Stadt ob ich parallel irgendwie noch mal Philosophie und Rhetorik was in der Richtung studieren sollte. ich hatte da auch schon so einen Studienplatz in t-Stadt /ehm/ das habe ich dann aber doch nicht gemacht weil es dann administrativ super kompliziert geworden wäre. aber ich glaube ja das ist so was wo ich wirklich noch mal meinen richtigen Neigungen halt nachgehen konnte. weil ja also BWL das war jetzt nie .. ich bin nicht irgendwie geboren worden und gesagt habe das ist so der Herzenswunsch von mir BWL zu studieren. sondern das hat sich einfach so gefügt und ich glaube auch so jetzt dieser Wechsel auf eben Politik ist auch noch mal so ein Punkt wo ich so ein bisschen aus diesem BWLer-Denken halt ausgebrochen bin. ich denke ich bin halt sehr gut darin gewesen weil ich halt aber … also es klingt vielleicht jetzt doof aber ich glaube ich wär in jedem Fach sehr gut geworden weil einfach wenn du viel reinsteckst dann kriegst du auch viel raus. und .. /ehm/ ja also ich habe neulich ein Buch gelesen dieses von Gretchen Rubin der Happiness Project und sie war ja eine erfolgreiche Anwältin und hat /ehm/ und hat dann irgendwann irgendwie ihre Leidenschaft fürs Schreiben entdeckt

und hat jetzt so viele Bestseller Bücher geschrieben und sie meinte dass für sie es halt immer so war sie hat halt nur Jura studiert weil das so extern legitimiert war und es gibt ja so ein paar Fächer die sind extern legitimiert und eben da von meiner Familie eben es schon sehr schwer war überhaupt ein Studium zu legitimieren wenn ich jetzt noch gesagt hätte damals Germanistik wo dann vielleicht wirklich das nachher am Ende man nichts verdient hätte das wäre dann wahrscheinlich auch nicht möglich gewesen und deswegen war für mich auch immer nur die Option was was legitim ist in dem Rahmen schon zu studieren. und meine wirklichen Neigungen bin ich dann auch glaube ich echt zum ersten Semester war das so das war das wo ich mal gar nicht was andere irgendwie gucken sondern das was ich machen wollte. (Z. 778-812)

Clara nutzt also das erste Semester, um kurzzeitig ihren Neigungen und Interessen nachzugehen.[63] Sie hatte also doch eigene Präferenzen und hätte gerne Germanistik studiert, doch dafür fehlte die externe Legitimation, auf die sie angewiesen war. Ihr Studienfach muss einerseits von ihren Eltern anerkannt werden, andererseits mit gesellschaftlicher Reputation verbunden sein. Damit wird eine deutliche heteronome Selbstkonzeption deutlich. Äußere Einflüsse und die „Abhängigkeit von fremd Gesetztem" dominieren in der Darstellung dieser biographischen Passage (Schelepa 2010, S. 126). Heute, so sagt sie, würde sie ihrem Wunsch „vielleicht" nachgehen. Im Gegensatz zu Ali, der im Zusammenhang mit seinem Beruf von „Herzblut" spricht, spiegelt Claras Studienfach nicht ihren „Herzenswunsch" wider. Wie bereits angedeutet, scheint sie sich zum Zeitpunkt des Interviews an einem biographischen Wendepunkt zu befinden. Sie unternimmt den Versuch der Emanzipation von externer Legitimation und beginnt, eine autonome Selbstdeutung zu entwerfen. Das „Ausbrechen" aus dem BWLer-Denken verdeutlicht diesen Befreiungsversuch. Dass diese Befreiung kein einfaches Unterfangen darstellt, zeigt ihre Entscheidung *gegen* ein Philosophie- und Rhetorikstudium. Diese begründet sie mit dem hohen administrativen Aufwand, welcher Clara in anderen Situationen allerdings nicht davon abhält, etwas umzusetzen. Daher kann hier die Frage gestellt werden, inwiefern es der administrative Aufwand war, der ihre Entscheidung begründet hat. Dass die externe Legitimation ihre gesamte Biographie nahezu vereinnahmt, zeigt sich auch in folgendem Auszug:

I: Ja. woran hast du dich denn orientiert so in deinem Leben?
P: … also ich glaube bis zum gewissen Punkt sind es schon auch diese externen Legitimationen gewesen. Sachen also immer auch so Status auch vom Kontext bestimmt. also zum Beispiel dieses BA-Studium damals in dem Umfeld wo ich war dann war das so das Beste das Internationale was man kriegen kann. und ich glaube

---

[63]   Wie noch gezeigt wird, nimmt sie in diesem ersten Semester allerdings auch an zwei Studentenwettbewerben teil.

zu dem Zeitpunkt habe ich wenig auch gehört was ich selber will sondern immer so
was sagen andere was gut ist was so Legitimation gibt. [...] zum Beispiel beim Berufsakademiestudium Nadine und ich haben dasselbe da sind wir irgendwann ganz
schnell Manager. und das war so .. was heißt überhaupt Manager zu sein? würde dir
das Spaß machen? was sind die Kriterien die da irgendwie mitkommen? da hat man
gar nicht nachgedacht sondern das ist halt sehr diese externen Punkte die irgendwie
gesetzt waren und dann wollte man das erreichen und dann hat man alles getan und
optimiert um diesen Punkt zu erreichen. (Z. 947-960)

Ihre Antwort auf die Frage nach ihrer *Lebens*orientierung lautet „externe Legitimation". Der Stellenwert derselben wird hier sehr deutlich. Wie bereits gezeigt,
durchziehen Superlative ihre gesamte Biographie. Bereits kurz nach dem Abitur,
als es um die Studienwahl geht, muss es „das Beste das Internationale was man
kriegen kann" sein – und das obwohl sie für das Fach, das sie studiert, nicht
„brennt". Es geht ihr um Anerkennung, „Status", „Legitimation", nicht um
„Spaß" oder darum, „was [es] heißt Manager zu sein". Nun kann eingewandt
werden, dass es nicht ungewöhnlich ist, so etwas nach dem Abitur noch nicht zu
wissen oder noch nicht darüber nachzudenken. Was aber durchaus ungewöhnlich
und für diesen Typus charakteristisch erscheint, ist die Tatsache, dass es dennoch
„das Beste" sein muss und dass sie alles getan und optimiert hat, um dies zu erreichen.

Von der hohen Bedeutung der externen Legitimation möchte sie sich langfristig lösen. Sie hat genauso wie Tim eine konkrete Vorstellung, wie ihre Biographie weiter verlaufen soll.

mein Ziel ist es eben langfristig Professor also eine Professur zu bekommen. und das
ist eine Sache wo ich halt weiß da kann ich halt dieses ... ich habe halt super gerne
mit Menschen zu tun ich lehre gerne das kommt ja im Yoga auch raus. ich schreibe
gerne das sind dann wirklich auch die /ehm/ Stärken und Neigungen und das ist
wirklich was das kommt von mir. natürlich ist es jetzt auch nicht dass man sagt ein
Professor das ist vom Status her niedrig. aber da ist es wirklich dass ich sage jetzt
bin ich mehr so im Gleichgewicht. aber vorher war es wirklich das ist das Ziel das
sagen andere dass das gut ist (Z. 975-982)

Ihr Ziel, Professorin zu werden, begründet sie nun mit ihren „Stärken und Neigungen". Sie möchte nicht weiterverfolgen, wozu andere sagen, „dass das gut
ist", sondern etwas tun, das „von ihr kommt". Dabei weist sie selbst darauf hin,
dass Professoren natürlich keinen niedrigen Status genießen. Aber diesmal wähle
sie diesen Berufswunsch nicht aufgrund des Status, sondern aufgrund ihrer persönlichen Neigungen.[64] Dass die Amtsbezeichnung „Professor" mit höchstem

---

[64] Wie zuvor bei Tim, deutet sich nun auch hier bei Clara ein Wechsel in der Orientierung an – und
zwar scheinen der Erfolg in den Hintergrund und die Inhalte in den Vordergrund zu rücken.

Ansehen verknüpft ist (womit wieder eine Höchststufe in ihrer Biographie erreicht wäre), wird bei ihrer eigenen Analyse ihrer Neigungen (mit Menschen zu tun haben, lehren, schreiben) und Zusammenfassung derselben zu einem Berufsbild wahrscheinlich nicht irrelevant gewesen sein.

Wie Tim und Clara ihre Ziele erreichen und welche Wege sie dafür gehen, kann anhand der folgenden Auszüge verdeutlicht werden. Sie müssen den Karrierepfaden, die durch das Umfeld bzw. die externen Anforderungen vorgegeben sind, folgen. Bei Tim sieht das so aus:

> ich hab dann ein Praktikum in f-Stadt gemacht. auch wieder im Finanzbereich bei ner Investmentbank im Bereich merger and acquisition wo ich extrem viel gearbeitet hab. also zum Teil hab ich da bis zwei drei Uhr im Büro gesessen. auch zum Teil die Wochenenden durchgearbeitet. ich weiß im Nachhinein nicht wie ich das geschafft hab hab nebenbei noch eine Hausarbeit fertiggestellt in der Zeit. /ehm/ also ich hab die letzten vier Jahre auch sehr hart gearbeitet aber so hart wie in der Zeit wie in diesem Praktikum in den zwei Monaten hab ich glaub ich echt nie gearbeitet (Z. 333-338)

Dieser Auszug verdeutlicht eine enorme Leistungsfähigkeit. Ähnlich verhält es sich während der Beratertätigkeit nach seinem Studium:

> also ich hatte dann eine extrem gute Zeit aber auch eine sehr arbeitsintensive Zeit. ich hatte zum Beispiel ein Projekt da hab ich pro Woche wirklich ein bis zwei Nächte einfach durchgearbeitet. da bin ich /eh/ war ich bis sechs Uhr beim Kunden bin ins Hotel gefahren hab geduscht gefrühstückt und wieder zurück. und .. zum Teil auch die Wochenenden wieder durchgearbeitet und so. also es ging fast so wieder in diese Richtung wie das bei der Bank in f-Stadt gewesen ist wo ich eigentlich kein Bock drauf hatte. also mich hat es zwar nicht gestört aber so nach ner Zeit geht das schon so n bisschen an die Substanz (lacht). (Z. 445-451)

Getreu dem Motto ‚die Konkurrenz schläft nie' hat er einige Nächte sowie Wochenenden durchgearbeitet. Er muss sich in der Konkurrenz behaupten und bezeichnet diese Zeit trotz der enormen Arbeitsbelastung als „extrem gut". Damit gelingt es ihm, die Anforderungen und Zwänge, die mit der Erfolgskarriere einhergehen, positiv umzudeuten.

Bei Clara zeigt sich der Einsatz für die Zielerreichung ebenfalls während eines Praktikums, das sie als Studentin absolviert hat.

> also ich weiß noch ganz am Anfang wollten wir [Clara und eine Freundin] immer pünktlich um acht Uhr da sein und wir hatten den Parkplatz direkt neben dem Chef. und dann haben wir uns immer morgens gefreut und haben gesagt ja wir sind wieder vor dem Chef da haben wir wieder einen super Eindruck hinterlassen. gleich gehen

wir wieder rein und präsentieren dem unsere Sachen [...] zeigen was wir haben (Z. 329-334)

Hier geht es um self-promotion und die Vermarktung der eigenen Leistungen, was Pongratz/Voß (2004) im Rahmen der Arbeitskraftunternehmerthese[65] als „Selbst-Ökonomisierung" bezeichnen. Clara geht proaktiv vor, um den Chef zu beeindrucken. Das Bewusstsein für die externe Konkurrenzerwartung zeigt sich bereits in ihrem ersten Mastersemester, in dem sie ursprünglich nur ihren Neigungen und Interessen nachgehen wollte. Da dies letztlich doch nicht ausreichend schien,

> haben wir gesagt jetzt könnten wir doch eigentlich so einen Studentenwettbewerb machen [...] haben wir eben ein Team zusammengestellt [...] also das war so richtig full time haben wir das so gemacht. [...] das war wirklich perfektioniert bis zum Ende. und dann hatten wir so das ... erst das Halbfinale gab es ja .. gewonnen und dann sind praktisch aus allen Universitäten ... also erst mal die Universitäten das war der erste Schritt und dann sind wir weitergekommen und dann war das Finale in Berlin. und dann sind wir alle nach Berlin eingeflogen und da waren wir dann auch echt super vorbereitet und wir haben am Ende das Ding auch gewonnen. also deutschlandweit. das war echt cool. [...] dann kam ja der Artikel in der Zeitschrift xy (eine bekannte Wirtschaftszeitschrift) und dann haben halt so verschiedene Lokalzeitungen auch berichtet und Nadine und ich haben dann noch zusätzlich so einen zweiten Wettbewerb in den USA gemacht den wir auch gewonnen haben. dann war noch mehr Berichterstattung. und .. dann /eh/ genau dann durften wir vorm Präsidium und vor diesem Kuratorium hier in w-Stadt noch mal so präsentieren (Z. 389-416)

Das bewusste und eigeninitiierte Aufsuchen eines Wettbewerbs zeugt von einer starken Konkurrenzorientierung. Um sich in der Wettbewerbskonkurrenz durchzusetzen, wird die Präsentation „perfektioniert bis zum Ende". Der große Einsatz und die „super" Vorbereitung zahlen sich aus. Da Clara auf die mediale Berichterstattung und Aufmerksamkeit hinweist, kann vermutet werden, dass diese ‚Öffentlichkeitsarbeit in eigener Sache' handlungsleitend war für die Teilnahme an beiden Wettbewerben.

Ihr Einsatz für das Erreichen bestimmter Ziele zeigt sich bei Clara schon zu einem früheren Zeitpunkt ihrer Biographie, als sie sich während ihres Berufsakademiestudiums für einen Praxiseinsatz bewirbt und an dieser Stelle bereit ist, den damit einhergehenden administrativen Aufwand auf sich zu nehmen:

---

[65] Damit wird ein neuer Typus von Arbeitskraft postuliert, der sich kontinuierlich zur Leistung anbietet und sich im Arbeitsprozess gezielt selbst organisiert. Neben Selbst-Ökonomisierung ist er durch Selbst-Kontrolle und Selbst-Rationalisierung gekennzeichnet (Pongratz/Voß 2004, S. 24).

also ich wusste ich wollte halt den ersten Praxiseinsatz also das ist eben dieses Praktikum neben den .. /ehm/ ... Studieneinheiten. da wusste ich so am meisten Wert
schaffen kann ich ja wenn ich das bei dem Account der Firma A mache weil ich ja
davor schon in den verschiedensten Abteilungen bei Firma A nach dem Abitur gearbeitet habe. und das gab es aber nicht im Angebot und dann war ich also wirklich ..
dann habe ich mir den Direktor von dem Account der Firma A rausgesucht und habe
den einfach angeschrieben. habe wieder so ein Anschreiben fertig gemacht und gesagt so ich möchte gerne bei Ihnen im Account diesen Praxiseinsatz machen. ich
weiß das ist noch nicht vorher gemacht worden und schreiben Sie eigentlich auch
nicht aus aber ich habe eben die und die Erfahrung und ich glaube dass ich da einen
Wert schaffen könnte. und der hat mich dann auch tatsächlich eingeladen zu sich zu
dem Gespräch und das hat dann auch geklappt. (Z. 187-196)

Wie bei der Wahl ihres Studienfaches sind Claras Interessen oder Neigungen
nicht ihre Entscheidungsgrundlage. Maßgabe ist stattdessen „Wert zu schaffen"
und zwar nicht für sich, sondern für das Unternehmen. Sie sucht nach einem
Praxiseinsatz, in dem sie ihre Kompetenzen einsetzen kann. Bei dem zweiten
Praktikum, das sie während des Bachelorstudiums absolviert, ist es wieder nicht
ihr Interesse, nach dem sie ein Unternehmen bzw. eine Branche auswählt, sondern die Überlegung, was für ihre Erfolgskarriere „sinnvoll" wäre.

ich habe dann direkt bei einem Vicepresident gearbeitet und der hat mich dann auch
immer so parallel so gecoacht und meinte so wo möchtest du denn hin und dann habe ich gesagt ja es wäre wahrscheinlich ganz sinnvoll noch mal so ein Emerging
Market kennen zu lernen und dann war ich in Brasilien (Z. 210-213)

Sie wählt die Praktika nach Kriterien aus, die sich in der beruflichen Karriere am
besten bewähren, und konzentriert sich damit auf die Anforderungen des (Arbeits-)Marktes bzw. der Konkurrenz. Das Gegenteil wird sich bei Typus 4 zeigen, der seine Biographie weder einer Planung unterwirft noch externen Erwartungen folgt bzw. diese anerkennt. Ferner zeigen sich hier wiederholt deutliche
Differenzen zu den ersten beiden Typen. Während Typus 1 sich an der Organisation und persönlicher Sicherheit und Typus 2 am Arbeitsfeld und inhaltlichen
Interessen orientiert, sind für diesen Typus der Wettbewerb und das Durchsetzen
in der Konkurrenz handlungsleitend.

Auch Tims Karrierepfade zeichnen sich dadurch aus, dass er externe Maßstäbe voll und ganz anerkennt. Im folgenden Absatz berichtet er von seinem Praktikum bei einer Investmentbank, in dem er – wie weiter oben erläutert – so viel
gearbeitet habe wie nie zuvor.

ich hab in der Zeit das voll mitgemacht und /eh/ war auch sehr erfolgreich was sich
an meinem Bonus widergespiegelt hat. also da kann man das halt sehr gut an einer

Zahl ablesen ob man das gut gemacht hat oder nicht oder zumindest ob die Chefs mit einem zufrieden waren und /eh/ das waren sie auf jeden Fall. (Z. 341-344)

Abgesehen davon, dass er sich „voll" an die dort herrschende Arbeitsweise anpasst, macht er seinen Erfolg davon abhängig, ob seine Vorgesetzten mit ihm zufrieden sind. Er setzt sich keine eigenen Maßstäbe für seinen persönlichen Erfolg, sondern passt diese Maßstäbe an die externen Anforderungen an und folgt externen Anreizen. Im folgenden Auszug grenzt er seine Bereitschaft zur Anpassung an diese Anforderungen allerdings ein.

> aber ich hab mir gedacht das also das ist eine Nummer zu viel von der Arbeitszeit und /eh/ aber ich hab das als sehr gute Erfahrung angesehen weil ich gedacht hab ok jetzt weiß ich schon mal das ist ein Bereich der mich interessiert aber das muss nicht in dieser Intensität stattfinden.(Z. 344-346)

Obwohl dieses Praktikum hinsichtlich der Arbeitszeit nicht zufriedenstellend verlief, gelingt es ihm, dem eine „biographisch produktive Seite" (Schelepa 2010, S. 135) abzugewinnen und dies als Lerneffekt zu deuten.

Der erste Arbeitgeber nach seinem Studium ist eine renommierte Unternehmensberatung, die er zur Befriedigung seiner eigenen Interessen nutzt:

> ich bin grundsätzlich so mit der Einstellung zu Beratung B gegangen dass /eh/ dass ich da nicht auf alle Ewigkeiten bleiben möchte /eh/ .. und dass ich das mehr so als ja eine Art Zusatzausbildung sehe weil man als Berater die Möglichkeit hat eben sehr sehr viel zu sehen was unterschiedliche Branchen angeht und unterschiedliche /eh/ Schwerpunkte bei Projekten unterschiedliche Funktionen in den Unternehmen wo man drin ist und hab gedacht dass ich das noch mal ja als Berufserfahrung sehe um mich weiter zu orientieren (Z. 471-476)

Wie für eine Erfolgskarriere charakteristisch, dient das Unternehmen als „Instrument zur Befriedigung [seiner] Interessen" (Giegel 1995, S. 222). Im Gegensatz zu Typus 1, der in der Organisation Sicherheit findet, nutzt Tim die Unternehmensberatung lediglich als Etappe für seine Karriereplanung. Von einer Orientierung an dem Unternehmen oder an Unternehmensbedürfnissen kann nicht die Rede sein. Stattdessen steht die eigene berufliche Laufbahn im Mittelpunkt, ohne dass (wie bei Typus 2) die Arbeit oder die Projekte selbst einen Reiz bieten.

5.3.3 Vermarktlichung der eigenen Arbeitskraft

Im Folgenden wird sich zeigen, dass die Interviewten ihre Berufsbiographie zwischen Reputationsgewinn und Selbstausbeutung ausbalancieren (müssen), um ihrem Erfolgs- und Leistungsanspruch gerecht werden zu können.

Bei Tim zeigt sich eine Anpassungsfähigkeit an Arbeitsmarktbedingungen, wenn seine selbst gesetzten Karrierepfade nicht realisierbar sind. Nach seinem Studium war es sein größter Wunsch, bei einer Investmentbank zu arbeiten, bei der er bereits ein Praktikum absolviert hatte. Auf seine Bewerbung hat er allerdings keine Zusage erhalten. Deshalb beginnt er bei der bereits erwähnten Unternehmensberatung:

> also ich hatte das Fachwissen durchaus dafür aber ich war halt vorher nie bei ner Strategieberatung. also ich wusste nicht wie sieht es beim Kunden vor Ort aus. ich hatte auch vorher nie ein Industrieunternehmen von innen gesehen. /eh/ mein erstes Projekt war auf einer Werft. und ich fand das total cool da mal so ein paar Jungs im Blaumann zu sehen. weil sonst wenn du halt in der Bank sitzt dann ist das alles für dich extrem abstrakt und ja da gibt's irgendwo Leute die produzieren was und daraus generieren die Umsatz und /eh/ /eh/ die Anteile an diesem Unternehmen sind verbrieft in einer Aktie und /eh/ ich wusste dann zwar alles über Aktien und über Wertpapiere aber was die Jungs da so genau machen das wusst ich wirklich nur in der Theorie. also das hab ich mir halt nicht von innen angesehen. ich hatte da durchaus auch keine Vorurteile oder so. also das war kein böser Wille aber mein Werdegang war halt so dass sich das nicht ergeben hatte. also klar hätt ich das verfolgen können und mir das auch mal quasi proaktiv ansehen können aber /ehm/ ich hab mich halt immer so in diesem Finanzsektor aufgehalten. das fand ich dann echt cool dass mal so quasi hautnah mitzuerleben (lacht) /eh/ wie das so beim Kunden vor Ort abgeht [...] also da war richtig halli galli angesagt. [...] das hat mir dann so gut gefallen dass ich eigentlich froh war dass das mit der Bank A nicht geklappt hat. /eh/ und hab mich dann echt richtig in diesen Job vertieft und war echt sehr glücklich damit. (Z. 399-418)

Wie bisher deutlich wurde, war sein gesamtes Studium darauf ausgelegt, im Finanzsektor tätig zu werden. Bei der Investmentbank in einer europäischen Metropole zu arbeiten, wäre für Tim das „Nonplusultra" (Z. 366) gewesen. Daher könnte man erwarten, dass ihm der Abschied von dieser Laufbahn schwer fällt. Tim ist stattdessen aber in der Lage, sich derart an die Marktsituation anzupassen, dass er es bei der Unternehmensberatung „echt cool" findet, dass es ihm sogar so gut gefällt, „dass [er] eigentlich froh war dass das mit der Bank A nicht geklappt hat". Diese Anpassungsfähigkeit ermöglicht es ihm, sich auch in diesen Job wieder zu „vertiefen" und „echt sehr glücklich damit" zu werden. Seine Flexibilität hinsichtlich der Tätigkeiten und Inhalte bzw. Arbeitsbereiche ermöglicht

es ihm, den Karrierepfad zu wechseln und dem weiteren Weg ‚nach oben' zu folgen, ohne dabei Zeit zu verlieren.
Der Verzicht auf Freizeit, der mit der Orientierung an Erfolg einhergeht, wird von Tim zwar thematisiert, aber nicht problematisiert:

> also ich weiß dass viele aus meinem Semester das Studienleben viel mehr ausgekostet haben als ich damals. es hat mir aber irgendwie auch nicht so gefehlt […] im Studium hatt ich […] das Gefühl ok ich muss jetzt was machen um gut zu sein und ich will nach wie vor sehr gut sein also lass ich das andere halt so ein bisschen aus und ja konzentrier mich halt vor allem aufs Studium (Z. 159-164)

Die Konturen der „Selbstausbeutung" deuten sich hier bereits an, werden im folgenden Auszug aber deutlicher. Tim resümiert seine eigene Arbeitsintensität wie folgt:

> ich mein es arbeitet jetzt natürlich nicht jeder so viel wie ich und auch nicht so gerne ja. also das (lachend) seh ich ja durchaus. aber mir macht das halt Spaß und ich zieh halt sehr viel da draus für mich wenn die Sachen die ich anpacke gut funktionieren (Z. 591-594)

Ihm ist bewusst, dass er überdurchschnittlich viel arbeitet und für seinen Erfolg investiert. Dennoch ist auch hier wieder kein Leidensdruck erkennbar, stattdessen macht es ihm Spaß. Die Resultate gelungener Arbeit geben ihm Bestätigung. „Anpacken", i.S. von zugreifen, verdeutlicht hier, welche Kraft hinter seinen Ambitionen und seiner Arbeitsweise steckt. Hier sei an sein Praktikum bei der Bank erinnert, in dem er Nächte und Wochenenden durchgearbeitet hat. Er hat damit seine eigene Arbeitskraft ausgenutzt und zwar soweit, dass es an seine Substanz ging. All das, um Erfolg zu haben. Einige Autoren verweisen im Zusammenhang mit Erwerbsarbeit in der Moderne auf die Aufforderung zum Selbstmanagement bzw. auf das unternehmerische Selbst, welches mit „Arbeitssucht" oder dem stetigen Bemühen, der Beste und Effektivste zu sein, verbunden ist (Delory-Momberger 2011; Dörre 2010). Hier sei daran erinnert, dass Tim mit 40 ausgesorgt haben möchte. Er ist also dazu bereit, bis dahin auf Freizeit und ‚Genuss' zu verzichten, um dieses Ziel erreichen zu können. Auch Clara ist bereit, für ihre Ziele viel Zeit und Arbeit zu investieren.

> also ich glaube in unserer Mädels-WG wo ich in der Ivy League Universität gewohnt habe ist irgendwie um drei Uhr morgens erst das Licht ausgegangen. also es war wirklich das ist ja auch glauben so ein Learning niemand ist schlau sondern das ist alles harte Arbeit wenn es am Ende runter kommt. also wenn man es runterbricht ist wirklich alles hard work. (Z. 598-602)

Ähnlich wie Tim stellt auch Clara heraus, dass der Erfolg sich nicht von allein einstellt. Auch sie arbeitet bis in die Nacht hinein, um ihre Ziele zu erreichen. Die Aussage „das ist alles harte Arbeit" bringt es auf den Punkt. Alles, was sie bisher erreicht hat, hat sie ihrem hohen Einsatz zu verdanken. Sie hat gelernt, dass der Ursprung für Erfolg „hard work" ist. Da ihre Mitbewohnerinnen scheinbar ähnlich ambitioniert waren, scheint man an dieser Stelle ‚hard competition' ergänzen zu können. Hinsichtlich des hohen Einsatzes sei nicht relevant, um welches Fachgebiet es sich handele:

> also es klingt vielleicht jetzt doof aber ich glaube ich wär in jedem Fach sehr gut geworden weil einfach wenn du viel reinsteckst dann kriegst du auch viel raus. (Z. 800 f.)

Wieder wird deutlich, dass es bei Clara nicht Interessen sind, die sie antreiben, hart zu arbeiten, sondern die Erfolgsorientierung. Wer von sich annimmt, in jedem Fach „sehr gut" werden zu können, hat hinsichtlich der fachlichen Ausrichtung geringe Präferenzen. Es geht grundsätzlich („in jedem Fach") darum „viel reinzustecken", dann bekomme man auch „viel raus". Das scheint Claras biographische Orientierung abschließend gut auf den Punkt zu bringen.

Selbstverständlich hat aber auch diese Orientierungsweise ihre Grenzen, die im Folgenden dargestellt werden.

5.3.1 Grenzen der Orientierungsweise

In der Darstellung dieses Typus war in einigen Interviewauszügen bereits erkennbar, dass die Selbstausbeutung zur Gefahr und damit zur Grenze werden kann und sowohl Clara als auch Tim bereits in frühen Phasen ihrer Berufsbiographien ansatzweise überfordert zu sein scheinen – sei es mit der Arbeitsintensität, wie es eher bei Tim der Fall ist, oder mit der hohen Bedeutung „externer Legitimation" wie bei Clara. Beide scheinen getrieben (Tim eher in zeitlicher Hinsicht, weil er mit 40 ausgesorgt haben möchte; Clara eher in inhaltlicher Hinsicht, weil sie ihren Interessen und Neigungen nachgehen und Professorin werden möchte). Außerdem kann eine Karrieresackgasse dieses Orientierungsmuster begrenzen und latent immer ein Problem sein. Beispielsweise war bei Tim erkennbar, dass die Karriere aufgrund externer Einflüsse nicht so weiterverlaufen kann, wie von ihm geplant. Wie gezeigt werden konnte, hat er diese Sackgasse durch die Strategie der „Vermarktlichung" umgangen und einen anderen Weg eingeschlagen.

und ich hatte eigentlich für mich beschlossen ich geh zurück nach l-Stadt zur Bank A .. und hatte dann irgendwann im Sommer auch ne Bewerbung hingeschickt. meine damalige Chefin hat das auch sehr unterstützt .. dann wurde aber /eh/ ich sag mal die Gemengelage mit der Finanzkrise immer schlimmer und die Bank A hat angefangen reihenweise die Leute rauszuschmeißen und dann hatt ich mich parallel noch bei Unternehmensberatungen beworben. und hatte aber gedacht ok das ist ein Bereich der gefällt mir gut .. aber das ist nicht das Nonplusultra wie Investmentbanking in l-Stadt im Handelsraum der Bank A (lacht). […] und dann hab ich ein Angebot be-kommen von Beratung B für den Bereich Corporate Finance und Restructuring. und /eh/ fand die Leute da ziemlich cool mit denen ich gesprochen hab hab ich gedacht so jetzt Bank A kann mich jetzt mal ich sag denen die Bewerbung ab ich geh zu Be-ratung B. (Z. 361-382)

Obwohl er seinen (wie man umgangssprachlich sagen würde) „Traumjob" nicht erhält, reagiert er nicht deprimiert oder niedergeschlagen, sondern dreht den Spieß um und geht zu der Unternehmensberatung – die Bank „könne ihn jetzt mal". Analog zum Konzept der Vermarktlichung im betriebswirtschaftlichen Sinne, verspürt Tim den Marktdruck und dadurch scheinbar die Motivation, im Sinne seiner übergeordneten Ziele (Erfolg und Karriere) zu handeln.

Eine weitere Grenze wird erkennbar, wenn man sich folgenden Auszug von Anton anschaut, in dem er von seinem ersten Studium nach der Bundeswehr er-zählt:

Gut. nach der Bundeswehr studieren. da war ich ähnlich ratlos wie eigentlich nach der Realschule. das heißt ratlos eigentlich nicht. also ich hatte für mich schon so nen Bildungsplan entwickelt. also hatte eigentlich damals ein sehr starkes Interesse an Geisteswissenschaften hatte mir aber vorgenommen weil ich da wusste das kann ich mir alles selber beibringen also Philosophie war sowas das braucht ich nicht studie-ren hab mir dann gesagt also was ich eigentlich bräuchte wär ne gute naturwissen-schaftliche Ausbildung ne weil das fehlte mir von der Schule her […] da hab ich ge-sagt musst erstmal Naturwissenschaftliches irgendwas studieren weil das andre kann ich mir selber beibringen. und dann gab's damals das fand ich hochinteressant das war so ein Kombinationsstudiengang medizinische Informatik und das Interessante war eben dass da eben Informatik und Mathematik nur fünfzig Prozent waren und die andern fünfzig Prozent verteilten sich eben auf Physik Chemie Biologie und Medizin. und das war mir so die richtige Kombination. […] und hab dann da auch angefangen zu studieren und hab das aber nur anderthalb Semester oder zwei Se-mester grade ausgehalten aus verschiedenen Gründen /ehm/ also weniger inhaltlich sondern also das Studium war angesiedelt in x-Stadt und wenn man aus dem Ruhr-gebiet nach x-Stadt kommt und da leben muss das hält man also hab ich nicht lange ausgehalten (lacht) also das war einfach schrecklich da […] also diese ganze Menta-lität da die hat mich derartig fertig gemacht und was mich sehr gestört hat […] also diese Hochschule […] war eben ne Ingenieurschule […] aber die ganze Mentalität an dieser Fachhochschule die war eben wirklich nur Ingenieure. die haben ihre Freizeit wirklich mit Basteln verbracht und mit Segelflugzeuge bauen und was weiß ich nicht alles. und alles andre hat die nicht interessiert. und ich war ja also damals politisch sehr interessiert und fand das also total schrecklich an dieser Fachhochschule ne. (Z. 16-35)

Bevor Anton – wie in Kapitel 5.2 dargestellt – beginnt, in der pflegerischen Aus- und Weiterbildung tätig zu werden und sich an diesem Berufsfeld zu orientieren, hat er nach der Bundeswehr versucht, seinem eigens entwickelten „Bildungsplan" nachzugehen; er hat also versucht, seine Bildungs- und Berufslaufbahn zu planen. Obwohl sein „sehr starkes Interesse an Geisteswissenschaften" zu dem Zeitpunkt bereits vorhanden war, ist er seinem Interesse (wie Tim und Clara) nicht nachgegangen, sondern war der Meinung, sich diese selbst beibringen zu können und stattdessen etwas zu studieren, was er „bräuchte". Er definiert also eine Disziplin (die Naturwissenschaft) als einen für ihn notwendigen Bildungsbereich und kann darin einen Studiengang ausmachen, den er „hochinteressant" findet. Damit unternimmt er den Versuch, ähnlich wie Tim und Clara, seinen Bildungs- und Berufsverlauf zu „planen" und sich dabei an rationalen Abwägungen zu orientieren und nicht an seinen Interessen. Dieser Plan währt allerdings nur für knapp zwei Semester und wird aufgrund eines Motivs verworfen, hinsichtlich dessen sowohl Tim als auch Clara unterstellt werden kann, dass dieses nicht von Relevanz wäre, wenn es um ihren „Bildungsplan" oder ihren beruflichen Erfolg ginge: Anton bricht das Studium ab, da er es in der Stadt aufgrund der dort herrschenden Mentalität nicht aushält. Oder umgekehrt: Die Mentalität, die in der Stadt und an der Hochschule herrscht, ist für Anton Grund genug, seinen Bildungsplan zu verwerfen und sein Studium abzubrechen. Dieser Auszug von Anton soll zeigen, dass auch er versucht hat, seine Berufsbiographie vernunftgeleitet und zweckgerichtet zu gestalten. Anders als Clara oder Tim „scheitert" er aber vergleichsweise schnell (nach weniger als einem Jahr), da er dem Verfolgen seiner Ziele keine Priorität einräumt. Eine solche Reaktion wäre bei Tim oder Clara wahrscheinlich nicht denkbar. Abgesehen davon, dass Anton sein Ziel bzw. seinen Bildungsplan aus den Augen verliert, wird auch deutlich, dass er sich scheinbar nicht, wie Tim und Clara, an Erfolg orientiert.[66]

---

[66] Eine weitere denkbare Grenze, die von Giegel (1995) im Zusammenhang mit Erfolgskarrieren beschrieben wird, wäre eine „Sackgasse", wenn bspw. eine berufliche Position angestrebt wird, für die formale Qualifikationen erforderlich sind, die die Person nicht hat und auch nicht nachholen kann. Außerdem können Flexibilität, Mobilität und die nicht vorhandene Orientierung an der Organisation, was Giegel (1995) als „Bindungslosigkeit" bezeichnet, zum Problem werden, wenn Unternehmen nicht nur auf Qualifikationen und Karrierestufen Wert legen, sondern auch auf die Betriebsloyalität (Giegel 1995, S. 229).

5.3.5 Zusammenfassung und Reflexion

Bei diesem Typus spielt Erfolg die herausragende Rolle. Die Interviewten definieren Karriere und Erfolg explizit als ihre berufsbiographischen Ziele. Um diese Ziele zu erreichen, investieren sie viel Zeit und nehmen große Mühen auf sich, indem sie bspw. auf Freizeit verzichten und Nächte bzw. Wochenenden durcharbeiten. Sie suchen Konkurrenzsituationen bewusst auf und verstehen es, sich in diesen zu behaupten. Damit ist das gesellschaftliche Kriterium, das erfüllt sein muss, um von Erfolg sprechen zu können, gegeben. Dieses ist der Erfolg in Konkurrenz bzw. die „Figur des Sich-Durchsetzens" (Giegel 1995, S. 215). Darüberhinaus wird gesellschaftlich definiert, *wie* die selbst gesetzten Ziele erreicht werden können und welche Wege dafür zu begehen sind, d.h. dass gesellschaftlich vorgegebene Karrierepfade existieren, denen Clara und Tim folgen. Gleichzeitig definieren sie aber für sich selbst, was „Erfolg" bedeutet bzw. was als erfolgreich gilt und was nicht, und legen damit für sich fest, welche Formen der Anerkennung sie akzeptieren. Auf der einen Seite stehen also die Individuen mit ihren eigenen Karrierezielen und ihren Definitionen von beruflichem Erfolg, auf der anderen Seite gesellschaftliche Kriterien für Erfolg sowie gesellschaftlich vordefinierte Karrierepfade. Die Interdependenz zwischen den Individuen und dem sozialen Referenzrahmen führt dann zur Vermarktlichung der eigenen Arbeitskraft. Diese stellt das Ergebnis ihres biographischen Lernprozesses dar. Dabei bewegen sie sich stets zwischen dem Gewinn von Reputation und einer Art Selbstausbeutung.

Hinsichtlich ihrer Weiterbildung bzw. ihres Erwerbs von Qualifikationen wägen sie sorgfältig ab, was für ihren Erfolg zielführend ist. Sie planen ihre Berufsbiographie sehr genau und verhalten sich dahingehend stets strategisch. Seien es berufliche Stationen, Seminare an der Universität (und sogar Aktivitäten in der Freizeit) – nichts davon wird um seiner selbst willen durchgeführt.[67] Stattdessen geht all dem grundsätzlich ein rationales Abwägen voraus, das mit strategischen Zielen verbunden ist, die stets die eigene Karriere befördern. Beim Bezug auf die eigene Karriere bzw. den persönlichen Erfolg müssen sie zwar den gesellschaftlichen Karrierewegen folgen, aber die persönliche Orientierung ist nicht auf etwas Äußeres gerichtet, sondern auf sie selbst, d.h. auf ihre eigene Karriere. Sie richten ihre Biographie nicht wie bspw. der erste Typus auf eine Organisation oder der zweite Typus auf ein Berufsfeld bzw. eine Profession aus, sondern auf den persönlichen Erfolg.

---

[67]   Dieses Verhalten erinnert an die instrumentelle Motivation (instrumental motivation) nach Barbuto/Scholl (1998). „Instrumental rewards motivate individuals when they perceive their behavior will lead to certain extrinsic tangible outcomes such as pay, promotions, bonuses, etc." (Barbuto/Scholl 1998, S. 1012).

Giegel (1995) hat Erfolgskarrieren untersucht und herausgestellt, dass diese eine hohe Mobilität der Individuen erfordern. Dabei unterscheidet er u.a. zwischen sachorientierter und räumlicher bzw. betrieblicher Mobilität. Die sachorientierte Beweglichkeit zeichnet sich dadurch aus, dass die Individuen stets bestrebt sind, Extraqualifikationen zu erlangen bzw. über eine Routineausbildung hinauszukommen und ihren Kompetenzerwerb nicht auf einen bestimmten Beruf auszurichten. Daher ist „Überschuss-Kompetenz" ein zentrales Merkmal von Erfolgskarrieren. Darüberhinaus sind sie hinsichtlich ihres Wohnortes räumlich mobil und dadurch in der Lage, auch betrieblich mobil zu sein. Betriebe werden nur genutzt, um eigene Interessen zu befriedigen. Sie suchen stets nach Arbeitsplätzen, an denen sie ihre Überschuss-Kompetenz einsetzen können (Giegel 1995, S. 217 ff.). Die drei Formen der Beweglichkeit lassen sich auch bei Clara und Tim rekonstruieren. Beide richten ihre Berufsbiographie nicht auf einen Beruf aus und beide sind zum Zeitpunkt des Interviews Doktoranden, d.h. sie sind bestrebt, über ihre Masterabschlüsse hinaus, die höchste akademische Qualifikation zu erlangen. Auch räumlich sind beide nicht an einen Wohnort gebunden, sondern stets bereit, diesen für ihre Erfolgskarriere zu wechseln. Nicht zuletzt werden Unternehmen instrumentalisiert, wie bspw. bei Tim, der die Tätigkeit in der Unternehmensberatung als „eine Art Zusatzausbildung" bzw. „als Berufserfahrung, um [sich] weiter zu orientieren" (Z. 471-476) ansieht. Damit zeigen sich (wie auch bereits im Verlauf der Auswertung verdeutlicht) hohe Übereinstimmungen mit den von Giegel (1995) rekonstruierten Merkmalen von Erfolgskarrieren.

Darüberhinaus erinnert dieser Typus an das „strategische Lernprofil", das Alheit et al. (2003) in ihrer Studie zu Lernkontexten und -milieus rekonstruiert haben. Dieses ist durch langfristige biographische Planung sowie durch Heteronomie, d.h. bspw. durch die Ausrichtung der Biographie an gesellschaftlich anerkannten Karrierevorstellungen, charakterisiert. Beide Charakteristika weisen auch Tim und Clara auf.

Beim nun folgenden letzten Typus ist das Gegenteil der Fall: weder externe Legitimation noch langfristige Planung der Berufsbiographie spielen eine Rolle.

5.4 Typus 4 „Entgrenzung"

Während bisher – kurz gefasst – eine Organisation, ein Berufsfeld oder die eigene Karriere eine zentrale Rolle für die berufliche Orientierung spielten, steht bei diesem vierten und letzten Typus die 1) Suche nach Selbstverwirklichung im Vordergrund der Berufsbiographie, womit bereits das erste Merkmal dieses Typus genannt ist. Die beiden weiteren Merkmale werden als 2) Autonomie und Situativität sowie 3) Entgrenzung von Berufs- und Privatleben bezeichnet.[68] Wie gehabt werden unter 4) die Grenzen der Orientierung angeführt.

5.4.1 Suche nach Selbstverwirklichung

Klaus ist zum Zeitpunkt des Interviews 60 Jahre alt und in seiner gesamten Berufsbiographie zahlreichen, ganz unterschiedlichen Tätigkeiten nachgegangen. Nach seiner Ausbildung zum Tischler hat er u.a. im Tiefbau, als Koch, bei einem Musikvertrieb und als Musiker gearbeitet, zwischenzeitlich war er Inhaber eines Bioladens sowie eines Cafés. Während einer Zeit der Arbeitslosigkeit hat er begonnen, alte Fahrräder anzukaufen, zu reparieren und wieder zu verkaufen. In seinem Interview wird immer wieder deutlich, dass sein „Selbst" in seiner Biographie stets im Mittelpunkt stand, wenn es um berufliche Entscheidungen und Wege ging.

> I: [...] wenn du einmal so erzählen könntest wie das so kam dass du auf diese Ideen gekommen bist. so ein Bioladen oder jetzt mit den Fahrrädern oder .. du hast ja jedes Mal dir hattest du irgendwie so eine Idee sage ich mal.
> P: Ja [...] ich konnte immer so meine Ideen verwirklichen. [...] also immer so ich hatte ich konnte ganz viel machen. ich konnte so meinen Ideen freien Lauf lassen. ich bin dann auch aus dem Sommerurlaub [...] wenn ich dann wieder kam dann konnte ich ja dann hab ich dann wieder neue Gerichte gehabt neue Ideen dann dafür und das war immer schön. also schöne Inspirationen. (Z. -678-701)

Klaus war aufgrund seiner verschiedenen Tätigkeiten immer in der Lage, seine Ideen zu „verwirklichen". Im Gegensatz zu Clara, die aus Typus 3 bekannt ist und die sich in dem externen Legitimationserfordernis gefangen fühlt sowie sich aus ihrem BWLer-Denken befreien musste, konnte Klaus „[seinen] Ideen freien Lauf lassen", er hat sich also nicht in den Fängen von externen Anforderungen befunden. Das macht auch die Wortwahl „Inspiration" deutlich: Personen, die sich inspirieren lassen können, sind tendenziell offen und ‚frei' in ihren Gedanken sowie in dem, was sie tun. Außerdem ist Inspiration mit künstlerischer Kreativität konnotiert; Kreativität ist nur möglich, wenn man sich externen Vorgaben nicht unterwirft (Becker 2007, S. 11). Neben seinen Ideen, die er beim Kochen (als ungelernter Koch) einbringen konnte, hat er seine Kreativität beim Einrichten seines Lokals eingesetzt:

---

[68] Die Merkmale 1) und 2) könnten den Leser eventuell an Typus 2 erinnern, während das dritte Merkmal auch bei Typus 3 der Fall war. Die Abgrenzung zu den anderen Typen erfolgt im Laufe der Darstellung.

dann haben wir den /eh/ das Lokal XY gekriegt und renoviert und ich hab das dann so eingerichtet wie ich mir das vorgestellt hatte. also ich stand da stehe ja immer noch auf Band A und das Ganze hieß dann AB das war eine Plattenfirma von der Band A und hab dann alles so mit Sachen von der Band A eingerichtet. das waren einfach nur so ein paar schöne Möbel da drin aus ja so 1900 rum also so fast Jugendstil also wirklich sehr schön. (Z. 525-529)

Die Übernahme eines Lokals dient also nicht lediglich der Erwerbstätigkeit, sondern wird genutzt, um die eigenen Vorstellungen einzubringen und umzusetzen. Er bringt damit sein privates Interesse für eine Band in sein berufliches Unternehmen mit ein und kann seiner Kreativität „freien Lauf lassen"69. Hier zeigt sich eine Übereinstimmung mit der berufsbiographischen Kategorie „Autonomiegewinn" von Pongratz/Voß (2004, S. 101)70, zu der Selbstständige zählen, die sich im Sinne von Selbstverwirklichung mit ihren Interessen in die Arbeit einbringen möchten. Diese Form der Erwerbstätigkeit macht Klaus „riesen Spaß":

also wenn ich dann so was machen kann wie eine Kneipe neu aufbauen und sagen kann so hier ist praktisch wenn wir das und das machen wenn ich die Karte dann machen kann denen sagen kann wo wir die Sachen herkriegen und wo man die am besten besorgen kann und ja so ein Konzept erarbeiten kann dann bin ich auch irgendwie Feuer und Flamme und dann bin ich auch von morgens bis abends damit beschäftigt. das macht einen riesen Spaß. also da merke ich dann jedes Mal ja das ist das was ich gemacht habe das ist das was mir Spaß macht. (Z. 636-642)

Wenn er die Möglichkeit hat, sich selbst bzw. seine eigenen Ideen zu verwirklichen, ist er „Feuer und Flamme". Die Redensart „Feuer und Flamme" verdeutlicht seine Leidenschaft, mit der er die beschriebenen Tätigkeiten angeht, und markiert einen Gegensatz zu Claras Wortgebrauch „Wert schaffen". Während bei ihr Produktivität und Wertschöpfung im Vordergrund stehen, ist es bei Klaus die Kreativität und der Arbeitsprozess selbst, die eine zentrale Rolle spielen. Eine Ähnlichkeit ist hier zu Ali gegeben, dessen Herzblutthema das Berufsfeld Soziale Arbeit darstellt. Beide messen der beruflichen Tätigkeit also einen Wert an sich bei, unterscheiden sich aber hinsichtlich ihrer Orientierungsweise (Ali orientiert sich an der Sozialen Arbeit als Berufsfeld, Klaus an der Verwirklichung *seiner* Ideen).

---

[69] Es sei darauf hingewiesen, dass Klaus weder gelernter Koch ist noch eine Ausbildung in der Gastronomie absolviert hat. Wie im weiteren Verlauf noch gezeigt werden wird, scheint es für diesen Typus charakteristisch, dass das Erlernen eines Berufs bereits als Konvention und damit als persönliche Einschränkung wahrgenommen wird.

[70] In Anlehnung an Witzel/Kühn (2000).

Allerdings war Klaus nicht immer dazu in der Lage, seine Ideen zu verwirklichen. Er war aus ökonomischen Gründen auch gezwungen, Tätigkeiten auszuüben, in denen weder Kreativität erwünscht noch Selbstverwirklichung möglich war.

I: Kann man sagen so im Prinzip hast du immer das gemacht was dich auch wirklich interessiert hat?
P: Ja nee ich hab ja nur aufgezählt weil. es war auch teilweise dabei dass ich bei Firma XY (einem Industrieunternehmen) gearbeitet hab weil ich ja diesen Baumaschinen-Führerschein hatte. wollte ich dann konnte ich dann bei Firma XY anfangen. da hat mich dann einer vermittelt. und da sollte ich dann Radlader fahren und der Radlader kam irgendwie nicht und dann meinte er ob ich schon mal irgendwie mit in die Kabelkolonne gehen würde. habe ich das dann gemacht und [...] dann musst du da die Kabel ziehen [...] war eben nicht das was ich machen wollte.
I: Wie lange hast du das gemacht?
P: Oh ein Jahr vielleicht.
I: Ein Jahr?
P: Ja. das war aber einer der schlimmsten Jobs. obwohl da habe ich mich dann auch .. das war dann hinterher so dass der dann gesagt hat du möchtest du die Kabelkolonne leiten? ich würde dich gerne als Chef in der Kabelkolonne nehmen. und da hab ich gesagt weißt du was ne ich hör auf hier ich hab keinen Bock mehr. [...] dann hab ich da aufgehört. das hatte keinen Sinn. (Z. 702-724)

Hier fällt zunächst auf, dass er jene Tätigkeiten, in denen er *nicht* seinen Interessen nachgehen konnte, in seiner biographischen Erzählung nicht integriert hat, sondern erst auf die Nachfrage hin diese Ausnahmen erwähnt. Das verdeutlicht, dass diese Tätigkeiten sich nicht in seinen biographischen roten Faden fügen. Genauso wie er gewissermaßen biographisch dazu gezwungen war, solchen Beschäftigungen nachzugehen, muss er vom Interviewer dazu ‚gezwungen' werden, davon zu erzählen. Da es „eben nicht das [war] was [er] machen wollte", kündigt Klaus als Vater von drei Kindern diese Stelle nach einem Jahr, ohne zu wissen, wie es danach weitergehen soll. Das Angebot der leitenden Position scheint im Rahmen von Klaus' berufsbiographischer Orientierungsweise nicht attraktiv zu sein. Scheinbar hat er dort keine Möglichkeit gesehen, „seine Ideen zu verwirklichen". Die Frage danach, ob es ihm „Bock" macht oder nicht, steht über der Möglichkeit, aufzusteigen oder in einem Normalarbeitsverhältnis zu verbleiben. Wie Dörre (2010) im Zusammenhang mit den „creative industries" beschreibt, werden standardisierte Beschäftigungsverhältnisse als unattraktiv und Unsicherheit bis zu einem bestimmten Maß als positiv erlebt (Dörre 2010, S. 144). In dem berufsbiographischen Gestaltungsmodus „Persönlichkeitsgestaltung" (Witzel/Kühn 2000, S. 18) werden Aufstieg und materielle Ansprüche den Selbstverwirklichungsinteressen untergeordnet.

Ähnlich ist es bei Theo, der in seinem Beruf als Veranstaltungstechniker die Möglichkeit erhält, einen Meistertitel zu erwerben, sich aber dagegen entscheidet, weil der Beruf nicht vollständig sein „Ding" (Z. 60) ist. Ausschlaggebend für die Wahl dieses Berufs war zunächst Folgendes:

> ja zweitausendunddrei war Band K [eine bekannte Metalband] grad auf Tour und da war ich in x-Stadt /ehm/ und da war der Abend wo /eh/ ich dann irgendwann wir sind durch Zufall irgendwie ganz nach vorne gekommen an die Bühne und /ehm/ das war alles großartig laut und neu und /ehm/ <u>da</u> war dieser Moment wo ich gedacht hab bor wie cool wär das wenn man für so Konzerte nichts bezahlen muss. das war so der ausschlaggebende Punkt (Z. 23-27)

An diesem Auszug werden gleich zwei Charakteristika dieses Typus deutlich, die im Folgenden weiter ausgeführt werden: Zum einen erfolgt seine Berufswahl intuitiv und nicht von langer Hand geplant – „da war der Abend" bzw. noch intuitiver: „da war dieser Moment". Zum anderen spielt es für ihn keine Rolle, was diesen Beruf ausmacht, sondern er fänd es „cool [...] wenn man für so Konzerte nichts bezahlen muss". Das Motiv für den Beruf ist also durch sein Hobby (die Musik) entstanden.

Im Rahmen der Suche nach Selbstverwirklichung geht es grundsätzlich darum, einen gewissen Lifestyle und die eigene Kreativität in den Arbeitsbereich einzubringen. Es geht um eine *andere* Art, sein Leben zu leben. Die Personen folgen – wie hinsichtlich des Aus- und Weiterbildungsverhalten noch gezeigt werden wird – keiner gesellschaftlichen Norm. Eine Orientierung an einem linearen Lebenslauf, normalbiographischen Abläufen oder Normalarbeitsverhältnissen sind bei diesem Typus nicht erkennbar.[71] Dies ist nicht deshalb so, weil die Arbeitsmarktsituation dies nicht zulassen würde, sondern eher, weil der *eigene* Lebensentwurf mit den Restriktionen konventioneller Erwerbsarbeit nicht vereinbar scheint. Dabei fällt auf, dass es sich fast ausschließlich um Berufe bzw. Tätigkeiten handelt, in denen Kreativität eine zentrale Rolle spielt. Das passt wiederum zu dem zweiten Merkmal „Autonomie" bzw. zum Bedürfnis nach ‚Freiheit', da diese eine „notwendige Bedingung für Kreativität" darstellt (Becker 2007, S. 11).

Kreativität ist auch für Jonas „ein ganz wichtiges Tool" (Z. 310) in seiner aktuellen Tätigkeit im Marketing. Seine Subkultur ist die der Skateboarder:

---

[71] Schmidt-Lauff (2008, S. 216) beschreibt, dass die für diesen Typus charakteristischen sogenannten Patchworkbiographien und neue Beschäftigungsformen als Selbstständige oder Freiberufler zunehmen, während Normalarbeitsverhältnisse (definiert als auf Dauer angelegte Arbeitsverträge in Vollzeit, Entgelt mit Sozialversicherungspflicht und persönliche Abhängigkeit des Arbeitnehmers vom Arbeitgeber) an Bedeutung verlieren.

> I: [...] was würdest du sagen woran hast du dich in deinem Leben orientiert?
> P: Woran?
> I: Ja.
> P: ... Das ist find ich relativ schwer zu sagen. also klar wirklich eine der wichtigsten Inspirationen für viele Dinge war in der Tat Skateboardfahren. viele Sachen die mich inspiriert haben die ich schön finde die mir wichtig sind /ehm/ beruhen wirklich auf aufauf Skateboarding. [...] das hat mich schon sehr massiv geprägt. das fand ich halt toll dass Menschen auf nem Brett mit vier Rollen über den Beton gleiten können. also das werd ich glaub ich auch nicht vergessen als ich das das erste Mal gesehen hab. das war /ehm/ für mich schon n sehr prägendes und wichtiges Ereignis. da war ich elf oder so. das war schon was was sich auch wie n roter Faden eigentlich von da an durch mein durch mein Leben /eh/ gezogen hat.(Z. 156-167)

Hier werden sowohl die „massive" Prägung durch diese Subkultur als auch sein immer noch starkes Zugehörigkeitsgefühl deutlich. Die Skateboarding-Kultur gibt seinem Leben den „roten Faden" und war eine der „wichtigsten Inspirationen". *Inspiration* ist ein Terminus, der häufig im Zusammenhang mit Kreativität genutzt wird, bspw. auch von Klaus im Zusammenhang mit seiner Tätigkeit als Koch. Jonas' bildhafte Beschreibung des ersten Kontakts mit Skateboarding mutet äußerst leidenschaftlich an und erinnert an die Beschreibung einer ersten großen Liebe. Ähnlich spricht er – wie sich noch zeigen wird – über Musik, die er „einfach liebe". Für ihn spielen gesellschaftliche Normen und Erwartungen eine untergeordnete Rolle. So war er „zu der Zeit *[des Studiums]* [...] nicht so gut /eh/ in einen normalen Alltag zu integrieren" (Z. 59 f.). Und auch der „normale Sozialarbeiterjob" korrespondiert in seiner Beschreibung mit Begrenzungen, aus denen man nicht so einfach ausbrechen könne und die seinen Lebensstil begrenzen würden (Z. 344 f.). Damit orientiert er sich an seinen eigenen ‚Idealen' und die Verwirklichung derselben steht im Vordergrund der (Berufs-)Biographie.

Bei Theo ist es ebenfalls die Kreativität, die für ihn von sehr großer Bedeutung ist. Genau wie Jonas im Zusammenhang mit Musik, beschreibt auch Theo, dass er das Kreative in seinem Job als Veranstaltungstechniker „geliebt" habe. Daher rührt auch seine Begeisterung für das Mediendesign. Er ist nicht bereit, einem *gewöhnlichen* Bürojob nachzugehen, was sich während des Vorpraktikums in einer Medienagentur rausstellt, in der er ursprünglich eine Berufsausbildung zum Mediendesigner absolvieren wollte:

> hab aber ganz schnell in diesen drei Monaten gemerkt dass ich das alles n bisschen unterschätzt hab acht Stunden im Büro was ich vorher nie hatte [...] jetzt sitzt du auf einmal acht Stunden vorm Computer und musst irgendwelche uncoolen Preislisten hin und her schieben und das ist gar nicht so freakydesignig wie du dir das alles gedacht hast so sehr cool irgendwo sitzen und irgendwas überlegen sondern das ist eher sehr strukturiert [...] und dann die Entscheidung dann doch nochmal zu sagen ok das ist es nicht. du kannst hier nicht acht Stunden im Büro sitzen (Z. 104-109)

Hier zeigt sich, dass mit dem „freaky designig" ein bestimmter Lifestyle zusammenhängt, da von „uncoolen Preislisten" und „sehr cool irgendwo sitzen" die Rede ist. Seine Motivation für diese Berufswahl liegt also nicht ausschließlich in der Kreativität begründet, sondern auch in einem bestimmten Lebensstil. Das Adjektiv „freaky" bringt dabei die Grundorientierung dieses Typus umgangssprachlich auf den Punkt: unnormal, unkonventionell, verrückt, exzessiv – dieser Begriff hat insgesamt eine ambivalente Konnotation, wird aber in Theos Erzählung als positiver Gegenentwurf der Realität positioniert. Seine enttäuschte Erwartungshaltung veranlasst ihn folglich, sich gegen den Beruf zu entscheiden.

Die Journalistin Anna nutzt zwar nicht Worte wie „cool" oder „freaky", bei ihr kann aber dennoch erkannt werden, dass solche Adjektive für ihre Berufswahl eine Rolle spielen. Wie noch gezeigt werden wird, hat sie bei verschiedenen Verlagen gearbeitet, aber für sich dort keine Zukunft gesehen, da es dort „weniger spannend", „nicht sehr aufregend und nicht sehr weltbewegend" war. Dabei bezieht sie sich auf die Themengebiete der Verlage, wozu bspw. Ratgeber über Golfhotels zählten, wie sie lachend berichtet (Z. 76-82). Stattdessen arbeitet sie nun in freiberuflicher Tätigkeit für einen bekannten Radiosender, der ein junges Publikum anspricht und sich mit seinem Programm sowohl innerhalb als auch außerhalb des Mainstreams bewegt. Sie selbst kann zur Zielgruppe dieses Senders gezählt werden, für den sie unter anderem Bücher rezensiert und vorstellt. Darüber hinaus betreibt sie einen Blog über belletristische Literatur, sie selbst liest am liebsten „Pop-Literatur". Damit verkörpert sie ebenfalls einen bestimmten Lifestyle und die Suche nach Selbstverwirklichung im Beruf bzw. die Orientierung an privaten Interessen in beruflichen Tätigkeiten.

Den Interviewten gelingt es also, „lifestyle auch in den Arbeitsbereich zu introducieren" (Bois-Reymond 1998, S. 140) und Berufe zu finden, in denen sie ihre Kreativität ‚ausleben' können. Dies kann abschließend noch einmal anhand von Theo verdeutlicht werden, dem jene Facetten der Veranstaltungstechnik, die mit seinen Hobbies korrelieren, „total Spaß" machen, aber die andere Hälfte (die Technik) interessiere ihn nicht:

> da hat sich das aber auch irgendwann recht schnell so raus kristallisiert dass der Job mir total Spaß macht das Reisen mir total Spaß macht [...] mit ner Band irgendwie unterwegs zu sein. das war alles großartig und auch die Lichtshows zu überlegen und ein Design zu machen und wenn man dann auf nen Knopf drückt und das ganze Publikum schreit auf das hat echt Spaß gemacht [...] alles was mit Technik zu tun hat hat mich noch nie interessiert und das hab ich damals nicht so wirklich als ernst empfunden. ich hab gedacht ok das vom Kreativen passt das und ich mach hier gute Arbeit /ehm/ die Technik muss ich jetzt nicht unbedingt so können (Z. 47-54)

Wie bei Klaus zu Beginn des Kapitels gezeigt, macht auch Theo der Job viel Spaß, weil er seine Kreativität einbringen kann. Durch die Gestaltung der Lichtshows kann er seine Ideen zum Ausdruck bringen. Das Reisen mit einer Band ist für Theo „großartig", was nicht verwundert, wenn man berücksichtigt, dass Musik eines seiner Hobbies ist und er in seiner Freizeit selbst Musiker war und in einer Band gespielt hat.[72] Obwohl er Veranstaltungs*techniker* ist, hat ihn „alles was mit Technik zu tun hat", noch nie interessiert. Da er sich – wie noch gezeigt werden wird – während eines Konzertbesuchs für diesen Beruf entschieden hat, hat er das „nicht so wirklich als ernst empfunden". Damit hat er aber zunächst einen Beruf gefunden, der sich zumindest zu 50 Prozent mit seinem Hobby deckt und ihm die Möglichkeit gibt, seine Kreativität auszuleben. Im weiteren Verlauf wird sich zeigen, dass Theo diesen Beruf schließlich aufgibt, da er ihn nicht hundertprozentig zufrieden stellt. Bei der Lebensorientierung „Balance im Leben" (Hürtgen/Voswinkel 2012, S. 358) wird die Selbstverwirklichung nur in der Freizeit gesucht. Diese Interviewauszüge zeigen, dass die Interviewten in unnachgiebiger Weise auch im beruflichen Leben nach Selbstverwirklichung streben.

Das folgende Merkmal schließt mit dem Bedürfnis nach beruflicher Autonomie an diese Selbstverwirklichung und Selbstbezogenheit an.

5.4.2 Autonomie und Situativität

Im Folgenden wird sich zum einen zeigen, dass die Interviewten in beruflicher Hinsicht nach Autonomie streben und sich autodidaktisch aus- und weiterbilden. Zum anderen wird deutlich werden, dass die berufliche Biographie – im Gegensatz zu Typus 3 – nicht geplant wird, sondern dass berufliche Entscheidungen in erster Linie situativ getroffen werden.

Jonas bezieht sich in folgendem Auszug auf sein Studium der Sozialen Arbeit, welches er aus verschiedenen – nicht explizit benannten – Gründen nicht beendet hat.

> dann [nach dem Studium] bist du ja halt schon mal in so nem normalen Sozialarbeiterjob irgendwie drin und dann /eh/ ist es glaub ich schwierig an der Stelle dann nochmal auszubrechen und zu sagen ach ich mach jetzt aber nochmal was ganz anderes irgendwie. […] während seines Studiums zu sagen ach ich mach jetzt nochmal hier n Praktikum bei ner Plattenfirma oder hier ich mach jetzt nochmal das oder ich jobbe jetzt da nochmal n bisschen oder ich setz mal n halbes Jahr aus und mach mal /eh/ Vollzeit nen andern Job /eh/ das waren ja so Freiheiten die ich mir ja halt auch nehmen konnte irgendwie. (Z. 343-350)

---

[72] Auf diese Entgrenzung von Privat- und Berufsleben wird im Rahmen des dritten Merkmals näher eingegangen.

Die Wortwahl „*normaler* Sozialarbeiterjob" erscheint interessant, da zunächst die Frage gestellt werden kann, was ein „normaler" Sozialarbeiterjob sein mag. Dies wird von Jonas zwar nicht weiter spezifiziert, aber er bezieht sich in seinen weiteren Ausführungen nicht auf die Tätigkeit des Sozialarbeiters, sondern auf das Job*verhältnis* und die damit einhergehenden strukturellen Restriktionen. Er grenzt seine eigene Berufsbiographie von einer „normalen" ab, die dadurch gekennzeichnet wäre, dass man das Studium beendet, um anschließend einen dem Studium entsprechenden Job auszuüben. Dass dieses „normal" von ihm als Einschränkung empfunden wird, wird deutlich, wenn er sagt, dass es dann schwierig sei, „auszubrechen". Er scheint die erwarteten normalbiographischen Verläufe als Zwang, im Sinne von Einschränkung, zu erleben und sucht daher nach Alternativen für seine berufsbiographische Gestaltung (ähnlich auch Reißig 2010, S. 53). Autonomie ist dabei ein bedeutendes Motiv. Damit wird deutlich, warum Jonas sein Studium nicht beendet hat, obwohl es – wie noch gezeigt werden wird – nach eigener Aussage ohne große Anstrengungen möglich gewesen wäre.[73]

Das Streben nach Autonomie ist auch bei Klaus und Werner erkennbar. Wie bereits geschildert, ist Klaus in seiner gesamten Berufsbiographie zahlreichen sehr unterschiedlichen Tätigkeiten nachgegangen. Diese berufsbiographische Diskontinuität war – wie auch Geffers/Hoff 2010 beschreiben – teilweise extern erzwungen, wurde teilweise aber auch von Klaus selbst ausgelöst. Im folgenden Auszug beschreibt er seine freie Mitarbeit bei einer Spedition:

> der Schwiegervater [...] hat uns den VW Bus geschenkt und mit dem VW Bus habe ich mich dann selbstständig gemacht und ich bin bei einer Spedition angefangen [...] bei der Spedition angefangen in k-Stadt war die und habe ja so Sachen halt ausgeliefert. [...] und /eh/ ja und das war auch das was mir gefallen hat endlich mal. also dieses Selbstständigsein dieses selbstständige Arbeiten selbst entscheiden können was man macht und wie viel man arbeitet. (Z. 172-180)

Bei dieser Spedition war Klaus nicht, wie er sagt „selbstständig", sondern freier Mitarbeiter. Dass er die beiden Begriffe „Selbstständigkeit" und „freie Mitarbeit" synonym gebraucht, lässt sich auf seine Orientierung zurückführen: Für ihn ist nicht von Relevanz, ob er mit der Spedition in einem Vertragsverhältnis steht oder nicht. Stattdessen ist entscheidend, dass er „selbstständig" arbeiten konnte, ohne jegliche Vorgaben. Er konnte entscheiden, „was [er] macht und wie viel [er] arbeitet". Diese Arbeitsweise habe ihm „endlich mal" gefallen. Hier steht seine Selbstbestimmtheit stark im Vordergrund, wie er mehrfach wiederholt: „*Selbst*ständigsein, dieses *selbst*ständige Arbeiten, *selbst* entscheiden können".

---

[73] Im weiteren Verlauf, insbesondere im Zusammenhang mit dem Merkmal „Entgrenzung von Privat- und Berufsleben", werden weitere Gründe für den Abbruch des Studiums ersichtlich.

Werners Streben nach Autonomiegewinn wird in einer Beförderungssitua-
tion deutlich. Ihm wurde während seiner Tätigkeit als Marketingleiter das Angebot unterbreitet, zum Geschäftsführer des Unternehmens aufzusteigen. Eine solche Chance zu bekommen, ist sicherlich selten und besonders. Würde Werner
sich an dieser Stelle durch eine Organisationsorientierung bzw. Unternehmens-
treue und/oder eine Erfolgsorientierung auszeichnen, hätte er dieses Angebot
wahrscheinlich nicht ausschlagen können. Dass er es „nach oben" schaffen wollte, stellte er bereits während seiner Ausbildung fest. An diesem „Scheideweg"
entscheidet sich Werner allerdings gegen den Aufstieg, also gegen die Unter-
nehmenskarriere, um den Weg in die Selbstständigkeit zu gehen.

> Und dann stand ich an dem Scheideweg entweder geh ich nach h-Stadt und werde
> Geschäftsführer für Deutschland der Gesellschaft oder aber ich mach mich selbst-
> ständig. und dann hab ich gesagt dieser Schritt reizt mich ungemein. dich selbst. zu
> bestimmen. dir selbst die Dinge aufzuerlegen und zu bewältigen. und so bin ich den
> Schritt in die Selbstständigkeit gegangen (Z. 19-22)

Die Möglichkeit der *Selbst*bestimmung hat für Werner einen großen Reiz. Nach
jahrelanger Betriebszugehörigkeit scheint er nun das Bedürfnis nach *Selbst*stän-
digkeit zu verspüren. Es erscheint ihm attraktiv, sich „*selbst* die Dinge aufzuer-
legen" und nicht von anderen auferlegt zu bekommen. Auch bei Werner ist also
ein großes Unabhängigkeitsbedürfnis erkennbar.[74]

Dieses Verlangen nach Selbstständigkeit zeigen die Interviewpartner auch
hinsichtlich ihrer Art und Weise, Neues zu erlernen. Sie bewältigen berufliche
Herausforderungen bzw. Lernerfordernisse, indem sie sich die entsprechenden
Inhalte „selbst" beibringen. An formaler Weiterbildung sind sie nicht interessiert
– vermutlich, weil diese ihre Selbst-Bestimmung einschränken würde. Jonas einzige formale Weiterbildung war die Teilnahme an einem Excel-Kurs, den er allerdings nicht beendet hat.

> I: [...] kann sein dass es an mir vorüber gegangen ist hast du Weiterbildungserfah-
> rungen?
> P: Nö. ach doch. ich hab mal nen Excel-Kurs besucht bei der VHS fällt mir grade
> ein. den hab ich aber nicht bis zum Ende gemacht (lachend) weil das so langweilig
> war aber ansonsten nicht. nee.

Den Abbruch des Kurses begründet er lachend damit, dass es langweilig gewesen sei – nicht damit, dass er nichts gelernt habe. Er scheint es nicht für erforder-

---

[74] Hier sei noch einmal an den berufsbiographischen Gestaltungsmodus „Persönlichkeitsgestaltung" erinnert, der sich durch das Streben nach Autonomiegewinn auszeichnet und Aufstieg unter Selbstverwirklichung unterordnet (Witzel/Kühn 2000, S. 18).

lich zu halten, an formaler Weiterbildung teilzunehmen, um neue berufliche Situationen zu meistern, wie folgender Auszug verdeutlicht:

> I: Ok. ok. dann würde mich an der Stelle jetzt nochmal interessieren zum Beispiel als du mit dem Marketing begonnen hast also wie hast du das gelernt praktisch?
> P: Im Grunde geht es bei Marketing darum Menschen zu kennen gute Kontakte zu haben Kontakte zu haben zu Menschen die wieder Kontakte zu Menschen haben und Leute miteinander in Kontakt zu bringen. die einander vorzustellen die miteinander ins Gespräch zu bringen. über diese Gespräche gute Ideen zu haben. ich glaube Kreativität ist n ganz wichtiges Tool dabei. /ehm/ also ich hab nie /eh/ /eh/ irgendwelche BWL-Geschichten oder sowas gemacht was sicher auch mit reinfließt. eigentlich hab ich das gemacht was ich was ich /eh/ wahrscheinlich ganz gut kann. mit Leuten reden irgendwie. und das war halt was was in dem Kontext immer gut funktioniert hat. (Z. 302-313)

Jonas antwortet nicht unmittelbar auf die Frage, sondern analysiert zunächst sein Aufgabengebiet, um sodann zu äußern, dass er sich dafür nicht formal weitergebildet habe. In seinen Augen erfordere das, was Marketing ausmache, keine Weiterbildung, obwohl „BWL-Geschichten" auch mit einfließen. Dieser Terminus deutet an, wie wenig Bedeutung Jonas „formalen" Lerninhalten beimisst, da „Geschichten" üblicherweise nicht ernst genommen werden – insbesondere nicht „irgendwelche". Im Duden wird „Geschichte" die umgangssprachliche Bedeutung „[unangenehme] Sache, Angelegenheit" zugeschrieben, was an dieser Stelle insbesondere aufgrund des Adjektivs „unangenehm" passend erscheint. Da bereits der Excel-Kurs langweilig war, wären klassische betriebswirtschaftliche Weiterbildungen in Jonas Perspektive wahrscheinlich ebenfalls langweilig – und letztlich scheinbar nicht erforderlich, um Marketing professionell zu betreiben. Zum „Marketing" als ein Bereich der Betriebswirtschaftslehre werden an Hochschulen Forschungsprojekte und Lehrveranstaltungen durchgeführt. „Gegenstand des Marketing ist die Planung und die Durchführung von Aktivitäten, die unmittelbar oder mittelbar dazu dienen, dass Gruppen oder Individuen die Produkte eines Unternehmens kaufen [...]" (Vahs/Schäfer-Kunz 2007, S. 548). Jonas definiert es allerdings auf seine eigene Weise, beschreibt dabei aber nicht ‚Marketing' wie in der eben zitierten Definition, sondern sich selbst und das, was für *ihn* im Vordergrund steht. Daher kommt er zu dem Schluss, dass er das tut, was er „wahrscheinlich ganz gut kann".

Auch Klaus, der nach seiner Tischlerlehre keine formalen Lehrveranstaltungen mehr besucht hat, sieht darin scheinbar keine Notwendigkeit. Er ist in der Lage und vor allem willens, sich die Dinge selbst beizubringen:

> I: Aber du hast das im Prinzip auch beim Kochen und bei allen anderen Sachen gemacht eigentlich immer selbst beigebracht.

P: Ja so als Autodidakt. jetzt beim Kochen und auch beim dieses Speditionsmäßige auch dann halt. also ich konnten natürlich durch die Tischlerlehre ich hab Möbel auch restauriert das gehört dann auch mit zu dieser Tätigkeit die wir mit Jugendstil gemacht haben und diesen Antiquitätenverkauf da hab ich dann Möbel restauriert für lange Zeit [...] das ging auch sehr gut. obwohl ich da eigentlich nichts mit zu tun hatte weil ich Bautischler gelernt hab und mit Möbel gar nichts zu tun hatte. aber das habe ich mir dann auch so beigebracht als Autodidakt das hat auch riesen Spaß gemacht. na ja. (Z. 624-632)

Mit Ausnahme der Tischlerlehre hat er sich in jegliche seiner beruflichen Stationen „autodidaktisch" eingearbeitet. Diese Tatsache scheint ihm wichtig zu sein, da er zwei Mal wiederholt, „als Autodidakt" gelernt zu haben. Letztlich erscheint es in dieser Orientierungsweise, die durch das Bedürfnis nach Selbstständigkeit und Autonomie gekennzeichnet ist, sinnvoll, sich eigenhändig weiterzubilden und nicht einem vorgegebenen Weiterbildungsprogramm zu folgen. Die Restriktionen eines gelernten Berufs bzw. des systematischen Erlernens desselben erscheinen hierfür eher hinderlich. Gerade das Selbststudium hat „riesen Spaß gemacht".

Theo geht diesbezüglich ähnlich vor. Er möchte sich beruflich im Mediendesign etablieren, hat dafür aber keine Aus- oder Weiterbildung absolviert.

hab mir halt die Programme gekauft und hab mich nachts damit selbstständig beschäftigt und mir das selber beigebracht [...] ich setz mich manche Nächte wirklich die hab ich komplett durch gemacht um mir irgendwelche youtube-Stories angeguckt wie Leute /ehm/ mit dem Programm umgehen und /eh/ das war halt alles so sehr eigeninitiativ (Z. 90-96)

Nicht nur, dass er die Selbstständigkeit und Eigeninitiative seiner Lernarrangements betont, er weist auch zwei Mal darauf hin, dass er sich „nachts" mit den Programmen beschäftigt habe. Außerdem hat er sich das erforderliche Wissen nicht über Bücher angelesen, sondern „youtube-Stories" angeschaut. Dabei scheint es sich wiederum nicht um spezielle bzw. systematische Lehr-Videos zu handeln, sondern um Videos, in denen „Leute mit dem Programm umgehen". Damit geht er also im doppelten Sinne einen unkonventionellen Weg der Weiterbildung. Dabei hat er sich eigenständig so intensiv mit den Programmen beschäftigt, dass er einige Nächte „komplett durch gemacht" hat. Wie bereits gezeigt, hat er in Erwägung gezogen, eine Ausbildung bei einer Medienagentur zu absolvieren. Er entscheidet sich nach einem Praktikum aber dagegen, weil es in der Agentur „sehr strukturiert war". D.h. auch bei Theo scheint ein zu hohes Maß an „Struktur", was mit externen Vorgaben korreliert und auf eine heteronome Arbeitsweise verweist, nicht mit seinem Bedürfnis nach Autonomie vereinbar zu sein.

Werner, der sich gegen die Übernahme der Geschäftsführungsposition und für die Selbstständigkeit als Bauträger entscheidet, hat ohne eine entsprechende Ausbildung eigenständig ein Grundstück beplant, d.h. er hat sich dies im Rahmen seiner Selbstständigkeit selbst beigebracht.

> obwohl ich nie ein Architekturstudium gemacht habe habe ich mit den Architekten ich habe gebaut ne also sozusagen als Bauträger also Grundstücke erworben beplant gebaut verkauft. und diese diese Architekten [...] Professor Müller hier an der Universität den hatt ich als Architekten und dann hab ich gesagt ich mach jetzt selbst was. und dann hab ich ein Grundstück gekauft und hab dieses Grundstück selbst beplant. mit allen vielen Dingen die da zu beachten sind. und hab dem das vorgelegt und dann sagt der ja wer hat denn die Zeichnungen gemacht? .. ja sag ich ich. [...] und dann kamen natürlich die vielen kritischen Fragen zum Beispiel was statische Dinge anbetrifft [...] dann ist er tatsächlich zu der Überzeugung gekommen (lachend) verdammt nochmal der Kerl der muss das wirklich selbst gemacht haben. und ich hab einen <u>riesen</u> Spaß dabei gehabt weil ich's ja nicht konnte. ich hab mir das alles so zusammengefummelt (Z. 23-33)

Die Ansage „ich mach jetzt selbst was" bringt sein Streben nach Autonomie und Selbstverwirklichung auf den Punkt. Besonders interessant erscheint an dieser Stelle seine Begründung dafür, warum ihm das Vorgehen, „alles so [zusammen zu fummeln]", so viel Spaß gemacht habe: „weil [er's] ja nicht konnte". D.h. dass es gerade das Nicht-Können gepaart mit dem selbstständigen Erlernen ist, was ihm Freude bereitet. Das verweist im Umkehrschluss darauf, dass die Teilnahme an entsprechenden Lehrveranstaltungen ihm wahrscheinlich keinen bzw. weniger Spaß gemacht hätte. Selbstständiges Weiterbilden in der Selbstständigkeit zeugt von einem ausgeprägten Autonomiebedürfnis.

Weiterhin ist für diesen Typus charakteristisch, dass kein Bildungs- oder Berufsplan entwickelt wird. Stattdessen werden sich bietende Chancen ergriffen und berufliche Entscheidungen situativ getroffen. Im Gegensatz zu Clara oder Tim, die alles tun, um ihre Ziele zu erreichen, ist bei den folgenden Auszügen von „Zufall", „Glück" oder Dingen, die sich „ergeben" haben, die Rede. Der Orientierungslogik entspricht ein solches biographisches Muster, da jeglicher gesamtbiographischer Plan die Autonomie und Freiheit einschränken würde.

Als Jonas, der im Textilvertrieb tätig ist, diese Tätigkeit beenden möchte, da er mehr und mehr mit seinem Vorgesetzten aneinander gerät, schaut er sich nach anderen Stellen um.

> hab mal geguckt was so für /ehm/ für Möglichkeiten entstehen und durch Zufall hat mir halt n Freund /eh/ ne Stellenausschreibung geschickt für dieses für diesen Job und das hörte sich für mich sehr spannend an weil ich das Getränk vorher schon kannte ich wusste halt /ehm/ dass da XY hintersteckt also quasi auch n sehr großer

Konzern dem /eh/ dieses Getränk gehört und hab mich dann einfach mal da beworben. (Z. 88-92)

„Mal" zu schauen, welche Möglichkeiten entstehen, spricht nicht für ein strin-
gent geplantes Vorgehen, sondern eher für ein situatives und offenes Handeln.
So gerät er „durch Zufall" an die entsprechende Stellenausschreibung und bewirbt sich „einfach mal". Auf die Frage, wo er sich in zehn Jahren sieht, antwortet Jonas:

> kann ich nicht sagen weil ich nicht weiß ob ich /ehm/ in /eh/ eben die Sachen die ich
> mache sind ja alle sehr junge Berufe und die Frage ist ja halt natürlich /eh/ hab ich
> mich bis dahin halt so weit wenn ich mal angenommen weiterhin für diesen /eh/
> Energydrink arbeite oder weiterhin in irgendeiner Agentur arbeite bin ich dann halt
> jugendlich genug um dieses Image nach außen zu tragen oder eben nicht. das /ehm/
> .. würde sich dann /eh/ /ehm/ ja ich kann seh mich jetzt im Moment noch nicht da
> wo ich in zehn Jahren sein mag irgendwie. es gibt halt klar so n paar Sachen die ich
> mache /ehm/ [...] gibt n paar Dinge die mich sicherlich interessieren. (Z. 267-273)

Da er in „sehr jungen Berufen" arbeite, kann er nicht absehen, wie lange er in
dem Bereich tätig sein wird. Dabei stellt sich an dieser Stelle für ihn nicht die
Frage, ob er weiterhin in diesen Berufen arbeiten *möchte*, sondern ob er „jugend-
lich genug ist, um dieses Image nach außen zu tragen". Es wäre durchaus denkbar, in solch einer Situation bereits andere Pläne zu schmieden bzw. sich über
Alternativen Gedanken zu machen. Dies tut Jonas allerdings nicht, er sieht sich
„im Moment noch nicht da", wo er in Zukunft sein wird – im Gegensatz zu
bspw. Tim oder Clara, die beide eine sehr genaue Vorstellung davon haben, wie
ihre berufliche Zukunft aussehen soll. Jonas stellt auch keine Überlegungen an,
innerhalb des Unternehmens aufzusteigen oder eine andere Tätigkeit aufzunehmen. Ein Ausblick in die nächsten 10 Jahre ist von vielen (externen) Faktoren
abhängig und da er keine konkreten Pläne hat, lässt er die berufliche Zukunft offen. Das Einzige, was ihm diesbezüglich klar ist, sind Dinge, die ihn „interessieren" würden, deren Umsetzung er aber noch nicht vorantreibt.

> P: ich könnte mir [...] zum jetzigen Zeitpunkt vorstellen vielleicht mal irgendwann
> nen Club zu betreiben [...]
> I: [...] gibt es darüber hinaus oder daneben noch weitere Sachen die du dir jetzt be-
> ruflich vorstellen könntest?
> P: Ja ich /ehm/ arbeite grade daran mit mit ein paar Freunden zusammen /eh/ nen
> Mailorder aufzubauen wo man halt Bandmerchandise und Streetwear und Skate-
> boardklamotten kaufen kann. [...] ich fänd es grundlegend auch immernoch span-
> nend nen eigenen Laden zu haben aber ich glaube dass dieses Konzept ein eigenes
> Geschäft zu haben wo man Textilien oder so verkauft dass das immer schwieriger
> wird und ich wahrscheinlich selbst in Städten wie v-Stadt auch immer schwerer wird

/ehm/ da eben der Onlineverkauf all all diesen /eh/ normalen Geschäften sehr den Rang abläuft. (Z. 273-301)

Dass es sich bei den Bereichen, die Jonas sich für seine berufliche Zukunft vorstellen kann, um seine Hobbies handelt, wird im weiteren Verlauf deutlich werden. Auch wenn es für „junge Berufe" keine formale bzw. allgemeingültige Definition gibt, könnte man die von Jonas genannten beruflichen Zukunftsvorstellungen wahrscheinlich dieser Kategorie zuordnen. D.h. obwohl er weiter oben sagt, dass er nicht wisse, wie lange er seinen jetzigen Tätigkeiten aufgrund des „jugendlichen Image" nachgehen könne, scheint er nicht in der Lage zu sein, sich von diesen jungen Berufen zu distanzieren und Alternativen in Erwägung zu ziehen. Abgesehen von dem Aufbau des Mailorders arbeitet Jonas – im Gegensatz zu Clara oder Tim – noch nicht an der Umsetzung seiner Ideen.

Klaus ist in seiner gesamten Berufsbiographie ebenfalls nie einer Planung oder einem Entwurf gefolgt. Er hat sich selten eigeninitiativ um all seine diversen Anstellungen beworben. Stattdessen wurden ihm die diversen Jobangebote in der Regel unterbreitet.

> dann habe ich meinen Onkel .. der hat mich dann gefragt ob ich im Tiefbau arbeiten will (Z. 207 f.)
> Disko XY hatte mir dann das Angebot gemacht da Garderobe zu machen. (Z. 335 f.)

Auch für die Tätigkeit im Musikvertrieb kam das Angebot von einem Kollegen (Z. 269). Nun könnte man fragen, ob diese Haltung im Widerspruch zu der Suche nach Selbstverwirklichung steht. Da allerdings jene Tätigkeiten, in denen der Anspruch der Selbstverwirklichung nicht möglich erscheint, aufgegeben werden, scheint diese Strategie mit der Suche nach Selbstverwirklichung vereinbar. Zum einen steht diese Situativität für Flexibilität und Experimentierfreude, zum anderen ermöglicht sie kurzfristige Notlösungen (z.B. im Falle von drohender Arbeitslosigkeit). Unabhängig davon, ob es gut oder schlecht läuft, das Handlungsmuster kann beibehalten werden. Die *Suche* nach Selbstverwirklichung ist also nicht zwingend proaktiv, sondern kann einem Ausschlussprinzip folgen, bei dem sich durch Zufälle (auch kurzfristig) ergebende Möglichkeiten genutzt werden *können*. Denn: „Als relativ frei und kreativ können [...] Personen gelten, die Möglichkeiten besitzen, ihre Verhaltenswahl durch Zufälle bestimmen zu lassen" (Becker 2007, S. 16). In jedem Fall wird die Berufsbiographie nicht – wie bei Typus 3 – geplant.

Gleiches gilt für Theo. Wie oben angedeutet, hat er in Erwägung gezogen, bei einer Medienagentur eine Ausbildung zu absolvieren. Bei einer Agentur ist er „zum Glück irgendwie rein gekommen".

hab dann /eh/ ne Einstellung bei einem /eh/ bei einer Medienagentur gefunden [...]
bin da zum Glück irgendwie rein gekommen weil ich sehr begeistert davon war und
gesagt hab hey das das Design das ist es jetzt. und ich wollt mich wirklich darauf
einlassen und gesagt haben ok ich mach jetzt ne Ausbildung nochmal und werd dann
einfach freier Designer und kann dann quasi in meiner Freizeit mit Menschen arbeiten. das wird schon alles irgendwie passen (Z. 99-104)

Er kann sich scheinbar nicht mehr erinnern, wie es zu der Anstellung gekommen
ist, aber es wird wahrscheinlich nicht mit großen Anstrengungen seinerseits verbunden gewesen sein. Da er zwei Bereiche für sich identifizieren kann, denen er
beruflich gerne nachgehen möchte – Sozialarbeit und Mediendesign – nimmt er
sich vor, Mediendesign hauptberuflich zu verfolgen und in seiner Freizeit mit
Menschen zu arbeiten. Wie genau diese Kombination aussehen soll, ist ihm nicht
klar. „Das wird schon alles irgendwie passen". Hier deutet sich eine gewisse
Überforderung an, der er zu entkommen versucht und sich in die eben zitierte
Aussage flüchtet. Das „irgendwie" scheint seine Berufsbiographie zu prägen (irgendwie rein gekommen, irgendwie passen) und markiert damit einen grundlegenden Unterschied zu dem karriereorientierten Typus 3. Auch über seine Ausbildung zum Veranstaltungstechniker hat er – wie weiter oben bereits beschrieben – nicht lange nachgedacht, sondern sich intuitiv während eines Konzertbesuchs dazu entschieden.

ich glaub ich hab gar nicht so lang drüber nachgedacht sondern eher so ok da ist ne
Chance und es macht dir Spaß und Musik () sowieso und dann machst du das halt.
[...] und /eh/ hab dann halt die Ausbildung angefangen als Veranstaltungstechniker.
(Z. 41-43)

Zu diesem Zeitpunkt denkt er nicht lange nach oder wägt ab, sondern ergreift die
sich bietende Chance. Das sieht bei der Möglichkeit, im Rahmen seiner Tätigkeit
als Veranstaltungstechniker einen Meistertitel zu erwerben, anders aus:

dann hieß es irgendwann dass ich den Meister machen sollte. [...] und als dann das
Angebot kam [...] den Meister zu machen und /eh/ wirklich da quasi in Anführungs-
zeichen Karriere zu machen war das so n Punkt wo ich gesagt hab ok entweder du
entscheidest dich jetzt voll dafür und verlierst halt n paar Freunde und das soziale
Umfeld wird immer weniger (aufgrund der häufigen Reisen) [...] ja und da hab ich
dann lange mit mir gerungen. [...] und wie gesagt das Angebot stand und dann halt
zu überlegen ok was machste jetzt. ich hatte nicht wirklich nen Plan B. [...] ich
wusste aber einfach so ok das macht mir keine Freude mehr und da merk ich halt so
ich werd immer unruhiger auch in dem Beruf (Z. 57-68)

Hier muss er lange mit sich ringen, bevor eine Entscheidung fällt. Auf jeden Fall
hat er keinen „Plan B". Daher muss er sich die Frage stellen „was machste jetzt".

Da er auf diese Frage keine Antwort findet, geht er für ein Jahr nach Australien, um „einfach mal dann in diesem Jahr zu überlegen ok was passiert und wo kann's hingehen" (Z. 71 f.) – dieser Entschluss kann als eine Flucht aus der Orientierungs- und Planlosigkeit interpretiert werden und erinnert an das Projekt „Zeitgewinn – Optionsvielfalt" (Bois-Reymond 1998, S. 141), bei dem die interviewten Jugendlichen bspw. nach dem Abitur ins Ausland gehen, um Zeit für eine Entscheidung zu gewinnen.

Auch Anna folgt bei ihren beruflichen Wegen der „irgendwie"-Strategie. Sie tut dies allerdings aus einer etwas anderen Motivlage als Theo: sie vertraut darauf, dass „irgendwie sich Dinge schon ergeben werden":

> irgendwie hat sich alles immer so ergeben bei mir. also ich hab nie irgendwie groß über /ehm/ darüber nachgedacht also wie also ich hab natürlich schon darüber nachgedacht wie könnte etwas weiter gehen aber ich hab halt immer /ehm/ dadrauf vertraut dass das irgendwie sich Dinge schon ergeben werden. und bis jetzt ist das auch witzigerweise irgendwie immer so gewesen. also ich hab halt nie irgendwas erzwungen. und hab das halt als /ehm/ als einen sehr guten /eh/ Weg für mich /eh/ ausgemacht. (Z. 10-15)

Anna scheint im Gegensatz zu Theo mit der Entscheidung für berufliche Stationen oder Wege nicht überfordert zu sein. Bei ihr ist es Vertrauen, das sie dazu veranlasst, keine längerfristigen beruflichen Pläne für sich vorzunehmen. Interessant erscheint, dass sie dem „Ergeben" von Dingen nicht Planung, sondern Zwang („nie irgendwas erzwungen") gegenüberstellt, d.h. dass sie es wahrscheinlich als Zwang empfinden würde, Dinge planvoll voranzutreiben (wie Clara oder Tim es tun). Demgegenüber erscheint die Fähigkeit, zu warten, um Möglichkeiten zu ergreifen, als geeigneter „Weg". Dass es keine Planung gibt, kann nicht zuletzt auch darauf zurückgeführt werden, dass es keine (stabilen) beruflichen Ziele gibt. Ähnlich wie „Professionalisierung" (Typus 2) sind Autonomie und Selbstverwirklichung keine operationalisierbaren Ziele, die man realisieren könnte, sondern vielmehr Idealisierungen, an denen man sich orientieren oder nach denen man streben kann. Daher stehen statt Zielen, Plänen oder einer gewissen Stabilität Flexibilität und Situativität und damit die Prozesshaftigkeit der eigenen Entwicklung im Vordergrund.

Wie bisher gezeigt werden konnte, spielen Selbstverwirklichung und Autonomie also eine zentrale Rolle in der Berufsbiographie. Außerdem werden ein bestimmter Lifestyle und Kreativität in berufliche Tätigkeiten eingebracht und die Grenze zwischen Hobbies und Beruf bzw. Privat- und Berufsleben wird aufgehoben. Dies hat sich in den vorangegangen Auszügen bereits angedeutet und wird im Folgenden näher dargestellt.

5.4.3 Entgrenzung von Berufs- und Privatleben

Was sich im Rahmen des zweiten Merkmals bei Jonas bereits angedeutet hat, zeigt sich hier sehr deutlich: Er hat seine Hobbies zu seinem Beruf gemacht.

> I: Ok. /ehm/ gut. dann würd ich dich jetzt einfach mal fragen was sind deine Interessen oder Hobbies.
> P: Ich glaube Musik ist n ganz wichtiger Faktor /ehm/ ja der mich oder mein Leben ausmacht. also Musik ist schon aus professioneller Hinsicht klar bin ich immer auf der Suche nach neuen Bands oder neuer Musik oder Musik die ich auflegen kann /ehm/ aber auch weil ich das einfach liebe. (wie gesagt?) ist Musik n wichtiges Thema für mich aus allen möglichen Bereichen von Elektronik bis zu /e/ Punk oder Metal oder Hardcore. das eine mehr das andre weniger aber ich bin halt schon sehr interessiert an Musik. /ehm/ Skateboardfahren ist auf jeden Fall n sehr wichtiger Bestandteil in meinem Leben. also nicht mehr unbedingt Skateboardfahren an sich aber das was man sich halt nicht mehr so viel aber das was da drum herum dazu gehört. Kunst die Mode /ehm/ das ist ja Skateboarding ist ja nicht unbedingt klassisch nur der reine Sport sondern das ist ja einfach auch ganz viel drum herum /ehm/ was da mit dazu gehört. und Mode ist sicherlich auch n wichtiges Hobby oder n wichtiger Punkt in meinem Leben der mir /eh/ viel bedeutet. (Z. 144-154)

Seine Hobbies und privaten Interessen können also unter 1) Musik, 2) Skateboarding und 3) Mode zusammengefasst werden. In seiner Erzählung ist eine große Leidenschaft, bei Musik gar „Liebe" erkennbar. Sowohl das Skateboarding als auch die dazugehörige Mode sind sehr wichtige Bestandteile seines Lebens, die ihm viel bedeuten. Dennoch hat er – wie bereits erwähnt – nach der Schule zunächst begonnen, Soziale Arbeit zu studieren und berichtet im folgenden Auszug davon, wie sich seine berufliche Laufbahn seitdem entwickelt hat:

> hab nebenbei neben dem Studium in verschiedenen Skateshops quasi gearbeitet. das hab ich so /ehm/ ich würde sagen vielleicht fünf Jahre oder so ungefähr gemacht bin aber immer weniger studieren gegangen und hab immer mehr gearbeitet. irgendwann hab ich halt mein Studium komplett auf Eis gelegt und hab angefangen nur noch fest in nem in nem Skateshop zu arbeiten. hab zwischenzeitlich nochmal Praktikum in /eh/ v-Stadt gemacht bei /ehm/ nergroßen Metalplattenfirma. die hießen AB. das sind so bekannteste Metal und Hardrock /eh/ Plattenlabel was es gibt. da hab ich n Praktikum gemacht und hab nachher noch nezeitlang dort auch gearbeitet. hab zu der Zeit auch in v-Stadt gewohnt. bin dann wieder zurück nach z-Stadt gezogen. hab da nezeitlang in nem Skateshop gearbeitet [...] und dann bin ich /ehm/ wieder nach v-Stadt gezogen. hab /ehm/ auch da in nem Skateshop gearbeitet den ich geleitet hab auch. hab da so anderthalb Jahre gearbeitet. bin dann nach w-Stadt gezogen. hab dann /ehm/ die Geschäftsführung in nem Skateshop übernommen. auch wieder in z-Stadt. war da so zwei Jahre nochmal und bin dann (lachend) wieder nach v-Stadt gezogen und /ehm/ da leb ich jetzt /ehm/ seit .. /ehm/ lass mich mal

überlegen so seit sieben Jahren jetzt glaub ich wieder. also seit ungefähr zweitausendfünf. […] und habe /ehm/ in nem großen Textilvertrieb gearbeitet einige Jahre und hab vor anderthalb Jahren ungefähr dort aufgehört um für /eh/ einen Energydrink zu arbeiten der neu auf dem deutschen Markt ist und kümmer mich da um Marketing und ja /ehm/ Markenpräsenz für dieses Produkt. bin im Moment noch im Region A und ab Anfang zweitausenddreizehn dann in /eh/ in ganz Region B. nebenbei /eh/ leg ich auf /ehm/ mach Parties und Konzerte. das ist mein zweites Standbein quasi /ehm/ ja. (Z. 15-37)

Was als „nebenbei" begonnen hat, entwickelt sich nach und nach zu seinem Beruf, d.h. dass Jonas damals scheinbar versucht hat, zunächst den konventionellen Weg zu gehen (zu studieren und durch einen Nebenjob Geld zu verdienen). Aufgrund seiner Orientierung vernachlässigt er das Studium allerdings und räumt seiner Nebentätigkeit und damit seinen Interessen mehr Zeit ein. In dem Auszug wird sehr deutlich, dass seine beruflichen Stationen analog zu seinen Hobbies zusammengefasst werden können: 1) Der Musik ist er zunächst während des Praktikums bei dem Plattenlabel nachgegangen. Außerdem veranstaltet er Parties und Konzerte. Sein Interesse für 2) Skateboarding und 3) Mode verknüpft er, indem er in Skateshops und einem großen Textilvertrieb, der ebenfalls Skateboardfashion vertreibt, arbeitet. Das Marketing für den Energydrink fügt sich auf den ersten Blick nicht vollständig in seine Interessengebiete. Wenn man allerdings berücksichtigt, dass dieser Job damit verbunden ist, das Getränk bspw. auf Modemessen, Konzerten oder in Nachtclubs zu bewerben, ist die Nähe zu seinen privaten Interessen unmittelbar gegeben. Bei Jonas wird deutlich, dass er sein privates Ich nicht von seinem beruflichen Ich trennt. Das wird vor allem dann offensichtlich, wenn man sich Jonas äußeres Erscheinungsbild vor Augen führt. Er hat viele Tätowierungen, ist modebewusst gekleidet und verkörpert insgesamt eine extrovertierte Persönlichkeit. Damit wird die Verwirklichung seiner selbst – wie im Rahmen des ersten Merkmals beschrieben – komplettiert. Seine Hobbies und sein Beruf verschmelzen genauso miteinander wie sein privates und sein berufliches Selbst. Zwischen Arbeit und Freizeit bzw. Berufs- und Privatleben findet keine Trennung statt. Daher kann von einer Entgrenzung und im Besonderen von einer „Entgrenzung als Verschmelzung" (Geffers/Hoff 2010, S. 110) die Rede sein. Auf diese Vermischungen von Arbeit und Freizeit verweist auch Bois-Reymond (1998), die im Rahmen von biographischen Interviews die Lebensentwürfe junger Erwachsener rekonstruiert hat. Sie kommt zu dem Ergebnis, dass für junge Erwachsene u.a. Tätigkeiten attraktiv sind, bei denen sich nicht eindeutig bestimmen lässt, ob sie dem Arbeits- oder dem Freizeitbereich zuzuordnen sind. Es scheint einigen „Trendsettern" zu gelingen, die mit lebenslangem Lernen einhergehende Flexibilisierung dazu zu nutzen, „lifestyle auch in den Arbeitsbereich zu introduzieren" (Bois-Reymond 1998, S. 140). Diese Fähigkeit trifft scheinbar auch auf Jonas zu.

Wie bei Theo, dessen Berufswahl durch einen Konzertbesuch ausgelöst wurde, hat bei Jonas der Besuch eines Nachtclubs dazu geführt, sein „zweites Standbein" zu gründen. Diese Formulierung erinnert an ‚Unternehmertum' und verweist darauf, dass Jonas sich als Unternehmer (seiner selbst) versteht.

> I: Mhm. du hast jetzt grad nochmal deine DJ-Tätigkeit angesprochen. dann würd ich auch gerne nochmal fragen wie es dazu gekommen ist dass du als DJ arbeitest.
> P: Ja das ist schwer /ehm/ also im Grund hab ich angefangen Musik aufzulegen weil mich die Musik die in Clubs lief einfach gestört hat. ich bin halt immer mit n paar Freunden in z-Stadt immer zusammen ausgegangen /ehm/ in den damaligen t-club. das war halt n großer Club in z-Stadt /ehm/ und mich hat da immer die Musik gestört. und /ehm/ dann hab ich halt mit nem Freund zusammen /ehm/ haben wir uns überlegt dass wir halt echt gerne auch was Eigenes machen würden (Z. 103-109)

Dadurch kann er sowohl seine Leidenschaft für Musik ausleben als auch „was Eigenes machen". Diese Entscheidung fällt er zwar nicht so intuitiv wie Theo, aber Anlass dafür ist dennoch seine Freizeit bzw. ein Vergnügen, dem er in der privaten Zeit nachgeht. Besonders interessant erscheint die Ursache für diese Idee: *Ihn* selbst hat „die Musik gestört", d.h. dass er mit der Veranstaltung von eigenen Parties gewissermaßen ein Angebot für ‚sich selbst' machen wollte.

Wie bereits angedeutet, hat Jonas das Studium der Sozialen Arbeit nie beendet, obwohl er kurz vor dem Abschluss stand.

> ich hatte halt alle meine Prüfungen die ich gebraucht hab ich hätte eigentlich nur noch ich glaub eine Fachprüfung abliefern müssen und hätte dann meine Diplomarbeit schreiben können hab das aber praktisch nicht beendet. (Z. 24-26)

Diese Tatsache erscheint zunächst verwunderlich, da er im weiteren Verlauf des Interviews schildert, wie leicht ihm das Studium gefallen sei:

> also ich hab mir dann immer vorgenommen ja im nächsten Semester geh ich dann wieder regelmäßig studieren und es ist ja bei Sozialarbeit auch relativ einfach. [...] ich weiß nicht mir ist das halt nie schwer gefallen. ich hab halt immer Einsen da gehabt ohne dass ich mich jetzt groß anstrengen musste [...] mich hat das nie stark angestrengt dieses Studium auszuüben. (Z. 327-339)

Obwohl das gesamte Studium ihn – wie er betont – „nie stark angestrengt" hat, beendet er es nicht. Würden andere Orientierungsmuster zugrunde gelegt, könnte es als irrational bezeichnet werden, ein Studium abzubrechen, obwohl es ohne große Anstrengungen und mit sehr guten Noten verlaufen ist. Legt man aber Jonas' Orientierung zugrunde, ist diese Entscheidung durchaus nachvollziehbar. Für ihn scheint die Entgrenzung von Freizeit und Arbeit bzw. von Privat- und Berufsleben relevant. Die Orientierung an ‚legitimen' Bildungswegen und vor-

gegebenen Laufbahnen scheint hingegen irrelevant, v.a. wenn man berücksichtigt, dass er nach dem abgebrochenen Studium auch keine Berufsausbildung absolviert hat, d.h. er verfügt ‚lediglich' über einen allgemeinbildenden Schulabschluss. Er ist präferenzlos gegenüber sozialversicherungspflichtiger Beschäftigung, aber im Laufe der Biographie distanziert er sich immer stärker von festen
(lokal gebundenen) Arbeitsplätzen. Er ist viel unterwegs, selten im Büro, arbeitet
Tag und Nacht, ‚mischt' sein Privat- und Berufsleben, d.h. es handelt sich um
multiple Entgrenzung: zeitlich, örtlich sowie hinsichtlich des Beschäftigungsver-
hältnisses und der Relation von Privat- und Berufsleben. Genauso wie eine un-
befristete Festanstellung als unattraktiv interpretiert werden kann, scheinen formale Qualifikationen und Abschlüsse in dieser Orientierungsweise bedeutungs-
los. Aus seiner Tätigkeit im Marketing schlussfolgert Jonas:

> eigentlich hab ich das gemacht was ich was ich /eh/ wahrscheinlich ganz gut kann
> (Z. 311 f.)

Wenn man bedenkt, dass diese Aussage auch auf das Studium der Sozialen Arbeit passt, worin er durchaus auch sehr gut war, bestärkt das seine dargelegte
Orientierung. In dem Studium hat er scheinbar keine Möglichkeit der Selbstverwirklichung gesehen, was in diesem Zusammenhang bedeuten soll, dass er in
dem Beruf als Sozialarbeiter keine Chance sieht, beruflich seinen Hobbies nachzugehen sowie Berufs- und Privatleben zu entgrenzen. Diese Einstellung erinnert
an jene Postadoleszente, die bereits über Mischmodelle von Arbeit und Freizeit
nachdenken bevor sie richtig im Berufsleben stehen (Bois-Reymond 1998, S.
147).
    Die Entgrenzung von Arbeit und Freizeit wird auch bei Anna deutlich. Wie
bereits erwähnt, hat sie als Journalistin nach ihrem Studium unter anderem bei
verschiedenen Verlagen gearbeitet. In ihrer Freizeit liest sie belletristische Literatur und betreibt einen entsprechenden Bücher-Blog.

> I: Beim Verlag hat es dir gefallen?
> P: (lachend) Ja geht so. also das waren ja alles sehr kleine Verlage und auch keine
> belletristischen Verlage. also die hatten ja jetzt nichts so mit /ehm/ großer Weltlitera-
> tur oder so zu tun […] und das war halt weniger spannend. also das war halt nicht
> sehr aufregend und nicht sehr weltbewegend. und ob jetzt ein Sack Reis in China
> umfällt oder halt dieser Verlag einen neuen Ratgeber über Golfhotels rausgibt (lacht)
> das war dann halt relativ pillepalle irgendwie (Z. 75-82)

Die Tätigkeit bei den Verlagen hat ihr deshalb nicht gefallen, weil sie sich für
Belletristik interessiert und es sich nicht um belletristische Verlage handelte. Daher hat sie sich letztlich entschlossen, das sichere Beschäftigungsverhältnis zu
kündigen und als freie Journalistin zu arbeiten. Hier zeigt sich also weder eine

Sicherheits- noch eine Karriereorientierung, sondern eher der Wunsch, ihre privaten Interessen auch beruflich zu verfolgen. Als freie Journalistin rezensiert sie nun belletristische Literatur für einen Radiosender und betreibt einen Literaturblog.

Wie zu Beginn dieses Kapitels gezeigt, versucht auch Klaus bei seinen zahlreichen Tätigkeiten, sein Privat- und sein Berufsleben zu verschmelzen. Als Musikliebhaber hat er diese Leidenschaft beim Einrichten seines Cafes eingebracht. Darüberhinaus hat er eine Zeit lang hauptberuflich als Musiker gearbeitet und in verschiedenen Bands gespielt bevor er schließlich eine eigene gegründet hat.

> Und da habe ich mich unheimlich reingehängt und dann auch noch so Stücke und noch Texte geschrieben und ja das hat sehr viel Spaß gemacht. (Z. 252 f.)

Zur gleichen Zeit hat er ein Angebot von einem Kollegen bekommen, in einem Plattenvertrieb zu arbeiten, in welchem er „dann [...] auch wirklich lange Zeit gearbeitet" (Z. 275 f.) habe.

Theo wird Veranstaltungstechniker, um ebenfalls seiner Leidenschaft für Musik beruflich nachgehen zu können. Wie wichtig ihm die privaten Interessen für die Berufswahl sind, wurde bereits eingehend dargestellt.

Die Entgrenzung von Arbeit ist schon beim Typus 3 in Erscheinung getreten. Dort handelte es sich allerdings um eine „arbeitszentrierte Entgrenzung" (Geffers/Hoff 2010, S. 110), in der das berufliche Leben dominiert und das Privatleben in den Hintergrund rückt bzw. vom Berufsleben „verschluckt" wird. Interessen und Hobbies wurden genutzt, um der Karriereorientierung auch in der Freizeit Rechnung zu tragen. Hier handelt es sich hingegen um eine „Entgrenzung als Verschmelzung" (Geffers/Hoff 2010, S. 110), indem die Interviewten nach einer „Verberuflichung" ihrer Freizeit und Hobbies suchen und die Selbstverwirklichung dabei in den Mittelpunkt stellen. Wenn diese Form der Entgrenzung nicht gelingt bzw. nicht realisierbar erscheint, wird der Job gekündigt (wie bspw. bei Theo oder Anna) oder ein Studium abgebrochen (wie im Fall von Jonas).

Insgesamt handelt es sich nicht nur um die Tendenz der Entgrenzung von Arbeits- und Privatleben, sondern zunehmend auch von lokalen Zugehörigkeiten und zeitlichen Strukturen.

5.4.4 Grenzen der Orientierungsweise

Die Grenzen dieser Orientierung sind insbesondere bei Theo erkennbar, der sich gewissermaßen selbst verliert bzw. keinen Beruf findet, der ihm die Möglichkeit der Selbstverwirklichung bietet. Er ist an vielen Stellen in seiner Biographie mit der beruflichen Orientierung überfordert. In diesen Situationen geht er bspw. ins Ausland oder sucht sich einen Job, „den [er] so machen [kann]", um sich „weiter Gedanken" machen zu können. Nachdem er sich gegen den Erwerb des Meistertitels entschieden hat, geht er bspw. nach Australien, um sich zu orientieren und herauszufinden, was er machen möchte.

> als ich dann wieder gekommen bin /ehm/ war ich halt so n bisschen verwirrt weil ich gedacht hab ok jetzt wolltest du eigentlich n Jahr haben wo du dich komplett einigst und wirklich sagst so jetzt machst du das und das /ehm/ und wusste es eigentlich immer noch nicht. (Z. 84-87)

Diese Strategie, sich eine Auszeit zu nehmen, um sich beruflich festzulegen, führt allerdings nicht zu Erfolg, was – wie auch weiter oben bereits erkennbar – damit begründet sein kann, dass er die Ansprüche, die diesen Typus charakterisieren, in *einer* Tätigkeit vereinbaren will. Er will sowohl einen bestimmten Lifestyle leben, „freaky designig", und gleichzeitig (wie der folgende Auszug zeigen wird) etwas ‚Sinnvolles' tun.

> immer so dieses Gefühl eigentlich so war ich von Anfang an auf der Suche hey was ist das was dir Sinn das was ich selber persönlich sagen würde das macht Sinn was du heute gemacht hast. (Z. 118-120)

Eine Kombination dieser Orientierungsweise (Selbstverwirklichung, ‚Freiheit', Entgrenzung) mit *einer* festen Beschäftigung scheint nicht möglich zu sein bzw. erscheint es problematisch, diese Ansprüche in *einem* Beruf zu vereinbaren. Er selbst („ich selber persönlich") steht im Mittelpunkt seiner berufsbiographischen Orientierung und steht vor dem Problem, keinen für sich passenden Job zur Selbstverwirklichung zu finden. Sobald er einen Beruf gefunden hatte, in dem seine persönliche Entfaltung möglich war, wurde die Grenze innerhalb des Berufsbildes markiert: er konnte nicht länger als Veranstaltungstechniker arbeiten, da er sich mit Technik nicht auskannte und auch nicht auskennen wollte; er konnte nicht als Mediendesigner arbeiten, weil das gar nicht so „freaky designig" ist, wie er sich das vorgestellt hat. Parallel dazu hat er immer wieder Praktika im Bereich der Sozialen Arbeit absolviert, da er (neben dem Design) „mit Menschen arbeiten" möchte (Z. 78). Allerdings entscheidet er sich erst dann für das Studium der Sozialen Arbeit, als die anderen Berufe seiner Selbstverwirklichung Grenzen setzen bzw. dem Wunsch nach persönlicher Entfaltung nicht mehr gerecht werden.

Eine weitere Grenze ist dann gegeben, wenn die Orientierung am „Selbst" ökonomisch nicht verwertbar ist. Dies ist vor allem bei Klaus erkennbar. Er ist gezwungen, einigen Tätigkeiten aus ökonomischen Zwängen nachzugehen. Diesbezüglich resümiert er:

war ich also mit dem was ich gemacht hab eigentlich sehr zufrieden bis auf die jetzi-
ge Zeit und das was Einzahlen einfach anbetrifft. so viel ist dann auch nicht aufs
Rentenkonto gegangen dass es dann auch jetzt so nicht so toll aussieht. ich krieg da
irgendwie noch ein paar Euro Rente.

Hier wird abschließend also der Grenzfall von Selbstverwirklichung, Autonomie
und prekärer Beschäftigung deutlich. Sein Bedürfnis nach Autonomie und
Selbstverwirklichung, dem materielle Ansprüche untergeordnet werden, mündet
schließlich in diese prekäre Situation.

Die Berufsbiographie, die diesen Typus kennzeichnet, und die gesellschaftliche Norm hinsichtlich beruflicher Biographien stehen hier im Spannungsfeld,
weil zum einen Berufe und Branchen historisch gewachsen sind und die Beschäftigungsverhältnisse eher an den Marktnotwendigkeiten und Unternehmensbedürfnissen orientiert sind und weil zum anderen die staatliche soziale Sicherung (insbesondere die Rentenversicherung) quer zu diesem Typus liegt. Damit
sind deutliche Grenzen bzw. Problematiken dieser Orientierungsweise markiert.

5.4.5 Zusammenfassung und Reflexion

Die Interviewten zeichnen sich durch ein ausgeprägtes Bedürfnis nach Selbstverwirklichung und Autonomie aus. Selbstverwirklichung meint hier, das Selbst
stets in den Vordergrund (berufs-)biographischer Handlungen zu stellen und
nach Möglichkeiten zu suchen, die eigenen Ideale und Vorstellungen von sich
selbst sowohl im Privat- als auch im Berufsleben zu verwirklichen. Dies gelingt
den Interviewten insofern, als dass sie ihr Berufs- *nicht* von ihrem Privatleben
trennen, sondern versuchen, beide Bereiche zu verschmelzen. Dabei ist das Bedürfnis nach Autonomie enorm stark ausgeprägt. Konträr zum ersten Typus wären Sicherheit und die Orientierung an einer Organisation für diesen Typus eine
kaum denkbare Handlungsstrategie. Genauso wenig orientieren sie sich an einer
Profession oder anderen sozialen Bezugsfeldern. Sie möchten nichts tun, was
„weniger spannend" und „nicht sehr aufregend" (Anna, Z. 80 f.) ist und auch
keinen „normalen" Jobs nachgehen (Jonas, Z. 344), sondern „sehr cool irgendwo
sitzen", „freaky designig" (Theo, Z. 107) und neue Ideen entwickeln, bspw. eine
„Kneipe neu aufbauen" (Klaus, Z. 636). Um all das vereinbaren bzw. einlösen zu
können, gehen sie zahlreichen beruflichen Tätigkeiten nach und sind gegenüber
Beschäftigungsverhältnissen indifferent, d.h. es spielt keine Rolle, ob sie freibe-
ruflich, selbstständig oder auch als Angestellte tätig sind. Während die berufsbiographischen Handlungen des dritten Typus stets im Hinblick auf die eigene
Karriere und hinsichtlich externer Konkurrenzerwartungen rational abgewägt
werden, werden berufliche Entscheidungen bei diesem Typus häufig intuitiv ge-

troffen. Richtungsweisend sind die *eigenen* Interessen, Vorstellungen und Über-
zeugungen.[75] Damit wird die Gestaltung der eigenen Biographie als *Selbstverwirklichung* bezeichnet.

Hinsichtlich des sozialen Referenzrahmens spielen hier weder eine Organisation noch eine Profession noch vorgegebene Karrierepfade bzw. externe Konkurrenzerwartungen eine Rolle. Stattdessen bildet – überspitzt formuliert – ausschließlich die eigene Person die Referenz. Während Typus 3 hinsichtlich der Erfolgsorientierung vorgegebenen Karrierepfaden folgen muss, ist es hier die *eigene* Person bzw. das *Selbst*, auf das sich die Interviewten in ihrem Handeln beziehen. Sie weisen damit eine deutliche Selbstbezogenheit und Selbstzentriertheit
auf.

Dadurch, dass die Person selbst stets im Vordergrund steht und zwischen
dem Berufs- und Privatleben keine Trennung besteht, handelt es sich um *Entgrenzung*, i.s. einer Verschmelzung von Privat- und Berufsleben (Geffers/Hoff
2010, S. 110). Diese ist das Ergebnis des biographischen Lernprozesses, da das
Einlösen von (beruflicher) Selbstverwirklichung, von Lifestyle im beruflichen
Bereich und dem Wunsch, keine gewöhnlichen bzw. „normalen" Jobs auszuüben, nur durch Entgrenzung zu gelingen scheint. Selbstverwirklichung, Autonomie, Kreativität und Entgrenzung in *einer* Beschäftigung einzulösen, scheint in
der Realität kaum möglich. Daher werden mehrere Tätigkeiten gleichzeitig ausgeübt und Tätigkeiten häufig gewechselt. Flexibilität und Situativität erscheinen
für diesen Typus nicht nur freiheitsstiftend, sondern auch als adäquater Umgang
mit Kontingenz und Wandel, da zur Erfüllung der Wünsche und Bedürfnisse
patchworkartige und zeitlich befristete Lösungen angezeigt sind. Dies kann damit begründet werden, dass diese (postmoderne) Orientierungsweise in den historisch gewachsenen Berufen, Branchen und Beschäftigungsverhältnissen kein
Pendant findet. Entsprechend kann diese Abweichung von der Normalbiographie
bzw. Normalbeschäftigung auch als Kreative Devianz beschrieben werden:
„Kreative Devianz [...] entsteht nicht durch fortwährende Unterwerfung unter
das ‚zivilgesellschaftlich' eingeübte Prinzip maximaler Anspruchserfüllung und
Vollberücksichtigung von ‚Bedürfnissen' aller Art, sondern durch den experi-
mentellen, chancensensitiven Umgang mit Kontingenz und Instabilität. Das setzt
nicht nur Mut zum Risiko voraus, sondern auch die Fähigkeit zu ‚unerwünschter'
Kreativität und Renitenz – ohne die überall aufgespannten Netze, Regenschirme
und sonstigen Einrichtungen zum Schutz vor Irritationen, biografischen Umwegen und lästigen Erfahrungsschocks" (Becker 2007, S. 18). Eine in der Form fle-
xibilisierte und entgrenzte Lebensführung erscheint aus dieser Perspektive sozi-

---

[75] Damit ergibt sich eine hohe Übereinstimmung mit dem „pragmatischen Lernprofil" der Studie
von Alheit et al. (2003), da dieses ebenfalls durch eine biographische Kurzzeitplanung gekennzeichnet ist, die wiederum durch autonome Entscheidungen charakterisiert ist.

alstaatlich nicht erwünscht, mindestens jedoch nicht berücksichtigt, weshalb die soziale Sicherung (insbesondere Alterssicherung) in dieser berufsbiographischen Orientierung dauerhaft prekär bleibt.

5.5 Bildungsniveau und Lebensalter: Spezifizierung der Typik

Bevor die Gesamtreflexion der empirischen Ergebnisse vorgenommen wird, werden nun alters- und bildungsspezifische Merkmale dargestellt.[76] Es kann vorweggenommen werden, dass Geschlechtsspezifika bei keinem der vier Typen rekonstruiert werden konnten.[77] Die Darstellung erfolgt chronologisch nach den vier Typen.

Bei Typus 1 lassen sich sowohl alters- als auch bildungsspezifische Unterschiede feststellen. Je älter die Interviewten und je geringer ihr Bildungsniveau, desto stärker ist ihre Orientierung an der Organisation. Heinz und Susanne, beide über 60 Jahre alt und ohne akademischen Abschluss, stellen die extremste Ausprägung dieses Typus dar und lassen keine Strategie- bzw. Musterwechsel erkennen. Sie thematisieren die mit der Individualisierung einhergehende Problematik, aus einer Fülle an Optionen auswählen zu *müssen* (Alheit 2002), nicht. Hingegen hinterfragen Jüngere und gut Gebildete ihre Handlungsstrategie oder weisen Merkmale auf, die anderen Typen zuzuordnen sind, wie bspw. Ernst, der sich neben der Orientierung an der Organisation als karriereorientiert erweist. Edin und Anja, die beide der jüngeren Generation angehören und einen Meister- bzw. einen akademischen Abschluss vorzuweisen haben, scheinen ihre Strategie zu hinterfragen und denken über Unternehmenswechsel nach (wobei damit keine konkrete Bewerbung einhergeht). Claudia und Carola gehören ebenfalls der jüngeren Generation an, haben aber einen geringeren Bildungsstand. Bei ihnen scheint der Reflexionszwang zwar ebenfalls vorhanden, aber geringer ausgeprägt zu sein. Beide wiesen im Laufe ihrer Biographie Merkmale auf, die entweder (wie im Fall von Claudia) zu einem anderen Typus (der Orientierung am Berufsfeld) passen oder wie bei Carola (die „alles hätte werden können") für eine Suchbewegung bzw. Orientierungslosigkeit sprechen. Zum Zeitpunkt des Interviews sind sie bei der Orientierung an der Organisation ‚angekommen' und scheinen diese Strategie weniger zu hinterfragen als Anja und Edin.

Beim zweiten Typus ist aufgefallen, dass die Interviewten im weitesten Sinne Professionen angehören. Mit Ausnahme der Hebamme Kathrin, die urs-

---

[76] Auf Migrationsspezifika wird in der Gesamtreflexion nicht eingegangen, da der Migrationshintergrund beim Sampling nicht systematisch berücksichtigt wurde. Dieser scheint für das Finden einer passenden Orientierung aber nicht von besonderer Bedeutung zu sein.

[77] Geschlechtsspezifische Merkmale konnten lediglich hinsichtlich der Vereinbarkeit von Familie und Beruf rekonstruiert werden. Dies soll aber nicht im Vordergrund der Analyse stehen.

prünglich Ärztin werden wollte, handelt es sich um akademische Berufe des (so-zial-)pädagogischen und pflegerischen Bereichs. Claudia – die einzige Interview-te in diesem Typus, die keine Akademikerin ist und keinem pädagogisch-pflegerischen Beruf nachgeht – zeichnet sich zum einen dadurch aus, dass die den Typus charakterisierenden Merkmale bei ihr am geringsten ausgeprägt sind und dass sie zum zweiten (wie im vorangegangenen Abschnitt erwähnt) die Stra-tegie wechselt und sich schließlich an einer Organisation orientiert. Vielleicht ist die geringe Ausprägung der Merkmale ein Grund für den Strategiewechsel, d.h. dass die Orientierung am Berufsfeld (in ihrem Fall der Verwaltungsbereich) für sie scheinbar nicht der richtige Weg war. Bei den anderen Interviewten sind we-der Geschlechts- noch Altersunterschiede zu identifizieren. Mit Anton und Sabi-ne sowie Ali und Kathrin sind beide Generationen und beide Geschlechter ver-treten.

Typus 3 zeichnet sich durch eine besondere Konstellation aus, da hier zwei Prototypen rekonstruiert werden konnten. Die Aufstiegsambitionen der anderen Interviewten wurden beschrieben, um deutlich zu machen, dass die diesem Ty-pus zugrundeliegenden Merkmale auch bei anderen Interviewten identifiziert werden konnten. Diese Interviewten stellen während ihrer Berufsausbildung bzw. ersten Berufsphase fest, dass sie „mehr" erreichen möchten und absolvieren entsprechende Weiterbildungen bzw. Studiengänge, um sich weiter zu qualifizie-ren. Die beiden Prototypen Clara und Tim gehören beide der jüngeren Genera-tionen an, verfügen über akademische Abschlüsse und stehen kurz vor der Pro-motion. Dass es sich lediglich um zwei Prototypen handelt, ist nicht verwunder-lich. Sehr wahrscheinlich wird diese extreme Ausprägung der Orientierung an Erfolg und Karriere nur bei Akademikern festzustellen sein. Hinsichtlich des Al-ters ist es durchaus vorstellbar, dass es auch Personen der älteren Generationen gibt, die sich durch die außergewöhnliche Erfolgsorientierung auszeichnen. Da sich sowohl Typus 1 als auch Typus 3 hinsichtlich ihrer beruflichen Entwicklung und ihres Weiterbildungsverhaltens an externen Anforderungen (Betriebsbedürf-nisse und externe Karrierepfade) orientieren, sich dahingehend also ähnlich sind, könnte die Orientierung an Erfolg von Typus 1 gewissermaßen überlagert wer-den. Außerdem sind Clara und Tim hinsichtlich ihres Arbeitsortes flexibel bzw. organisationsunabhängig, was bei Älteren wahrscheinlich weniger der Fall sein könnte.

Beim vierten Typus sind lediglich Generationsunterschiede festzustellen. Sowohl der Grad als auch der Umfang der Entgrenzung (als Verschmelzung mit dem Privatleben) steigen je jünger die Interviewten innerhalb dieses Typus sind. Unter den Jüngeren sind sowohl Akademiker als auch Nicht-Akademiker, die unabhängig vom Bildungsstand kreativen Berufen nachgehen und freiberufliche bzw. selbstständige Tätigkeiten als attraktiv empfinden. Auch die beiden über 60-Jährigen (Klaus und Werner) zeichnen sich durch diese Charakteristika aus, verfügen aber nicht über akademische Abschlüsse. Damit sind bei diesem Typus geringe alters- und bildungsspezifische Unterschiede festzustellen. Die rekonstruierten Typen sind Typen der biographischen Handlungsorientierung. In allen vier Typen finden sich jene der jüngeren und der älteren Generation, Akademiker sowie Nicht-Akademiker. Das Postulat des lebenslangen Lernens scheinen die Interviewten – wie auch Schmidt-Lauff (2008) feststellen konnte – verinnerlicht zu haben. Aufgrund von Optionenvielfalt und Individualisierung erscheint es nicht verwunderlich, sich zur Reflexion ‚gezwungen' zu fühlen. Dieser empfundene Zwang führt dazu, dass die Orientierung bzw. Strategie hinterfragt wird bzw. werden muss. Das hängt vermutlich mit dem Zwang, ein Leben lang lernen zu *müssen* (Schrittesse 2011), zusammen und ist bei den Jüngeren insgesamt stärker ausgeprägt. Die Jüngeren werden mit dem Postulat des lebenslangen Lernens stärker konfrontiert und scheinen damit sozialisiert zu werden. Allerdings verbleiben die mit dem Reflexionszwang einhergehenden Überlegungen (bspw. das Unternehmen zu wechseln, um etwas Neues kennenzulernen) auf der Reflexionsebene und werden nicht auf die Handlungsebene übertragen. Gleiches gilt für den ‚Individualisierungszwang': es scheint bei allen jüngeren Interviewten ‚angekommen' zu sein, dass Selbstverwirklichung im Beruf erstrebenswert ist (u.a. auch deshalb, da die Jüngeren mehr (berufliche) Möglichkeiten haben). Aber auch dieses Postulat, sich beruflich selbstverwirklichen zu *müssen*, wird (mit Ausnahme von Typus 4) nicht auf die Handlungsebene überführt. Bei jenen älteren Interviewten, die bereits im Ruhestand sind und somit nicht mehr in der Erwerbsphase stecken, ist aufgefallen, dass diese über die Erwerbstätigkeit hinaus auch verstärkt andere Bereiche thematisierten, wie bspw. die Familie oder (in einem speziellen Fall) Kriegserfahrungen.

5.6 Theoretische Reflexion der empirischen Ergebnisse

Die vier rekonstruierten Typen zeigen zentrale Handlungsstrategien und Orientierungsmuster auf, mit denen Individuen die Komplexität, Optionenvielfalt und andere Herausforderungen, die im Diskurs über lebenslanges Lernen verhandelt werden, biographisch strukturieren. Da tradierte Muster fehlen und unüberschaubare Optionen der (beruflichen) Biographiegestaltung bestehen, stellen diese Strategien gewissermaßen Selektionsmechanismen bereit, die eine berufsbiographische Orientierung bieten. „Da vor allem die Entscheidungen über Bildung und Beruf langfristige Folgen für den Lebenslauf haben, diese Folgen aber nicht vorauszusagen sind, entwickeln die Akteure vernünftige Übergangshandlungen und biographische Gestaltungsmodi" (Heinz 2000, S. 183).

Die rekonstruierten Orientierungsmuster sind ein Resultat von Suchbewegungen, können gewechselt werden (substitutiv) oder gleichzeitig bestehen (komplementär). So konnte bei einigen Interviews ein Wechsel der Orientierung oder eine Überlappung mehrerer rekonstruiert werden. Solche Modifikationen finden vor dem Hintergrund einer prekären beruflichen Situation bzw. einer (bevorstehenden) berufsbiographischen Krise statt. Die Regel scheint zu sein: Sobald sich ein Muster etabliert und damit die persönlichen Bedürfnisse mit den Arbeitsmarktgegebenheiten zu synchronisieren vermag, wird dieses Muster beibehalten und kanalisiert die Optionsvielfalt in eine überschaubare Richtung. Diese typischen Muster helfen den Interviewten, ihre Berufsbiographien zu gestalten.[78]

Diese typischen Umgangsformen verweisen auf ein homologes Grundproblem, welches auch den Diskurs zum lebenslangen Lernen prägt: Veränderte technologische, ökonomische und soziale Rahmenbedingungen erfordern in steigendem Maße die Fähigkeit, sich an die damit einhergehenden Veränderungen anzupassen und sich dahingehend stetig weiterzuentwickeln und weiterzubilden. Gleichzeitig zeigt sich, dass alle Interviewten ganz ähnliche Grundbedürfnisse biographisch verarbeiten: Sie streben nach Zugehörigkeit, Autonomie, Anerkennung, Selbstwirksamkeit, Reputation u.Ä. Die Befriedigung dieser Bedürfnisse wird *innerhalb* der vier Typen verfolgt, d.h. dass die Typen Handlungsmuster darstellen, mit der Offenheit gesellschaftlicher Herausforderungen (die mit der Individualisierung, den Arbeitsmarktbedingungen u.Ä. einhergehen) umzugehen. Es geht also um eine Kanalisierung individueller Bedürfnisse und gesellschaftlicher Herausforderungen.[79]

Bisher wurde jeder Typus zusammenfassend dargestellt und auf einem mittleren Niveau abstrahiert. In der nun folgenden abschließenden Gesamtreflexion nehmen sowohl der Abstraktionsgrad als auch die theoretische Fundierung zu. Dazu werden die empirischen Ergebnisse zunächst hinsichtlich der biographietheoretischen Aspekte zusammenfassend dargestellt. Anschließend wird zum einen hergeleitet, inwiefern die vier Typen sich im Hinblick auf ihr Weiterbildungsverhalten und auf ihre berufliche Entwicklung nach *wert-* und *zweckrationalem* Handeln sowie nach *intrinsischer* und *extrinsischer* Motivation unterscheiden lassen.[80] Zum anderen lassen sie sich zwischen Differenzierung und Entgrenzung unterscheiden, insbesondere wenn es um die Lebenswelten Berufs- und Privatleben geht. Auf dieser Grundlage können die vier Typen in ein Vier-

---

[78] Wie auch Witzel (1993, S. 47) zeigt, verlangt die individuelle Gestaltung der Berufsbiographie einen Orientierungsprozess, weil bspw. berufliche Erfahrungen zu Um- und Neuorientierungen führen können.

[79] Auch Witzel (1993, S. 51) kommt zu dem Schluss, dass Individuen den Ergebnissen ihrer Berufsbiographien einen subjektiven Sinn geben, d.h. sie verarbeiten Erfolg und Misserfolg in einer Form, die ihre Rolle als Akteure vor dem Hintergrund gesellschaftlicher Anforderungen aufrechterhält.

[80] Diese Termini werden in instrumenteller Absicht verwendet, d.h. ohne die hinter den Begriffen stehenden Theoriegebäude zu erläutern bzw. sich auf diese zu beziehen.

Felder-Schema eingeordnet werden, das einerseits das Weiterbildungshandeln und die Motivation der beruflichen Weiterbildung bzw. -entwicklung, andererseits das Bedürfnis nach Differenzierung bzw. Entgrenzung berücksichtigt. Insofern handelt es sich um den Versuch einer Idealtypenbildung im Sinne Webers (Bohnsack 2008. S. 225, 252). An die Darstellung dieser Typik schließt sich eine kritische Schlussfolgerung der empirischen Ergebnisse an, in der die Grenzen und die Reichweite der Analyse erörtert werden.

5.6.1 Biographietheoretische Reflexionen

Wie in Kapitel 3 eingehend dargestellt, sind in Biographien sowohl die Subjekt- als auch die Strukturebene enthalten. In biographischen Interviews wird der subjektive Umgang mit der sozialen Welt offenbar, d.h. dass die Individuen nicht isoliert betrachtet werden, sondern dass die Lebenswelten immer mitberücksichtigt werden. Dadurch erhält der Forscher „Zugang zur Konstitution von Erfahrungs- und Verarbeitungsmustern, die zur gegenwärtigen und zukünftigen Orientierung in der Sozialwelt benötigt werden" (Alheit 2010, S. 229).

Daher wurde bei der Analyse rekonstruiert, wie die Interviewten ihre Berufsbiographie im sozialen Raum gestalten und wie der subjektive Umgang mit der sozialen Welt aussieht. Bei der Gestaltung der Berufsbiographie wurde berücksichtigt, wonach die Interviewten sie ausrichten bzw. was im Mittelpunkt der Gestaltung bzw. Handlungspraxis steht. Dabei fiel auf, dass es unterschiedliche Schwerpunkte sowohl im Hinblick auf die individuellen Bedürfnisse bzw. Präferenzen als auch bezüglich der sozialen Referenzpunkte gibt. Da die Biographie im sozialen Raum stattfindet und sowohl die Biographie als auch der soziale Raum nicht voneinander unabhängig existieren können, wurde die Vermittlung bzw. der Zusammenhang als Interdependenz bezeichnet. Das Gelingen der ‚Vereinbarkeit' von individuellen Orientierungen und sozialen Referenzrahmen setzt einen Lernprozess voraus, da die Interviewten anhand von individuellen Suchbewegungen, berufsbiographischen Erfahrungen, aber auch expliziten Planungen eine mehr oder weniger intendierte Strategie zur Passung entwickeln. Den passenden Bezugsrahmen und die entsprechende Strategie zu ‚finden', setzt also einen Lernprozess voraus. Den roten Faden stellt gewissermaßen das Muster dar, in dem Biographiegestalt und soziale Referenz ausbalanciert werden. Wenn diese Passung nicht gelingt, fehlt der rote Faden und damit eine eigene Form des ‚Angekommen-Seins'. Dass die Passung gelingt, ist nicht nur vom Individuum (inklusive seiner Interpretationsleistung) abhängig, sondern auch von gesellschaftlichen Faktoren:

Ist man bspw. sicherheitsorientiert, muss eine Organisation gefunden werden, an die man sich binden kann und die einem die gewünschte Sicherheit gibt.

Mit diesem Beispiel ist auf den *ersten Typus* „Organisationalisierung" verwiesen.

Beim *zweiten Typus* stellt der Beruf eine „Berufung" dar, an der die Interviewten sich orientieren. Die soziale Referenz bildet dabei die entsprechende Profession und das Tätigkeitsfeld, innerhalb derer die Interviewten sowohl sich selbst als auch teilweise die Profession als solche stetig professionalisieren. Damit ist die Berufsbiographie durch eine stetige Professionalisierung gekennzeichnet.

Für den *dritten Typus* „Vermarktlichung" stellt *persönlicher Erfolg* die zentrale Kategorie der berufsbiographischen Gestaltung dar. Für eine erfolgreiche Karriere muss vorgegebenen Karrierepfaden gefolgt und externen Konkurrenzerwartungen Rechnung getragen werden. Karrierewegen zu folgen und dabei stets den Erfolg in den Mittelpunkt zu stellen, gelingt nur durch Vermarktlichung der eigenen Arbeitskraft, d.h. dass die Interviewten sich stets an Marktbedingungen bzw. -erfordernisse anpassen müssen.

Für den *vierten Typus* „Entgrenzung" bildet stets das ‚Selbst' bzw. die eigene Person die Referenz der berufsbiographischen Gestaltung. Um sich selbst zu verwirklichen und sich selbst in den Mittelpunkt berufsbiographischer Handlungen stellen zu können, entgrenzen die Interviewten ihr Berufs- und Privatleben. Nicht etwas ‚Äußeres' bildet die Referenz, sondern die eigene Person. Da sie die Berufstätigkeit an ihr ausrichten, wird die Grenze zwischen Berufs- und Privatleben aufgehoben. Zusammenfassend ergibt sich folgendes Bild:

Tabelle 4: Interdependenz als zentrale Kategorie der Typik

Biographiegestaltung	→ Interdependenz ←	Soziale Referenz
Sicherheitsorientierung	Organisationalisierung	Organisation
Berufung	Professionalisierung	Profession
Erfolgsorientierung	Vermarktlichung	Karrierepfade
Selbstverwirklichung	Entgrenzung	Person

Auf der Ebene individueller Bedürfnisse können Sicherheitsorientierung, Berufung, Erfolgsorientierung und Selbstverwirklichung parallel von Bedeutung sein. Allerdings konnte gezeigt werden, dass für die Etablierung eines Musters biographischen Lernens jeweils eine Orientierung im Zentrum steht bzw. handlungsleitend ist. Daher werden im Folgenden die vier Typen in einer idealtypischen Unterscheidung der Motivation für (berufliche) Weiterbildung und -entwicklung systematisiert.

5.6.2 Weiterbildungsverhalten und Motivation für berufliche Weiterentwicklung

Für den Handlungsmodus hinsichtlich des Weiterbildungsverhaltens wird zunächst in Anlehnung an Weber (1976) zwischen zweck- und wertrationalem Handeln unterschieden. „Zweckrational handelt, wer sein Handeln nach Zweck, Mitteln und Nebenfolgen orientiert und dabei [...] rational abwägt" (Weber 1976, S. 13). Wertrationales Handeln ist „durch bewußten Glauben an den – ethischen, ästhetischen, religiösen oder wie immer sonst zu deutenden – unbedingten Eigenwert eines bestimmten Sichverhaltens rein als solchen und unabhängig von Erfolg" (Weber 1976, S. 12) gekennzeichnet.[81] Hierzu korrespondierend kann zwischen intrinsischer und extrinsischer Motivation unterschieden werden. „Intrinsisch motivierte Menschen arbeiten [...], weil sie Freude und Interesse an dem haben, was sie tun [...]" (Myers 2008, S. 363). „Die extrinsische Motivation ist der Wunsch, sich in bestimmter Weise zu verhalten, um äußere Belohnungen zu erhalten oder um eine drohende Bestrafung zu vermeiden" (Myers 2008, S. 363).

Diese Termini dienen dazu, das, was empirisch herausgearbeitet werden konnten, begrifflich besser fassen und beschreiben zu können. Dabei muss berücksichtigt werden, dass „soziales Handeln [sehr selten] nur in der einen oder der anderen Art orientiert [ist]. Ebenso sind diese Arten der Orientierung natürlich in gar keiner Weise erschöpfende Klassifikationen der Arten der Orientierung des Handelns, sondern für soziologische Zwecke geschaffene, begrifflich reine Typen, denen sich das reale Handeln mehr oder minder annähert oder aus denen es – noch häufiger – gemischt ist" (Weber 1976, S. 13). Diese idealtypischen Unterscheidungen gelten auch in Bezug auf die Motivationsmodi intrinsisch und extrinsisch.

Der Typus „Organisationalisierung" ist durch ein zweckrationales bzw. auch funktionales Weiterbildungsverhalten gekennzeichnet, indem Weiterbil-

---

[81] An dieser Stelle sei an die EdAge-Studie (Tippelt et al. 2009) erinnert, in der hinsichtlich des Bildungsverständnisses und der Bildungsinteressen Älterer ebenfalls zwischen Bildung als Eigenwert bzw. Selbstzweck und Bildung als Zweck unterschieden wurde.

dungen dann absolviert werden, wenn Betriebsbedürfnisse es erforderlich machen und der Vorgesetzte um eine entsprechende Teilnahme bittet. Weiterbildung hat also keinen Wert an sich, sondern wird besucht, um das erworbene Wissen im Beruf anwenden zu können. Damit handelt es sich nicht um eine intrinsische Motivation, sondern um externe ‚Anreize', die mit dem Besuch der Weiterbildung einhergehen.

Beim Typus „Vermarktlichung" verhält es sich sehr ähnlich. Qualifikationen werden nicht erworben, weil dem eine intrinsische Motivation zugrundeliegt, sondern weil Anerkennung, Karriere und monetärer Verdienst angestrebt werden. Es ist nicht die Freude ‚an der Sache', sondern die Aussicht auf Erfolg, die handlungsleitend ist. Die berufliche Entwicklung und die damit einhergehenden Qualifikationen und Karrierestufen sind stets auf den Zweck ‚Erfolg' ausgerichtet und es wird stets rational abgewägt, was die Karriere befördert bzw. was für die Verfolgung bestimmter Karrierepfade notwendig erscheint.

Konträr dazu stehen die beiden Typen „Professionalisierung" und „Entgrenzung". Beim Typus „Professionalisierung" werden zahlreiche Weiterbildungen besucht und Zusatzqualifikationen erworben, weil die Identifikation mit den jeweiligen Berufsfeldern sehr hoch ist und den Weiterbildungen ein Wert an sich beigemessen wird. Die Weiterbildungen werden nicht absolviert, weil damit die nächste Karrierestufe angestrebt wird, sondern weil damit ein in der Sache selbst begündetes Interesse verfolgt wird. Der Drang, sich in der eigenen Tätigkeit und nah verwandten Bereichen zu professionalisieren, stellt hier eine innere Norm bzw. einen Wert an sich dar. Das Motiv ist dem von Typus 3 also genau entgegengesetzt: Für den Besuch bzw. die Wahl der Weiterbildungen wird nicht zugrundegelegt, was vom Umfeld erwartet wird, sondern was die Interviewten selbst als ‚weiterbildungsbedürftig' identifizieren, um etwas bspw. richtig zu verstehen oder zu beherrschen. Zusatzqualifikationen stellen einen gewissen Selbstzweck dar und werden nicht nur eigeninitiativ ausgewählt (dies geschieht tendenziell bei Typus 3 auch), sondern auch intrinsisch motiviert verfolgt.

Beim vierten Typus deutet bereits das erste Merkmal, die Suche nach Selbstverwirklichung, daraufhin, dass es sich um intrinsische Motive der beruflichen Orientierung handelt. Formale Weiterbildungen werden gar nicht absolviert, da die Interviewten Spaß und Freude daran haben, sich Dinge selbst beizubringen, und auch deshalb, weil formale Weiterbildung an Konventionen gebunden ist, die kaum mit diesem Muster vereinbar sind. Sie orientieren sich nicht an dem, was Unternehmen bzw. Vorgesetzte oder der Arbeitsmarkt von ihnen erwarten, sondern an ihrer eigenen Person, ihren Interessen und Neigungen. Sie lehnen Beförderungen nicht selten ab, wenn sie an der damit einhergehenden Tätigkeit keine Freude haben, d.h. sie handeln weitgehend unabhängig von beruflichem Erfolg bzw. verfolgen keine hierarchischen Karriereambitionen. Rationales Abwägen, wie es bspw. für den Typus „Vermarktlichung" kennzeichnend ist, spielt hier keine Rolle. Sie sind bereit (bzw. gezwungen), zahlreichen verschiedenen Tätigkeiten nachzugehen, um *ihre* Ansprüche an berufliche Aktivitäten zu befriedigen. Diese sollen Möglichkeiten zur Selbstverwirklichung bieten und die Orientierung an der eigenen Person ermöglichen.

In Bezug auf die Motivation und Kontextualisierung lassen sich also bereits erste systematische Unterschiede herausarbeiten. Im Folgenden wird eine weitere theoretisch-begriffliche Dimension der Differenzierung der Typen herausgearbeitet. Die vier Typen lassen sich hinsichtlich der Differenzierung bzw. Diffusion von Lebenswelten unterscheiden und damit einhergehend nach Stabilität und Flexibilität in Bezug auf Organisationen und Tätigkeitsfelder.

5.6.3 *Relationierung der Lebenswelten: Differenzierung und Diffusion von Berufs- und Privatleben*

Die vier Typen unterscheiden sich danach, ob das Berufs- und das Privatleben voneinander getrennt ‚existieren' (können bzw. sollen) oder ob die beiden Bereiche *diffundieren*. Es kann vorweggenommen werden, dass bei den ersten beiden Typen eine deutliche Grenze zwischen den beiden Lebenswelten existiert. Das Privatleben spielt bei den Orientierungsmustern Organisationalisierung und Professionalisierung in den biographischen Erzählungen keine zentrale Rolle, d.h. dass die Berufsbiographie erzählt werden kann, ohne Familie und Freizeit umfassend zu thematisieren. Dies ist bei den anderen beiden Typen nicht möglich. Daher sind die beiden Orientierungsmuster Vermarktlichung und Entgrenzung durch eine Diffusion der Bereiche gekennzeichnet, wobei es sich bei der Vermarktlichung um eine Verdrängung des Privatlebens handelt (also gewissermaßen um eine einseitige Diffusion), während der Typus Entgrenzung durch eine vollständige Durchmischung bzw. Verschmelzung gekennzeichnet ist.

Darüberhinaus lassen sich die vier Typen hinsichtlich Flexibilität und Stabilität unterscheiden. Diese Unterscheidung bezieht sich auf die Tätigkeitsbereiche und die Zugehörigkeit zu Organisationen bzw. Betrieben, d.h. dass sie dahingehend unterschieden werden können, inwiefern sie Tätigkeiten und Organisationen wechseln bzw. sich dahingehend als flexibel erweisen. Dabei wird sich zeigen, dass sowohl die beiden Typen, die durch Diffusion des Privat- und Berufslebens gekennzeichnet sind, als auch die beiden Typen, die die beiden Lebenswelten trennen, bestimmte Gemeinsamkeiten aufweisen. Diese Zusammenhänge werden im Folgenden erläutert und in darauffolgender Abbildung zusammenfassend dargestellt.

Sich als flexibel zu erweisen, bedeutet, für kurzfristige Veränderungen offen zu sein, entsprechend auf sie reagieren und sich anpassen zu können – und umgekehrt langfristige Pläne loszulassen, wenn die Situation es erforderlich macht. „Die Fähigkeit, sich von der eigenen Vergangenheit zu lösen und Fragmentierung zu akzeptieren, ist der herausragende Charakterzug der flexiblen Persönlichkeit [...]" (Sennett 2000, S. 79 f.). Fragmentierung meint in diesem Zusammenhang die steigende Häufigkeit bzw. Gefahr von Brüchen und Sackgassen in Erwerbsbiographien. D.h. dass ein Mensch dann besonders flexibel ist, wenn langfristige Bindungen (an Menschen, Organisationen, Berufen) fehlen und Fragmentierung als Chance (z.b. für Neuanfänge) bewertet wird. Stabilität stellt genau das Gegenteil dar. Beständigkeit, Dauerhaftigkeit, Festigkeit, Haltbarkeit, Planbarkeit, Widerstandsfähigkeit sind Begriffe, die synonym zu Stabilität verwendet werden können.[82]

Der Typus „Organisationalisierung" bindet sich an die Organisation und erweist sich ihr gegenüber als vergleichsweise *loyal*. Auch wenn die Organisation als eine Art Heimat beschrieben wird, besteht zwischen dem Berufs- und Privatleben eine deutliche Grenze. Tätigkeiten bzw. Abteilungen werden innerhalb der Organisation problemlos und mehrfach gewechselt, während die Organisation (aus eigenen Stücken) nicht verlassen wird. Diese gibt Sicherheit und steckt den Rahmen ab, innerhalb dessen die *berufliche* Biographie gestaltet wird. Dabei bleibt die Grenze zwischen Arbeit und Freizeit deutlich bestehen. Daraus lässt sich ableiten, dass dieser Typus durch *Differenzierung* der Lebenswelten und – vor dem Hintergrund einer starken Sicherheitsorientierung – durch *Stabilität* und Beständigkeit in Form einer dauerhaften Beschäftigung in einer Organisation gekennzeichnet ist. Hinsichtlich der Aufgaben bzw. Tätigkeitsbereiche erweist er sich als flexibel bzw. vergleichsweise präferenzlos.

Typus 2 erweist sich hinsichtlich seiner Orientierung am Arbeitsfeld als *stabil*. Innerhalb des Arbeitsfeldes werden Organisationen verlassen und Beschäftigungsverhältnisse gewechselt, um sich (und zum Teil auch die Profession) professionalisieren zu können. Konträr zum ersten Typus kann der Typus „Berufung" Organisationen, Vorgesetzte, Kollegen ‚loslassen'. Die Berufsbiographie verläuft innerhalb des Arbeitsfeldes, dieses bleibt konstant und steckt den Rahmen der beruflichen Biographiegestaltung ab, die auf Kohärenz in Bezug auf Tätigkeiten und Kompetenzentwicklung ausgerichtet ist. Das Arbeitsfeld weist dabei *keine* Überschneidungen mit dem Privatleben auf. Beide Bereiche bleiben weitgehend voneinander unberührt.

---

[82] Im Hinblick auf Flexibilität (bzw. auf den flexiblen Kapitalismus) und den menschlichen „Charakter", der als langfristig und nachhaltig bezeichnet werden kann, stellt Sennett (2000, S. 12) folgende Fragen: „Wie [...] können langfristige Ziele verfolgt werden, wenn man im Rahmen einer ganz auf das Kurzfristige ausgerichteten Ökonomie lebt? Wie können Loyalitäten und Verpflichtungen in Institutionen aufrecht erhalten werden, die ständig zerbrechen oder immer wieder umstrukturiert werden? Wie bestimmen wir, was in uns von bleibendem Wert ist, wenn wir in einer ungeduldigen Gesellschaft leben, die sich nur auf den unmittelbaren Moment konzentriert?". Genau diese Fragen werden in den vier Typen repräsentiert, wobei in jedem Typus jeweils ein Aspekt stärker dominiert als ein anderer.

Der Typus „Vermarktlichung" hält weder an Organisationen noch an Tätigkeitsbereichen fest. Ein dahingehendes Interesse an Stabilität würde der Orientierung an Erfolg und Karriere im Wege stehen, da diese Orientierung es erforderlich macht, sich an externe Konkurrenzerwartungen anzupassen. Vermarktlichung bedeutet hier das Verfolgen vorgegebener Karrierepfade bzw. im übergeordneten Sinne das Anpassen an Marktbedingungen. Da diese Schwankungen unterliegen, ist *Flexibilität* im Hinblick auf Organisationen und Tätigkeitsfelder funktional. Weil das Privatleben durch die Karriere- und Erfolgsorientierung verdrängt wird bzw. in den Hintergrund gerät, handelt es sich bei der karriereorientierten Vermarktlichung um eine ‚einseitige' *Diffusion* im Sinne einer „arbeitszentrierten Entgrenzung" (Geffers/Hoff 2010, S. 110).

Auch der vierte und letzte Typus ist durch Diffusion gekennzeichnet. Allerdings handelt es sich hier um eine *vollständige Diffusion* im Sinne einer „Entgrenzung als Verschmelzung" (Geffers/Hoff 2010, S. 110), weil zwischen Arbeit und Freizeit kaum ein Unterschied besteht. Hinsichtlich der Organisation und der Tätigkeitsbereiche kann dieser Typus als gleichsam *flexibel* wie Typus 3 bezeichnet werden. Hier ist die erforderliche Flexibilität nicht auf Erfolgsorientierung, Karriereambitionen und damit einhergehende Vermarktlichung zurückzuführen, sondern auf die multiple Entgrenzung, durch die Privat- und Berufsleben verschmelzen. Die Interviewten gehen zahlreichen verschiedenen Tätigkeiten nach, wechseln Organisationen und sind indifferent gegenüber ihren Arbeitsorten und ihren Beschäftigungsverhältnissen. Hinsichtlich der Tätigkeitsbereiche, die teilweise stabil bleiben, muss berücksichtigt werden, dass es sich grundsätzlich um mehrere Bereiche handelt und nicht, wie beim zweiten Typus, um *eine* Profession. Da Selbstverwirklichung, Autonomie, Kreativität und Entgrenzung nicht im Rahmen *einer* Beschäftigung eingelöst werden können, ist Flexibilität eine notwendige Komponente dieser Orientierungsweise. Zugleich wird die Flexibilität *nicht* als von außen gesetzter Zwang erlebt, sondern dient als Abgrenzung von Normalbeschäftigung und Normalbiographie, die jeweils als negativ konnotierte Gegenentwürfe in den Erzählungen auftauchen.

Fasst man die Kategorisierung der vorangegangen Abschnitte zusammen, ergibt sich zunächst folgendes Bild:

Tabelle 5: Weiterbildungsverhalten und Relationierung der Lebenswelten

Weiterbildungsverhalten und -motivation bzw. Motivation zur beruflichen Weiterent-	Relationierung der Lebenswelten	
	Differenzierung	Diffusion
zweckrational / extrinsisch	Typus 1: sicherheitsorientierte Organisationalisierung	Typus 3: karriereorientierte Vermarktlichung als arbeitszentrierte Entgrenzung
wertrational / intrinsisch	Typus 2: tätigkeitszentrierte Professionalisierung	Typus 4: multiple Entgrenzung als Verschmelzung

Berücksichtigt man innerhalb der beruflichen Orientierung die Aspekte Stabilität und Flexibilität in Bezug auf die Zugehörigkeit zu einer Organisation bzw. die Bindung an eine Organisation sowie die Tätigkeitsbereiche, stellt sich die Kategorisierung der vier Typen folgendermaßen dar:

Tabelle 6: Die vier Typen und ihre Stabilität bzw. Flexibilität im Hinblick auf
Organisationen und Tätigkeiten

Typus	Organisations-zugehörigkeit	Tätigkeits-bereich	Lebens-welten
Organisationa-lisierung	Stabilität	Flexibilität	differenziert
Professiona-lisierung	Flexibilität	Stabilität	
Vermarktlichung	Flexibilität	Flexibilität	diffundiert
Entgrenzung	Flexibilität	Flexibilität	

Damit wird deutlich, dass die beiden Typen „Vermarktlichung" und „Entgrenzung" nicht nur durch die Erosion der Grenze zwischen Berufs- und Privatleben
gekennzeichnet sind, sondern auch durch Flexibilität in beiden abgebildeten Kategorien. Die beiden ersten Typen fokussieren hingegen in jeweils einem Punkt
berufsbiographische Stabilität. Hier wird zum einen deutlich, dass in zeitgenössi-
schen Berufsbiographien durchaus Beständigkeit und Planbarkeit für die Akteure
eine Rolle spielen können (und in den hier beschriebenen Fällen auch durchaus
erfolgreich). Zum anderen lässt sich jedoch auch feststellen, dass eine Orientierung an einer linearen Erwerbsbiographie in *einem* Beruf *und* in *einem* Unternehmen nicht mehr funktional erscheint. Die Kategorien bzw. Begriffe sind rela-
tional und nicht per se bestimmbar, was auch für den Stabilitätsbegriff gilt. Insgesamt repräsentieren sich also auch die gestiegenen Flexibilitätsanforderungen
der Arbeitswelt in dieser Abbildung.

Interessant an dieser Typik ist, dass die gewöhnlichen Unterscheidungen in
der Sozialforschung, wie bspw. Bildungsniveau, Schichtzugehörigkeit und Migrationshintergrund, quer durch die vier Typen verlaufen. Dies erscheint erklärungsbedürftig, weshalb im Folgenden hierfür relevante Erklärungsangebote diskutiert werden.

5.6.4 Kritische Schlussfolgerungen: Grenzen und Reichweite der empirischen Analyse

Dimensionen sozialer Ungleichheit spielen in der (Weiter-)Bildungsforschung eine zentrale Rolle. Die entwickelte Typik wird allerdings nur in geringem Maße durch Aspekte sozialer Ungleichheit bestimmt. Hierfür wurden zu den vier Typen jeweils Bildungs- und Altersspezifika dargestellt. Allerdings konnte auch gezeigt werden, dass die Typen über Alters-, Schicht- und Geschlechtergrenzen hinweg rekonstruierbar bleiben. Außerdem muss hinzugefügt werden, dass Menschen mit Migrationshintergrund nicht in einem Typus konzentriert sind.[83] Diese Befunde erscheinen aus soziologischer Perspektive in besonderem Maße erklärungsbedürftig. Denn: Wie zahlreiche Studien zeigen (die auch in Kapitel 2 bereits erläutert wurden), besteht beispielsweise ein messbarer Zusammenhang zwischen Weiterbildungsbeteiligung und Bildungsniveau. Je höher das Bildungsniveau desto höher die Weiterbildungsbereitschaft bzw. -teilnahme (u.a. Fend 2006; Friebel et al. 2000). Weitere Unterschiede in der Beteiligung an Weiterbildung bestehen hinsichtlich des Erwerbsstatus, des Geschlechts und des Alters (BMBF 2013). Bei der Betrachtung der vorliegenden Studie und der Abweichung dieser von Studien zum Weiterbildungsverhalten muss bei der kritischen Beurteilung allerdings berücksichtigt werden, dass hier eben nicht das reine Weiterbildungsverhalten, sondern lebenslanges Lernen als biographische Handlungspraxis (biographisches Lernen) untersucht wurde.

Weiterhin muss hinsichtlich der empirischen Ergebnisse betrachtet werden, dass das Sample weder Personen aus der Unterschicht noch Personen aus der Oberschicht enthält.[84] Es wurden weder Langzeitarbeitslose noch Personen ohne Schulabschluss interviewt. Daher liefern die Ergebnisse nur Erkenntnisse über den betrachteten Personenkreis: Erwerbstätige, die mit einem mittleren oder hohen Bildungsniveau der Mittelschicht im weitesten Sinne zuzuordnen sind.[85] Der nur mäßigen Kontrastierung im Hinblick auf Bildungsniveau und Schichtzuge-

---

[83] Auch wenn der Migrationshintergrund beim Sampling nicht systematisch kontrolliert wurde (insbesondere im Hinblick auf Frauen und ältere Menschen mit Migrationshintergrund), so kann doch zumindest festgestellt werden, dass bezüglich der für die Typik fokussierten Themen keine grundlegenden Unterschiede zwischen den Interviewten mit und ohne Migrationshintergrund rekonstruierbar waren (vgl. hierzu in einem ähnlichen Kontext: Nohl 2006, S. 264).

[84] Darüber hinaus wurden keine Beamten interviewt. Diese Gruppe wäre vor dem Hintergrund interessant, dass zum einen eine starke Arbeitsplatzsicherheit, zum anderen auch eine dauerhafte Organisationszugehörigkeit vorliegt, zum dritten Professionen hier häufig zu finden sind, in denen letztlich gewisse Karrierepfade relativ formalisiert sind (bspw. Richter und Professoren).

[85] Hierzu bemerkt Faulstich (2011, S. 30) treffend, dass das Sample einerseits hinreichend eingegrenzt sein muss, um tragfähige Aussagen machen zu können. Andererseits droht dadurch eine Verengung des Blickwinkels.

hörigkeit kann es geschuldet sein, dass Aspekte sozialer Ungleichheit in den Ergebnissen eine untergeordnete Rolle spielen.

Dahingehend können die vorliegenden Ergebnisse den Sinus-Milieus (Sinus
2013) sowie der Milieu-Studie von Vester et al. (2001) gegenübergestellt werden, da hier Parallelitäten hinsichtlich der Grundorientierungen erfasst werden
können. Auch wenn Milieu-Studien andere Aspekte fokussieren als die hier vorliegende Untersuchung, kann auf die Ergebnisse Bezug genommen werden – insbesondere um auf das bereits als kritisch eingeschätzte Ergebnis einzugehen,
dass in den Orientierungsmustern kaum Schicht- bzw. Bildungsniveauunter-
schiede festgestellt werden konnten. Bei den Sinus-Milieus erstreckt sich die
Grundorientierung von „Tradition" (Festhalten und Bewahren) bis „Neuorientie-
rung" (Machen und Erleben sowie Grenzen überwinden) (Sinus 2013); bei den
sozialen Milieus nach Vester et al. (2001) werden der Lebensstil und die Mentalität nach „Autoritätsbindung" und „Eigenverantwortung" unterschieden und reichen dabei von „autoritär" bis „avantgardistisch". Vereinfacht ausgedrückt, ist
dies analog zu den Gegensätzen traditionell – modern, konservativ – progressiv
oder konventionell – individuell zu verstehen (Vester et al. 2001, S. 29). In beiden Studien sind die jeweiligen Orientierungen in allen Schichten ‚vertreten',
d.h. dass sie unabhängig von der Schichtzugehörigkeit in unterschiedlichen Milieus vorhanden sind. Damit spielt die Schichtzugehörigkeit keine Rolle, wenn es
darum geht, ob Personen eher „avantgardistisch" bzw. (post)modern oder „autoritär" bzw. traditionell sind. Angehörige der Unterschicht bzw. der unteren Mittelschicht können sich sowohl an Traditionen orientieren, als auch an ‚Neuem'.
Gleiches gilt für die anderen Schichten. „Milieus auf der gleichen vertikalen
Rangstufe des Einkommens oder des Ansehens können sich in Lebensstil und
Mentalität erheblich voneinander unterscheiden" (Vester et al. 2001, S. 29). Dies
ist mit den vorliegenden Ergebnissen insofern vergleichbar, als dass die vier Typen sich bei ihrer berufsbiographischen Orientierung unabhängig von Bildungsniveau und Schichtzugehörigkeit voneinander unterscheiden und dass dabei gewissermaßen auch der Lebensstil (i.S. von Entgrenzung von Berufs- und Privatleben) eine Rolle spielt. Für vertikale soziale Unterschiede wurden ggf. zu geringe Kontrastierungen von Bildungsniveau und Einkommen im Sample gewählt.

Die idealtypischen Unterscheidungen, die sich auf den Bereich Motivation
sowie auf die Relation zwischen Privat- und Berufsleben beziehen, wurden auf
der Basis des empirischen Materials entwickelt und zeichnen sich durch einen relativ hohen Sättigungsgrad aus. Es ist davon auszugehen, dass bei einer Vergrö-
ßerung des Samples (innerhalb der oben genannten Einschränkungen in Bezug
auf Bildungsniveau und Schichtzugehörigkeit) eine weitere Ausdifferenzierung
möglich ist, jedoch keine grundlegende Erweiterung der Typik zu erwarten wäre.

Darüberhinaus erscheint das Plausibilitätsniveau der empirischen Ergebnisse hoch, da sie mit vielen anderen Studien korrespondieren. Auch wenn sich ei-

nige der rezipierten Studien nicht explizit mit lebenslangem Lernen beschäftigen, weist die Typik ein hohes Kompatibilitätsniveau auf. Da sich der Begriff lebenslanges Lernen nicht auf eine Lebensphase oder bestimmte Bildungsinstitutionen beschränken lässt, erscheint es nicht verwunderlich, dass auch mit jenen Studien Parallelen und Überschneidungen zu finden sind, die sich nicht explizit dem Thema widmen (hierzu auch Rothe 2011, S. 107). Neben der Erziehungswissenschaft bzw. der Erwachsenenbildung setzen sich viele Disziplinen mit lebenslangen Lernprozessen auseinander, wie bspw. die Soziologie, die Psychologie oder auch die Ökonomie (Field 2009, S. 31). Schließlich erscheint die Kompatibilität der vorliegenden Ergebnisse mit jenen der rezipierten Studien vor dem Hintergrund der verwendeten rekonstruktiven Methoden beachtenswert. Anstelle der Entwicklung und Überprüfung von Hypothesen wurden Handlungsstrategien und Orientierungsmuster aus dem empirischen Material generiert bzw. *rekonstruiert*. D.h. dass die Ergebnisse sich als kompatibel erweisen, obwohl Forschungsdesign und -methoden sich zum Teil enorm unterscheiden.

Was kann nun aus den Ergebnissen abgeleitet werden? Zunächst scheint es bestimmte gesellschaftliche Herausforderungen zu geben, die Menschen über alle Milieus hinweg und mit unterschiedlichem Alter, Geschlecht, Bildungsniveau und ethnischem Herkunftskontext vor vergleichbare Problemstellungen stellen. Dieser Befund korrespondiert mit dem gegenwartsdiagnostischen Modell der reflexiven Modernisierung bzw. der zweiten Moderne, wonach es u.a. einen radikalen Zuwachs der Autonomie des Individuums gebe bei gleichzeitigem Bedeutungsverlust der Institutionen (Beck 1996).

Das Forschungsinteresse galt der Frage, was lebenslanges Lernen – ohne eine vorweggenommene Eingrenzung auf bestimmte Bildungsinstitutionen und Lernformen – bedeuten kann und wie es im Rahmen von Biographien ‚gestaltet‘ wird.[86] Insbesondere die eingangs erwähnten personalen Aspekte des lebenslangen Lernens, die mit den Herausforderungen des gesellschaftlichen Wandels einhergehen und sich auf die Fähigkeit von Individuen beziehen, ihr Leben in einer individualisierten und sich stetig wandelnden Gesellschaft zu gestalten, scheinen in (Berufs-)Biographien in der Tat eine herausragende Rolle zu spielen. Es konnte festgestellt werden, dass es bestimmte ‚Strategien‘ gibt, die es ermöglichen, mit Unsicherheit und fehlenden Orientierungsmustern umgehen zu können. In

---

[86] Rothe (2011, S. 87f.) unterscheidet drei Untersuchungsperspektiven bei Studien zu lebenslangem Lernen: „(a) Studien, die im weiteren Kontext von Bildungsinstitutionen angesiedelt sind, aber nicht die Institutionen fokussieren, sondern die Art und Weise, wie Erwachsene die Bildungsinstitutionen für ihre Lernprozesse nurzen, (b) Studien, die in (berufs-)biographischer Perspektive Lernarrangements fokussieren, die außerhalb typischer Bildungsinstitutionen angesiedelt sind sowie (c) Studien, die sich mit einem Gegenstand beschäftigen, der weder mit Bildungsinstitutionen zu tun hat, noch mit Lernarrangements, die aber Lernprozesse als eine wesentliche Dimension ihres Gegenstandes verstehen und untersuchen." Nach dieser Unterscheidung würde die vorliegende Untersuchung der Variante (c) entsprechen.

den biographischen Analysen haben sich dabei zwei wesentliche Dimensionen herauskristallisiert: 1. eine bestimmte Art der Motivation, mit der die Interviewten sich weiterbilden bzw. ihre berufliche Weiterentwicklung vorantreiben und 2. eine bestimmte Art und Weise, mit der (k)eine Differenzierung zwischen den Lebenswelten Berufs- und Privatleben vorgenommen wird. Diese beiden Dimensionen erscheinen gerade deshalb von Bedeutung, weil der vielfach unterstellte Zwang, sich permanent weiterentwickeln zu *müssen*, motivational kanalisiert werden muss und auf der anderen Seite (berufs)biographisch in einer flexibilisierten Arbeitswelt konsistent bewältigt werden muss. Aus dieser Perspektive repräsentieren die vier Typen Formen von Subjektkonstruktionen innerhalb einer sich wandelnden Arbeitswelt. Dabei scheint auch in einer überkomplexen Gesellschaft, die mit Begriffen wie Beschleunigung (Rosa 2005), Hybridität (Reckwitz 2010) oder Ausdifferenzierung (Luhmann 1998) gekennzeichnet wird, eine überschaubare Anzahl an Handlungsmustern rekonstruierbar zu bleiben – zumindest auf einem hohen Abstraktionsniveau im Sinne verschiedener Formen des Modus Operandi. Spannend wäre eine fokussierte Betrachtung von Menschen, die keine viable Form im Umgang mit den Anforderungen gefunden haben.[87]

---

[87] Abschließend soll auf eine kritische Beurteilung eingegangen werden, die sich auf die Berücksichtigung von Institutionen bei der Untersuchung von lebenslangem Lernen bezieht. So weisen bspw. Alheit et al. (2003, S. 33 f.) (in Anlehnung an Gieseke 1997 und Nuissl 1997) daraufhin, dass eine „antiinstitutionelle Interpretation des lebenslangen Lernens […] übersieht, dass Biographie bzw. biographisches Lernen und Institutionen aufeinander bezogen sind". Dieser Einwand erscheint berechtigt, allerdings muss dabei berücksichtigt werden, dass es zwar das Design der vorliegenden Studie war, lebenslanges Lernen unabhängig von Institutionen zu untersuchen, dass diese aber vor allem auch von den Interviewten wenig Beachtung in ihren biographischen Erzählungen erhielten. Ähnlich wie in der Untersuchung von Friebel et al. (2000) wird die institutionelle Seite des lebenslangen Lernens nur beiläufig erwähnt.

6 Fazit: Lebenslanges Lernen als biographische Praxis

In dieser Arbeit wurde die Frage aufgeworfen, wie sich die berufliche Biographiegestaltung im Rahmen lebenslanger Lernprozesse darstellt. Hierfür wurde zunächst herausgearbeitet, dass unter dem Begriff *lebenslanges Lernen* unterschiedliche Dinge verhandelt werden. Einerseits spielen soziale Aspekte (wie Chancengerechtigkeit) eine Rolle, andererseits werden ökonomische Aspekte (wie employability) hervorgehoben. Wenn es um die Notwendigkeit lebenslangen Lernens geht, steht der gesellschaftliche Wandel stets im Vordergrund. Der Verfall des Wissens und die ökonomische Dynamik einer Wissensgesellschaft machen lebenslanges Lernen erforderlich. Darüber hinaus bildet die Theorie der Reflexiven Modernisierung vielfach die Basis für den Diskurs über lebenslanges Lernen. Die gesellschaftliche Individualisierung, die Zunahme von biographischen Risiken und die Notwendigkeit, die eigene Biographie selbst herzustellen, beanspruchen die Lernfähigkeit von Individuen.

Da sich sowohl die Wissenschaft als auch die Bildungspolitik mit der Thematik beschäftigen und innerhalb dieser beiden Bereiche wiederum unterschiedliche Ansätze und Begründungen den Diskurs begleiten, kann dieser als diffus, ambivalent und teilweise widersprüchlich bezeichnet werden. Aus einer Makroperspektive wird der gesellschaftliche Wandel mit seinen unterschiedlichen Herausforderungen thematisiert. In der Mikroperspektive stehen die Individuen mit ihren subjektiven Perspektiven im Vordergrund.

Insgesamt kann festgehalten werden, dass es sich beim lebenslangen Lernen um einen relativ offenen Lernbegriff handelt, der Lernen über alle Lebensphasen hinweg thematisiert. In der vorliegenden Arbeit wurde es von curricularem Lernen abgegrenzt und als Lernen „zweiter Ordnung" (Alheit/Dausien 2009, S. 715) verstanden, d.h. als übergreifendes bzw. höher organisiertes Lernen, das sich zu einer biographischen Orientierung zusammenfügt. Daher wurde es als biographisches Lernen begriffen. Dabei ist auch die objektive Struktur erkennbar, so dass diese in der empirischen Analyse Berücksichtigung fand. Somit wurden die berufsbiographischen Orientierungsmuster und Handlungsstrategien sowohl mit Bezug auf die individuellen Ansprüche als auch auf die sozialen Möglichkeitsräume analysiert.

Dabei konnte gezeigt werden, dass sich berufsbiographische Orientierungen durch Lernprozesse zusammenfügen und weitere Lernprozesse organisieren und strukturieren. Diese Lernprozesse haben den Charakter eines „nicht rationalisierbaren Suchprozesseses im Spannungsfeld von institutionellen Angeboten, biographischen Prozessen, alltäglicher Lebenspraxis und kontingenten [...] individuellen Ereignissen" (Kade/Seitter 1996, S. 250). Dabei geht es um Anschluss- und Verknüpfungslernen, um vorherige und folgende Erfahrungen, durch die sich die Handlungsstrategien bzw. Orientierungsmuster entwickeln. Erfahrungen werden über die gesamte Lebensspanne in das subjektive Handlungsrepertoire aufgenommen und eingeordnet (Tippelt 2007, S. 444).

Aus der umfassenden Analyse konnte ein Lernen zweiter Ordnung empirisch herausgearbeitet werden, d.h. dass die Interviewten Orientierungsmuster entwickelt haben, anhand derer sie ihre berufliche Biographie gestalten bzw. ausrichten. Dabei ließen sich vier Typen rekonstruieren, die die Umgangsstrategien mit gesellschaftlichen Herausforderungen abbilden. Individualisierung, Globalisierung, die mit der Beschleunigung einhergehenden situativen Lebenspraxen, die Unvorhersehbarkeit von Lebensereignissen sind nur einige Dimensionen, durch die Individuen mit Unsicherheit konfrontiert werden. „In der Spätmoderne sind [...] die möglichen Ereignisse oft unvorhersehbar, und sie unterliegen selbst einem raschen Wechsel in einem nicht mehr durch Routine und Tradition bestimmten, sondern ins Unabsehbare gesteigerten Möglichkeitshorizont, in dem Relevanzen nicht mehr erkennbar sind, sondern selbst gesetzt werden müssen. Das Setzen von Prioritäten und Relevanzen ist eine unabdingbare Voraussetzung zeitlicher Planung und Gestaltung; es ist jedoch nur dort möglich, wo einige Rahmenbedingungen und Grundorientierungen dem Spiel der Kontingenzen entzogen sind und damit als Ordnungsfaktoren dienen können" (Rosa 2012, S. 262). Die vier Typen zeigen, welche Relevanzen Individuen bei der Gestaltung ihrer Berufsbiographien setzen und wie sie dies tun. Diese Relevanzen werden durch bestimmte implizite Handlungsstrategien mit den sozialen Möglichkeitsräumen in Einklang gebracht. Durch den Fokus auf den Beruf und die Erwerbsarbeit, den insbesondere jene Interviewte setzen, die sich in der Erwerbsphase befinden (also die Mehrzahl der Interviewten), wird deutlich, dass das biographische Lernen in der Zeit der Erwerbsarbeit stark an dieselbe gebunden ist. Dies korrespondiert mit der mehrfach thematisierten vielschichtigen Erwerbsarbeitszentrierung, die sowohl im Bereich der staatlichen sozialen Sicherungssysteme als auch im Kontext von sozialem Status, individueller Teilhabe und personaler Identitätsentwicklung eine bedeutende Rolle spielt. Lediglich bei jenen Interviewten, die sich bereits im Altersruhestand befanden, verschiebt sich die Relevanzsetzung leicht, so dass auch andere biographische Bereiche, insbesondere die Familie, eine Rolle spielten.

Der Typus „Organisationalisierung" ist in seiner gesamten Berufsbiographie an Sicherheit orientiert. Jegliche weitere Dimensionen, die die Berufsbiographie begleiten, wie bspw. die Möglichkeit oder die Ambition, sich weiterzuentwickeln, werden der Sicherheit untergeordnet. Dem Typus gelingt es, dieses Bedürfnis innerhalb *einer* Organisation zu befriedigen. Diese bietet Sicherheit und wird mit vielfältigen positiven Eigenschaften (gutes Arbeitsklima, nette Kollegen) konnotiert. Der Wunsch nach Sicherheit wird durch eine Bindung an die Organisation erfüllt, d.h. dass die Organisation (auch unter ungünstigen Bedingungen) nicht verlassen wird. Dahingehend erweist sich der Typus als stabil und beständig. Hinsichtlich der Arbeitsaufgaben kann er hingegen als flexibel bezeichnet werden, da diese problemlos gewechselt werden können. Das Weiterbildungsverhalten ist durch extrinsische Motivation gekennzeichnet und das Arbeits- und Privatleben werden voneinander getrennt.

Beim Typus „Professionalisierung" steht das Berufsfeld im Vordergrund. Die Berufsbiographie ist auf den Beruf (als Berufung) ausgerichtet und wird durch Professionalisierung (innerhalb) des Berufsfeldes gestaltet. Da das Berufsfeld den Rahmen für die Berufsbiographie absteckt, bleibt dieses stets stabil, während Organisationen ‚mühelos' gewechselt werden können. Im Rahmen der Professionalisierung sind der Besuch von Weiterbildungen und die berufliche Weiterentwicklung intrinsisch motiviert. Die Ambition, sich und teilweise das Berufsfeld selbst zu professionalisieren, greift aber nicht in den privaten Bereich, so dass die Grenze zwischen dem Berufsleben und dem Freizeitbereich aufrechterhalten bleibt.

Dies ist beim Typus „Vermarktlichung" anders. Er ist durch eine Orientierung an Karriere und Erfolg gekennzeichnet, die dazu führt, dass das Privatleben in den Hintergrund gerät und vom Berufsleben ‚verschluckt' wird. Im Berufsleben muss den vorgegebenen Karrierewegen gefolgt werden, um den eigenen Ansprüchen gerecht zu werden. Dies gelingt durch Vermarktlichung, d.h. durch stetige Anpassung an externe (Markt-)Bedingungen. Dabei spielen eigene berufliche Interessen eine untergeordnete Rolle. Daher kann auch das Weiterbildungsverhalten bzw. die berufliche Entwicklung als extern motiviert bezeichnet werden. Weder Tätigkeitsbereiche noch Organisationen geben der Berufsbiographie den roten Faden, da Vermarktlichung in hohem Maße Flexibilität erfordert.

Auch beim Typus „Entgrenzung" spielen Tätigkeitsbereiche und Organisationen eine untergeordnete Rolle, da die Orientierung am ‚Selbst' im Vordergrund steht, d.h. dass die Suche nach Selbstverwirklichung die Biographie prägt. Da diese Suche nicht auf den Privatbereich beschränkt ist, sondern sich in extremer Weise auch auf das Berufsleben ausweitet, werden die beiden Bereiche weitgehend entgrenzt. Die Orientierung am Selbst geht soweit, dass formale Weiterbildungen nicht besucht werden. Stattdessen bilden sich die Akteure stets autodidaktisch weiter. Berufliche Interessen gehen von ihnen selbst aus und sind intrinsisch motiviert.

Die vier Typen zeigen, dass der Umgang mit den skizzierten gesellschaftlichen Herausforderungen und Individualisierungsprozessen unterschiedlich ist und von den individuellen biographischen Ansprüchen abhängt. Die berufsbiographischen Orientierungen, die aus den Lernprozessen zweiter Ordnung resultieren, fügen sich aus (berufs-) biographischen Erfahrungen zusammen und strukturieren folgende Lernprozesse.

Die Orientierungsweisen der ersten beiden Typen, d.h. eine Orientierung an der Organisation und eine Orientierung am Beruf, können eher als moderne Muster bezeichnet werden, wohingegen die Orientierung an Karriere und Erfolg sowie am ‚Selbst‘ wahrscheinlich eher als postmoderne Muster charakterisiert werden können – sofern man eine derart chronologische Bewertung in Anlehnung an Reckwitz (2006) vornehmen möchte. Im Hinblick auf gegenwartsdiagnostische Zuspitzungen (u.a. Rosa 2012; Reckwitz 2010) lässt sich feststellen, dass sich in den Typen 3 und insbesondere 4 diese durchaus repräsentieren, allerdings in einer ergänzenden und nicht die ‚älteren‘ Orientierungen auflösenden Form.

Der vielfach diskutierten Dualität von lebenslangem Lernen als zwielichtiges Lernen (Orthey 2004, S. 11), als Bürgerrecht oder lebenslänglicher Zwang (Schrittesse 2011, S. 29) soll anhand der empirischen Ergebnisse mit folgender These begegnet werden: Es scheint in der Tat ein Zwang zu sein, sich den gesellschaftlichen Verhältnissen und Herausforderungen anzupassen. Gleichzeitig kann aber auch von einer Form der Selbstentfaltung bzw. der Möglichkeit von Autonomie gesprochen werden, weil alle vier Typen die Lernprozesse nutzen, um sich spezifische individuelle Ansprüche zu erfüllen. Damit stellt die häufig beschriebene Dualität empirisch betrachtet bzw. in der Handlungspraxis der Akteure weniger ein Gegensatzpaar mit unterschiedlicher Wertung bzw. Konnotation, sondern vielmehr eine ‚Einheit‘ dar. Diese kann i.S. von Reckwitz (2010) auch als „Hybridität" verstanden werden, d.h. dass ein und dasselbe Sinn-Aggregat aus unterschiedlichen Perspektiven betrachtet mal Zwang, mal Freiheit darstellt, es jedoch in der biographischen Praxis keine Dichotomie darstellt, sondern vereint werden kann. Dies wird insbesondere dadurch evident, dass unterschiedliche individuelle Präferenzen ihre gesellschaftliche Entsprechung finden.[88]

Den Schwerpunkt der Analyse bildeten jene Aspekte, die im Hinblick auf die Notwendigkeit lebenslangen Lernens als personale Aspekte diskutiert werden

---

[88] Mehrfach wurde darauf hingewiesen, dass die individuellen Präferenzen nicht losgelöst von gesellschaftlichen Verhältnissen betrachtet werden können und sich daher auch mit gesellschaftlichen Verhältnissen ändern können.

und auf die Reflexive Modernisierung rekurrieren. Die rekonstruierten Orientierungsmuster verdeutlichen die Notwendigkeit, die eigene Berufsbiographie gestalten und komponieren zu können. Genau genommen stellen die rekonstruierten Orientierungen die Synchronisation von personalen und ökonomischen (zum Teil auch soziokulturellen) Aspekten dar.

Interessant erscheint daher die Untersuchung jener Personen, die keine für sie passende Handlungsstrategie gefunden haben und somit nicht in der Lage sind, ihre Biographie ‚erfolgreich' zu gestalten. Dabei könnte aus einer biographietheoretischen Perspektive berücksichtigt werden, inwiefern die individuellen biographischen Ansprüche sich nicht mit den sozialen Möglichkeitsräumen ‚vereinbaren' lassen bzw. woran die ‚Passung' scheitert. Genau dies konnte in der vorliegenden Studie (u.a. aufgrund des Samples) nicht betrachtet werden. Darüber hinaus wurde in der empirischen Analyse nicht berücksichtigt, wie sich der Übergang von der Erwerbsphase in den Ruhestand gestaltet und inwiefern die Orientierungsmuster dabei wirksam sind. Dies könnte in weiteren Forschungsarbeiten untersucht werden, denn wie Köster (2007, S. 83) konstatiert: „Es hat schon etwas Skurriles wenn von lebenslangem Lernen geredet und geschrieben wird, aber dann nur von der Weiterbildung älterer Arbeitnehmer gesprochen wird, so als ob das Leben mit dem Ende der Berufstätigkeit auch abgeschlossen wäre".

Ein Vorteil qualitativer Studien besteht darin, dass auch seltene Phänomene Berücksichtigung finden. Dadurch besteht allerdings immer auch die Gefahr, dass ein Typus, der selten vorkommt bzw. gesellschaftlich insgesamt kaum eine Rolle spielt, „übertrieben" wird. Entsprechend wäre ein weiteres interessantes Forschungsvorhaben die Untersuchung der quantitativen Verteilung der vier rekonstruierten Typen.

Abschließend sollen aus den empirischen Ergebnissen Implikationen für bildungspolitische Vorhaben sowie für die Praxis der Erwachsenenbildung abgeleitet werden.

In der „Strategie für Lebenslanges Lernen" (BLK 2004) wird „Lernberatung" als ein Entwicklungsschwerpunkt für alle Lebensphasen angeführt, um dem Ziel, Lernen in allen Lebensphasen zu unterstützen, nachzukommen. Dies erscheint in Anbetracht der empirischen Ergebnisse besonders sinnvoll, insbesondere, wenn diese Beratung auf die berufliche Orientierung gerichtet ist. Der Ansatz, jungen Erwachsenen anhand von Lernberatung zu ermöglichen, „unterschiedliche Bildungswege zu erkennen, Handlungsoptionen zu entwerfen und die Bildungsbiografien langfristig eigenverantwortlich zu planen" (BLK 2004, S. 25) erscheint folgerichtig und notwendig. Auch bei der Lernberatung Erwachsener erscheint die Strategie einen sinnvollen Ansatz zu verfolgen, wenn sie die unterschiedlichen Zielgruppen sowie „die Vielzahl ausgeübter Berufe, die unterschiedlichen entwickelten Begabungen, Interessen und Lebenssituationen" (BLK

2004, S. 27) berücksichtigt. Allerdings sollte die Beratung sich auch im Erwachsenenalter nicht auf berufliche Weiterqualifizierung beschränken oder ausschließlich am Arbeitsmarkt oder an bestimmten Inhalten orientiert sein, da zum
einen die berufliche Orientierung – wie die empirischen Ergebnisse zeigen –
auch in dieser Lebensphase nicht als abgeschlossen bezeichnet werden kann.
Zum anderen sind in den biographischen Orientierungen enorme Wissensvorräte
sowie vielschichtige Synthesekompetenzen verdichtet, so dass diese in der Beratung zwingend Berücksichtigung finden sollten. Daher erscheint es für eine fun-
dierte Beratung sinnvoll, Kenntnisse über die unterschiedlichen Formen biographischer Orientierungen zu besitzen, auch um der realen Vielfalt gerecht werden
zu können und nicht lediglich bestimmte bzw. gewünschte Modelle zu unterstützen. Im Hinblick auf die Beratung sollte anhand der vier Typen nicht nur nach
dem Was, also nach inhaltlichen Interessen, gefragt werden, sondern vor allem
auch nach dem Wie. Bei den Typen „Organisationalisierung" und „Vermarktlichung" sind Rahmenbedingungen wichtiger als konkrete Tätigkeiten oder Aufgaben. Beim Typus „Entgrenzung" sind die Tätigkeiten (das Was) zwar von Bedeutung, aber genauso relevant ist das autonome Arbeiten und Handeln (also das
Wie).[89] Für Ältere erscheint Kösters (2007, S. 95 f.) Vorschlag, bspw. „im Rahmen von Altersteilzeit oder anderen flexibleren Übergängen auf nachberufliches
Engagement [vorzubereiten]" als angemessen. Damit würde dem Umstand
Rechnung getragen, dass der Bedarf an Orientierungen mit dem Übergang in den
Ruhestand erkennbar steigt (Köster 2007, S. 84). Wenn sich die Strategie für Lebenslanges Lernen „an der Biographie des Menschen" (BLK 2004, S. 13) orientieren möchte, sollte sie die berufsbiographische Orientierung fokussieren oder
zumindest nicht außer Acht lassen. Es gilt demnach, die Orientierungsleistung
der Individuen zu fördern und zu unterstützen, denn: „Die Bildungsmotive werden vielfältiger und bleiben auch in späteren Lebensphasen enger an Erfordernisse des Erwerbslebens gebunden. Die Frage, wozu jemand in einem bestimmten
Lebensalter lernt, ist weniger denn je pauschal zu beantworten; damit gewinnt
die Ermittlung und Berücksichtigung individueller Interessenlagen für die Gestaltung von Bildungsprozessen weiter an Bedeutung. Die Biographisierung
verweist zudem auf die Reflexion und Deutung des eigenen Lebensverlaufs als
eine bisher wenig beachtete Bildungsaufgabe. Schulische und berufliche Ausbildung sind gemeinhin auf standardisiertes Wissen und auf normierte Berufsver-

---

[89]   Hier lassen sich zwei aktuelle Beispiele gegenüberstellen: Während der Studium-Interessentest
       der Hochschulrektorenkonferenz (http://www.hochschulkompass.de/studium-interessentest.html)
       danach fragt, für welche Tätigkeiten man sich interessiert, berücksichtigt die Homepage What-
       chado (http://www.whatchado.com/de/), die im Hinblick auf Berufsmöglichkeiten einen Über-
       blick und Orientierung bietet, in ihren 14 Fragen auch Rahmenbedingungen bzw. Aspekte des
       Wie.

läufe ausgerichtet; auf die unabsehbaren Wechselfälle des Erwerbslebens bereiten sie kaum vor" (Pongratz 2001).

Im Hinblick auf die Förderung von lebenslangem Lernen wird es insbesondere im Hinblick auf den Typus „Entgrenzung" immer wichtiger, bestimmte Normalitätsvorstellungen zu hinterfragen. Zum einen würden diese autodidaktischen Lerner davon profitieren, wenn – wie bereits vielfach gefordert und im Rahmen des Deutschen Qualifikationsrahmens für lebenslanges Lernen vorgesehen – informell erworbene Kompetenzen anerkannt würden. Hier muss zudem betont werden, dass in den statistischen Befunden zum Weiterbildungsverhalten diese in der Regel in die Kategorie „Nicht-Teilnehmer" fallen, was allerdings der hier rekonstruierten Vielfalt an Tätigkeiten, die autodidaktisch erlernt und anschließend durchaus erfolgreich umgesetzt wurden, nicht gerecht wird. Für diesen Typus kann darüber hinaus zum Problem werden, dass die in den Sozialversicherungen unterstellte Normalbiographie ein biographisches Risiko birgt.

Die rekonstruierten Muster biographischen Lernens, die die Kontingenzen lebenslangen Lernens in Bahnen lenken, zeigen, dass Biographien, in denen die Erwerbsarbeit eine zentrale Rolle spielt, durch die Interdependenz von individuellen Bedürfnissen einerseits und sozialen Bezugsrahmen andererseits bestimmt sind. Darüber hinaus wird deutlich, wie es den Interviewten gelingt, die biographische Offenheit durch den ‚Dreiklang' (aus individuellen Präferenzen, sozialen Referenzen und der Interdependenz dieser beiden Aspekte) zu kanalisieren.

Literaturverzeichnis

Alheit, Peter (1995): „Biographizität" als Lernpotential: Konzeptionelle Überlegungen zum biographischen Ansatz in der Erwachsenenbildung. In: Krüger, Heinz-Hermann; Marotzki, Winfried (Hrsg.): Erziehungswissenschaftliche Biographieforschung. Opladen. 103-115.

Alheit, Peter (2002): Biographieforschung und Erwachsenenbildung. In: Kraul, Margret; Marotzki, Winfried (Hrsg.): Biographische Arbeit. Perspektiven erziehungswissenschaftlicher Biographieforschung. Opladen. 211-240.

Alheit, Peter (2003): „Biographizität" als Schlüsselqualifikation. Plädoyer für transitorische Bildungsprozesse. In: QUEM-Report 78. Weiterlernen – neu gedacht. Erfahrungen und Erkenntnisse. Berlin. 7-22.

Alheit, Peter (2008): Lebenslanges Lernen und soziales Kapital. In: Herzberg, Heidrun (Hrsg.): Lebenslanges Lernen. Theoretische Perspektiven und empirische Befunde im Kontext der Erwachsenenbildung. Frankfurt am Main. 13-30.

Alheit, Peter (2009): „Diskursive Politiken" – Lebenslanges Lernen als Surrogat?. In: Hof, Christiane; Ludwig, Joachim; Zeuner, Christine (Hrsg.): Strukturen lebenslangen Lernens. Dokumentation der Jahrestagung der Sektion Erwachsenenbildung der Deutschen Gesellschaft für Erziehungswissenschaft vom 27.-29. September 2007 an der Universität Bremen. Baltmannsweiler. 4-14.

Alheit, Peter (2010): Identität oder „Biographizität"? Beiträge der neueren sozial- und erziehungswissenschaftlichen Biographieforschung zu einem Konzept der Identitätsentwicklung. In: Griese, Birgit (Hrsg.): Subjekt – Identität – Person? Reflexionen zur Biographieforschung. Wiesbaden. 219-249.

Alheit, Peter; Dausien, Bettina (2006): Biographieforschung in der Erwachsenenbildung. In: Krüger, Heinz-Hermann; Marotzki, Winfried (Hrsg.): Handbuch erziehungswissenschaftliche Biographieforschung. Wiesbaden. 431-457.

Alheit, Peter; Dausien, Bettina (2007): Lifelong Learning and Biography: A Competitive Dynamic Between the Macro- and the Micro Level of Education. In: West, Linden; Alheit, Peter; Andersen, Anders Siig; Merrill, Barbara (Hrsg.): Using Biographical and Life History Approaches in the Study of

Adult and Lifelong Learning: European Perspectives. Frankfurt am Main. 57-70.

Alheit, Peter; Dausien, Bettina (2009): Bildungsprozesse über die Lebensspanne: Zur Politik und Theorie lebenslangen Lernens. In: Tippelt, Rudolf; Schmidt, Bernhard (Hrsg.): Handbuch Bildungsforschung. Wiesbaden. 713-734.

Alheit, Peter; Dausien, Bettina; Kaiser, Manuela; Truschkat, Inga (2003): Neue Formen (selbst) organisierten Lernens im sozialen Umfeld. Qualitative Analyse biographischer Lernprozesse in innovativen Lernmilieus. In: QUEM-Materialien, 43. URL: http://abwf.de/main/publik/frame_html396f.html?ebene2=materialien (Stand: 04.04.2013).

Alheit, Peter; Felden, Heide von (2009): Einführung: Was hat lebenslanges Lernen mit Biographieforschung zu tun? In: Alheit, Peter; von Felden, Heide (Hrsg.): Lebenslanges Lernen und erziehungswissenschaftliche Biographieforschung. Konzepte und Forschung im europäischen Diskurs. Wiesbaden. 9-17.

Appelsmeyer, Heide (1995): Die methodologische Bedeutung unterschiedlicher Textsorten im Rahmen der Biographieforschung. In: Krüger, Heinz-Hermann; Marotzki, Winfried (Hrsg.): Erziehungswissenschaftliche Biographieforschung. Opladen. 103-115.

Arnold, Rolf (2011): Entgrenzungen des Lernens im Lebenslauf. In: Arnold, Rolf; Pachner, Anita (Hrsg.): Lernen im Lebenslauf. Baltmannsweilter. 130-144.

Baethge, Martin (1991): Arbeit, Vergesellschaftung, Identität – Zur zunehmenden normativen Subjektivierung der Arbeit. In: Soziale Welt, 42 (1), 6-19.

Baethge, Martin; Baethge-Kinsky, Volker (2004): Der ungleiche Kampf um das lebenslange Lernen. Münster.

Barbuto, John E.; Scholl, Richard W. (1998): Motivation sources inventory: development and validation of new scales to measure an integrative taxonomy of motivation. In: Psychological Reports, 82 (3), 1011-1022.

Bateson, Gregory (1981): Ökologie des Geistes. Anthropologische, psychologische, biologische und epistemologische Perspektiven. Frankfurt am Main.

Baur, Peter (2008): Lebenslang lernen – Die Europäische Perspektive. In: Hoppe, Manfred; Schack, Axel (Hrsg.): Rohstoff Bildung: Lebenslang lernen! Wiesbaden. 31-47.

Beck, Ulrich (1986): Risikogesellschaft. Auf dem Weg in eine andere Moderne. Frankfurt am Main.

Beck, Ulrich (1996): Das Zeitalter der Nebenfolgen und die Politisierung der Moderne. In: Beck, Ulrich; Giddens, Anthony; Lash, Scott (Hrsg.): Reflexive Modernisierung. Eine Kontroverse. Frankfurt am Main. 19-112.

Becker, Thomas A. (2007): Kreativität – Letzte Hoffnung der blockierten Gesellschaft? Konstanz.

Becker-Lenz, Roland; Müller, Silke (2009): Die Notwendigkeit von wissenschaftlichem Wissen und die Bedeutung eines professionellen Habitus für die Berufspraxis der sozialen Arbeit. In: Becker-Lenz, Roland; Busse, Stefan; Ehlert, Gudrun; Müller, Silke (Hrsg.): Professionalität in der Sozialen Arbeit. Standpunkte, Kontroversen, Perspektiven. Wiesbaden. 195-221.

Bélanger, Paul (2011): Theories in Adult Learning and Education. Opladen& Farmington Hills.

Berger, Peter L.; Luckmann, Thomas (2009): Die gesellschaftliche Konstruktion der Wirklichkeit. Frankfurt am Main.

Biesta, Gert J. J.; Field, John; Hodkinson, Phil; Macleod, Flora J.; Goodson, Ivor F. (2011): Improving Learning through the Lifecourse. Learning Lives.

Birkelbach, Klaus; Bolder, Axel (2010): Lebensläufe in der Lebensmitte: Anpassung, Gestaltung und Beharrung in regionalen Lebenswelten. In: Bolder, Axel; Epping, Rudolf; Klein, Rosemarie; Reutter, Gerhard; Seiverth, Andreas (Hrsg.): Neue Lebenslaufregimes – neue Konzepte der Bildung Erwachsener? Wiesbaden. 69-88.

BLK (2004): Strategie für Lebenslanges Lernen in der Bundesrepublik Deutschland. Bonn.

BMBF (2001): Aktionsprogramm „Lebensbegleitendes Lernen für Alle". Bonn.

BMBF (2013): Weiterbildungsverhalten in Deutschland. AES 2012 Trendbericht. URL: www.bmbf.de/pub/trendbericht_weiterbildungsverhalten_2012.pdf (Stand: 05.05.2013).

Böhm, Stephan (2008): Organisationale Identifikation als Voraussetzung für eine erfolgreiche Unternehmensentwicklung. Eine wissenschaftliche Analyse mit Ansatzpunkten für das Management. Wiesbaden.

Böhnisch, Lothar (1998): Biographie als Schlüsseldimension des Lernens. In: Walther, Andreas; Stauber, Barbara (Hrsg.): Lebenslanges Lernen in Europa. Optionen für die Integration von Leben, Lernen und Arbeiten / Lifelong Learning in Europe. Options for the Integration of Living, Learning and Working.Tübingen.52-56.

Bohnsack, Ralf (1995): Episodale Schicksalsgemeinschaft und Jugendgewalt: Hooligan-Gruppen in intensiver Fallanalyse. In: Sahner, Heinz; Schwendtner, Stefan (Hrsg.): 27. Kongreß der Deutschen Gesellschaft für Soziologie „Gesellschaften im Umbruch". Opladen. 379-384.

Bohnsack, Ralf (2007): Typenbildung, Generalisierung und komparative Analyse. Grundprinzipien der dokumentarischen Methode. In: Bohnsack, Ralf; Nentwig-Gesemann, Iris; Nohl, Arnd-Michael (Hrsg.): Die dokumentarische Methode und ihre Forschungspraxis. Grundlagen qualitativer Sozialforschung. Wiesbaden. 225-254.

Bohnsack, Ralf (2008): Rekonstruktive Sozialforschung. Einführung in qualitative Methoden. Opladen.

Bohnsack, Ralf; Nentwig-Gesemann, Iris; Nohl, Arnd-Michael (Hrsg.) (2007): Die dokumentarische Methode und ihre Forschungspraxis. Grundlagen qualitativer Sozialforschung. Wiesbaden.

Bois-Reymond, Manuela du (1998): ,Ich will noch so viel erleben, ich will mich noch nicht festlegen'. Die Offenheit männlicher und weiblicher Lebensentwürfe junger Erwachsener. In: Walther, Andreas; Stauber, Barbara (Hrsg.): Lebenslanges Lernen in Europa. Optionen für die Integration von Leben, Lernen und Arbeiten / Lifelong Learning in Europe. Options for the Integration of Living, Learning and Working.Tübingen.133-152.

Brödel, Rainer (2003): Lebenslanges Lernen im Spannungsfeld von Bildungsgeschichte, Politik und Erziehungswissenschaft. In: Nittel, Dieter; Seitter, Wolfgang (Hrsg.): Die Bildung des Erwachsenen. Erziehungs- und sozialwissenschaftliche Zugänge. Bielefeld. 115-139.

Cloos, Peter (2006): Beruflicher Habitus. Methodologie und Praxis ethnografischer Entdeckung von Unterschieden. In: Cloos, Peter; Thole, Werner (Hrsg.): Ethnografische Zugänge. Professions- und AdressatInnenbezogene Forschung im Kontext von Pädagogik. Wiesbaden. 185-201.

Corsten, Michael (1995): Berufsbiographien als institutionelle Skripte. In: Hoerning, Erika M.; Corsten, Michael (Hrsg.): Institution und Biographie. Die Ordnung des Lebens. Pfaffenweiler. 39-53.

Council of Europe (1971): Permanente Education. Fundamentals for an Integrated Educational Policy. Studies on Permanent Education no. 21/1971. Straßbourg.

Dausien, Bettina (2008): Lebenslanges Lernen als Leitlinie für die Bildungspraxis? Überlegungen zur pädagogischen Konstruktion von Lernen aus biographietheoretischer Sicht. In: Herzberg, Heidrun (Hrsg.): Lebenslanges Lernen. Theoretische Perspektiven und empirische Befunde im Kontext der Erwachsenenbildung. Frankfurt am Main. 151-174.

Delors, Jacques et al. (1996): Learning: the treasure within. Paris.

Delory-Momberger, Christine (2011): Herausforderungen, Widersprüche und Risiken der „biographischen" Gesellschaft. In: Herzberg, Heidrun; Kammler, Eva (Hrsg.): Biographie und Gesellschaft. Überlegungen zu einer Theorie des modernen Selbst. Frankfurt am Main. 29-41.

Demszky von der Hagen, Alma; Voß, Günter G. (2010): Beruf und Profession. In: Böhle, Fritz; Voß, Günter G.; Wachtler, Günther (Hrsg.): Handbuch Arbeitssoziologie. Opladen. 751-803.

Dewey, John (1986): Erfahrung und Denken. In: Schreier, Helmut (Hrsg.): John Dewey: Erziehung durch und für Erfahrung. Theoriegeschichtliche Quellentexte zur Pädagogik. Stuttgart. 140-155.

Diewald, Martin (2010): Lebenslaufregime: Begriff, Funktion und Hypothesen zum Wandel. In: Bolder, Axel; Epping, Rudolf; Klein, Rosemarie; Reutter, Gerhard; Seiverth, Andreas (Hrsg.): Neue Lebenslaufregimes – neue Konzepte der Bildung Erwachsener? Wiesbaden. 25-41.

Dörre, Klaus (2010): Die Selbstmanager. Biographien und Lebensentwürfe in unsicheren Zeiten. In: Bolder, Axel; Epping, Rudolf; Klein, Rosemarie; Reutter, Gerhard; Seiverth, Andreas (Hrsg.): Neue Lebenslaufregimes – neue Konzepte der Bildung Erwachsener? Wiesbaden. 139-149.

Dohmen, Günther (2001): Das informelle Lernen. Die internationale Erschließung einer bisher vernachlässigten Grundform menschlichen Lernens für das lebenslange Lernen aller. Bonn.

Dohmen, Günther (2002): Lebenslang lernen – und wo bleibt die „Bildung"? In: Nuissl, Ekkehard; Schiersmann, Christiane; Siebert, Horst (Hrsg.): Literatur und Forschungsreport Weiterbildung 49. Bielefeld. 8-14.

Ecarius, Jutta (1998): Biographie, Lernen und Gesellschaft. Erziehungswissenschaftliche Überlegungen zu biographischem Lernen in sozialen Kontexten. In: Bohnsack, Ralf; Marotzki, Winfried (Hrsg.): Biographieforschung und Kulturanalyse. Transdisziplinäre Zugänge qualitativer Forschung. Opladen. 129-151.

Ecarius, Jutta (2006): Biographieforschung und Lernen. In: Krüger, Heinz-Hermann; Marotzki, Winfried (Hrsg.): Handbuch erziehungswissenschaftliche Biographieforschung. Wiesbaden. 91-108.

Edelmann, Doris; Schmidt, Joel; Tippelt, Rudolf (2012): Einführung in die Bildungsforschung. Grundriss der Pädagogik. Erziehungswissenschaft Band 12. Stuttgart.

Egger, Rudolf (1995): Biographie und Bildungsrelevanz. Eine empirische Studie über Prozeßstrukturen moderner Bildungsbiographien. München.

El-Mafaalani, Aladin (2012): BildungsaufsteigerInnen aus benachteiligten Milieus. Habitustransformation und soziale Mobilität bei Einheimischen und Türkeistämmigen. Wiesbaden.

Erikson, Erik H. (1977): Identität und Lebenszyklus. Frankfurt am Main.

Erzberger, Christian (2001): Über die Notwendigkeit qualitativer Forschung: Das Beispiel der Alleinerziehungszeiten in quantitativen Daten. In: Kluge, Susann; Kelle, Udo (Hrsg.): Methodeninnovation in der Lebenslaufforschung. Integration quantitativer und qualitativer Verfahren in der Lebenslauf- und Biographieforschung. Weinheim. 169-188.

Europäischer Rat (2000): Schlussfolgerungen des Vorsitzes. Lissabon.

European Commission (1993): Growth, Competitiveness and Employment. The Challenges and Ways Forward into the 21st Century. White Paper. Brussels.

European Commission (1995): Teaching and Learning – Towards the learning society. White Paper on Education and Training. Brussels.

European Commission (2000): A Memorandum on Lifelong Learning. Brussels.

European Commission (2001): Communication from the Commission. Making a European Area of Lifelong Learning a Reality. Brussels.

Expertenkommission Finanzierung Lebenslangen Lernens (2004): Der Weg in die Zukunft. Schlussbericht. Bielefeld.

Faulstich, Peter (2010): Lernen zwischen Zwang und Freiheit. In: Klingovsky, Ulla; Kossack, Peter; Wrana, Daniel (Hrsg.): Die Sorge um das Lernen. Festschrift für Hermann J. Forneck. Bern. 85-97.

Faulstich, Peter (2011): Lernen, Biografie, Identität und Lebensführung. In: Arnold, Rolf; Pachner, Anita (Hrsg.): Lernen im Lebenslauf. Baltmannsweilter. 16-32.

Faure, Edgar; Herrera, Felipe; Kaddoura, Abdul-Razzak; Lopes, Henri; Petrovsky, Arthur V.; Rahnema, Majid; Ward, Frederick Champion (1972): Learning to be. The world of education today and tomorrow. Paris.

Felden, Heide von (2002): Studium und Biographie: Zur Rezeption von Studienangeboten als Anstoß zu biographischen Veränderungen. In: Kraul, Margret; Marotzki, Winfried (Hrsg.): Biographische Arbeit. Perspektiven erziehungswissenschaftlicher Biographieforschung. Opladen. 270-284.

Felden, Heide von (2003): Bildung und Geschlecht zwischen Moderne und Postmoderne. Zur Verknüpfung von Bildungs-, Biographie- und Genderforschung. Opladen.

Felden, Heide von (2006): Lernprozesse über die Lebenszeit. Zur Untersuchung von Lebenslangem Lernen mit Mitteln der Biographieforschung. In: Forneck, Hermann J.; Wiesner, Gisela; Zeuner, Christine (Hrsg.): Teilhabe an der Erwachsenenbildung und gesellschaftliche Modernisierung. Baltmannsweiler. 217-233

Felden, Heide von (2008): Lerntheorie und Biographieforschung: Zur Verbindung von theoretischen Ansätzen des Lernens und Methoden empirischer Rekonstruktion von Lernprozessen über die Lebenszeit. In: Felden, Heide von (Hrsg.): Perspektiven erziehungswissenschaftlicher Biographieforschung. Wiesbaden. 109-128.

Felden, Heide von (2009): Überlegungen zum theoretischen Konzept des lebenslangen Lernens und zur empirischen Rekonstruktion selbstbestimmten Lernens. In: Alheit, Peter; von Felden, Heide (Hrsg.): Lebenslanges Lernen und erziehungswissenschaftliche Biographieforschung. Konzepte und Forschung im europäischen Diskurs. Wiesbaden. 157-174.

Felden, Heide von (2010): Haltungen und Habitusformen von Absolvent/innen der Studiengänge Pädagogik und Medizin: Zum Zusammenhang von Fachkulturen und Selbst- und Welthaltungen. In: Felden, Heide von; Schiener, Jürgen (Hrsg.): Transitionen – Übergänge vom Studium in den Beruf. Zur

Verbindung von qualitativer und quantitativer Forschung. Wiesbaden. 203-235.

Fend, Helmut (2006): Bildungserfahrungen und ihre Langzeitwirkungen im Erwachsenenalter. Ergebnisse der LifE-Studie. In: Hosenfeld, Ingmar; Schrader, Friedrich-Wilhelm (Hrsg.): Schulische Leistung. Grundlagen, Bedingungen, Perspektiven. Münster. 17-40.

Field, John (2000): Lifelong learning and the new educational order. Stoke on Trent.

Field, John (2009): Lifelong Learning and Cultural Change. A European Persepective. In: Alheit, Peter; von Felden, Heide (Hrsg.): Lebenslanges Lernen und erziehungswissenschaftliche Biographieforschung. Konzepte und Forschung im europäischen Diskurs. Wiesbaden. 21-41.

Fischer, Wolfram; Kohli, Martin (1987): Biographieforschung. In: Voges, Wolfgang (Hrsg.): Methoden der Biographie- und Lebenslaufforschung. Opladen. 25-50.

Friebel, Harry; Epskamp, Heinrich; Knobloch, Brigitte; Montag, Stefanie; Toth, Stephan (2000): Bildungsbeteiligung: Chancen und Risiken. Eine Längsschnittstudie über Bildungs- und Weiterbildungskarrieren in der „Moderne". Opladen.

Fuchs-Heinritz, Werner (2010): Biographieforschung. In: Kneer, Georg; Schroer, Markus (Hrsg.): Handbuch Spezielle Soziologien. Wiesbaden. 85-104.

Geffers, Johannes; Hoff, Ernst (2010): Zur Gleichzeitigkeit von Kontinuität und Diskontinuität in Erwerbsbiografien. Exemplarische Konstellationen im IT-Bereich. In: Bolder, Axel; Epping, Rudolf; Klein, Rosemarie; Reutter, Gerhard; Seiverth, Andreas (Hrsg.): Neue Lebenslaufregimes – neue Konzepte der Bildung Erwachsener? Wiesbaden. 105-121.

Giegel, Hans-Joachim (1995): Strukturmerkmale einer Erfolgskarriere. In: Fischer-Rosenthal, Wolfram; Alheit, Peter (Hrsg.): Biographien in Deutschland. Soziologische Rekonstruktionen gelebter Gesellschaftsgeschichte. Opladen. 213-231.

Gieseke, Wiltrud (1997): Lebenslanges Lernen aus der Perspektive der Geschlechterdifferenz. In: Report. Literatur- und Forschungsreport Weiterbildung 39. 79-87.

Gieseke, Wiltrud (2010): Zur Vielfalt in der erwachsenenpädagogischen Lehr-/Lernforschung. In: Klingovsky, Ulla; Kossack, Peter; Wrana, Daniel (Hrsg.): Die Sorge um das Lernen. Festschrift für Hermann J. Forneck. Bern. 274-282.

Gieseke, Wiltrud; Heuer, Ulrike (2011): Weiterbildungsentscheidungen und beigeordnete Bildung. In: Arnold, Rolf; Pachner, Anita (Hrsg.): Lernen im Lebenslauf. Baltmannsweiler. 107-127.

Habermas, Jürgen (1968): Stichworte zur Theorie der Sozialisation. In: Habermas, Jürgen (1973): Kultur und Kritik. Verstreute Aufsätze. Frankfurt am Main. 118-195.

Hauff, Sven (2008): Zwischen Flexibilität und Sicherheit. Zur aktuellen Entwicklung von Werten in der Arbeitswelt. In: Soziale Welt, 59 (1), 53-74.

Heiner, Maja (2004): Professionalität in der Sozialen Arbeit. Theoretische Modelle, Konzepte und empirische Perspektiven. Stuttgart.

Heinz, Walter R. (1993): Einleitung. Widersprüche in der Modernisierung von Lebensläufen. Individuelle Optionen und institutionelle Rahmungen. In: Leisering, Lutz; Geissler, Birgit; Mergner, Ulrich; Rabe-Kleberg, Ursula (Hrsg.): Moderne Lebensläufe im Wandel. Beruf – Familie – Soziale Hilfe – Krankheit. Weinheim. 9-19.

Heinz, Walter R. (2000): Selbstsozialisation im Lebenslauf. Umrisse einer Theorie biographischen Handelns. In: Hoerning, Erika M. (Hrsg.): Biographische Sozialisation. Stuttgart. 165-186.

Heite, Catrin (2008): Soziale Arbeit im Kampf um Anerkennung. Professionstheoretische Perspektiven. Weinheim und München.

Helsper, Werner; Krüger, Heinz-Hermann; Rabe-Kleberg, Ursula (2000): Professionstheorie, Professions- und Biographieforschung – Einführung in den Themenschwerpunkt. In: Zeitschrift für qualitative Bildungs-, Beratungs- und Sozialforschung 1. 5-19.

Herzberg, Heidrun (2004): Lernhabitus und Milieu als zentrale Dimensionen bei der Untersuchung lebenslanger Lernprozesse. In: Report 27 (1), 38-44.

Herzberg, Heidrun (2008): Biographie – Habitus – Lernen: Erörterung eines Zusammenhangs. In: Herzberg, Heidrun (Hrsg.): Lebenslanges Lernen. Theoretische Perspektiven und empirische Befunde im Kontext der Erwachsenenbildung. Frankfurt am Main. 51-65.

Hoerning, Erika M. (1987): Lebensereignisse: Übergänge im Lebenslauf. In: Voges, Wolfgang (Hrsg.): Methoden der Biographie- und Lebenslaufforschung. Opladen. 231-259.

Hoerning, Erika M. (1995): Institution und Biographie – die Ordnung des Lebens. In: Hoerning, Erika M.; Corsten, Michael (Hrsg.): Institution und Biographie. Die Ordnung des Lebens. Pfaffenweiler. 15-25.

Hoerning, Erika M. (Hrsg.) (2000): Biographische Sozialisation. Stuttgart.

Hof, Christiane (2009): Lebenslanges Lernen. Eine Einführung. Stuttgart.

Hürtgen, Stefanie; Voswinkel, Stephan (2012): Subjektivierung der Biographie. Lebensorientierungen und Anspruchshaltungen. In: Österreichische Zeitschrift für Soziologie, 37 (4), 347-365.

Jakobi, Anja (2006): The Worldwide Norm of Lifelong Learning. A Study of Global Policy Development. Bielefeld.

Jürgens, Kerstin (2010): Arbeit und Leben. In: Böhle, Fritz; Voß, Günter G.; Wachtler, Günther (Hrsg.): Handbuch Arbeitssoziologie. Opladen. 483-510.

Kade, Jochen (1985): Diffuse Zielgerichtetheit. Rekonstruktion einer unabgeschlossenen Bildungsbiographie. In: Baacke, Dieter; Schulze, Theodor (Hrsg.): Pädagogische Biographieforschung. Orientierungen, Probleme, Beispiele. Weinheim und Basel. 124-140.

Kade, Jochen (1989): Kursleiter und die Bildung Erwachsener – Fallstudien zur biographischen Bedeutung der Erwachsenenbildung. Bad Heilbrunn.

Kade, Jochen (1997): Riskante Biographien und die Risiken lebenslangen Lernens. In: Report. Literatur- und Forschungsreport Weiterbildung 39. 112-124.

Kade, Jochen; Hof, Christiane (2008): Biographie und Lebenslauf. Über ein biographietheoretisches Projekt zum lebenslangen Lernen auf der Grundlage wiederholter Erhebungen. In: Felden, Heide von (Hrsg.): Perspektiven erziehungswissenschaftlicher Biographieforschung. Wiesbaden. 159-175.

Kade, Jochen; Hof, Christiane; Peterhoff, Daniela (2008): Verzeitlichte Bildungsgestalten: Subjektbildung im Kontext des Lebenslangen Lernens. In: Report: Zeitschrift für Weiterbildungsforschung, 4, 9-22.

Kade, Jochen; Seitter, Wolfgang (1996): Lebenslanges Lernen. Mögliche Bildungswelten. Opladen.

Kade, Jochen; Seitter, Wolfgang (1998): Erwachsenenbildung und Biographieforschung. Metamorphosen einer Beziehung. In: Bohnsack, Ralf; Marotzki, Winfried (Hrsg.): Biographieforschung und Kulturanalyse. Transdisziplinäre Zugänge qualitativer Forschung. Opladen. 167-182.

Kaltschmid, Jochen (1999): Biographische und lebenslauftheoretische Ansätze und Erwachsenenbildung. In: Tippelt, Rudolf (Hrsg.): Handbuch Erwachsenenbildung/Weiterbildung. Opladen. 97-120.

Kerres, Michael; Hanft, Anke; Wilkesmann, Uwe (2012): Implikationen einer konsequenten Öffnung der Hochschule für lebenslanges Lernen. In: Kerres, Michael; Hanft, Anke; Wilkesmann, Uwe; Wolff-Bendik, Karola (Hrsg.): Studium 2020. Positionen und Perspektiven zum lebenslangen Lernen an Hochschulen. Münster. 285-290.

Kleemann, Frank; Voß, Günter G. (2010): Arbeit und Subjekt. In: Böhle, Fritz; Voß, Günter G.; Wachtler, Günther (Hrsg.): Handbuch Arbeitssoziologie. Opladen. 415-450.

Kluge, Susann; Kelle, Udo (Hrsg.): Methodeninnovation in der Lebenslaufforschung. Integration quantitativer und qualitativer Verfahren in der Lebenslauf- und Biographieforschung. Weinheim.

KMK (2001): Vierte Empfehlung der Kultusministerkonferenz zur Weiterbildung. Bonn.

Köster, Dietmar (2007): Bildung im Alter: Kommt die Bildungspflicht für ältere Menschen? In: Reichert, Monika; Gösken, Eva; Ehlers, Anja (Hrsg.): Was bedeutet der demografische Wandel für die Gesellschaft? Perspektiven für eine alternde Gesellschaft. Dortmunder Beiträge zur Sozial- und Gesellschaftspolitik. Münster. 77-98.

Kohli, Martin (1978): Erwartungen an eine Soziologie des Lebenslaufs. In: Kohli, Martin (Hrsg.): Soziologie des Lebenslaufs. Darmstadt und Neuwied. 9-31.

Kohli, Martin (1985): Die Institutionalisierung des Lebenslaufs. Historische Befunde und theoretische Argumente. In: Kölner Zeitschrift für Psychologie und Sozialpsychologie, 37 (1), 1-29.

Kohli, Martin (1986): Gesellschaftszeit und Lebenszeit. Der Lebenslauf im Strukturwandel der Moderne. In: Berger, Johannes (Hrsg.): Die Moderne – Kontinuitäten und Zäsuren. Soziale Welt Sonderband 4. 183-208.

Kohli, Martin (1988): Normalbiographie und Individualität: Zur institutionellen Dynamik des gegenwärtigen Lebenslaufregimes. In: Brose, Hanns-Georg; Hildenbrand, Bruno (Hrsg.): Vom Ende des Individuums zur Individualität ohne Ende. Leverkusen. 33-53.

Kohli, Martin (1994): Institutionalisierung und Individualisierung der Erwerbsbiographie. In: Beck, Ulrich; Beck-Gernsheim, Elisabeth (Hrsg.): Riskante Freiheiten. Frankfurt am Main. 219-244.

Kraimer, Klaus (2007): Stichwort "Professionalisierung". In: Deutschen Verein für öffentliche und private Fürsorge (Hrsg.): Fachlexikon der Sozialen Arbeit. Baden-Baden. S. 726-727.

Kraus, Katrin (2001): Lebenslanges Lernen – Karriere einer Leitidee. Bielefeld.

Krüger, Helga (1995): Dominanzen im Geschlechterverhältnis: Zur Institutionalisierung von Lebensläufen.In: Becker-Schmidt, Regina; Knapp, Gudrun-Axeli (Hrsg.): Das Geschlechterverhältnis als Gegenstandder Sozialwissenschaft. Frankfurt am Main. 195–219.

Kuhlenkamp, Detlef (2010): Lifelong Learning. Programmatik, Realität, Perspektiven. Münster.

Lenz, Werner (2011): Lebenslanges Lernen erforschen: Lifelong-Learning-Kolleg für Dissertant/inn/en. In: Tomaschek, Nino; Gornik, Elke (Hrsg.): The Lifelong Learning University. Münster. 89-97.

Lessenich, Stephan (2008): Die Neuerfindung des Sozialen. Der Sozialstaat im flexiblen Kapitalismus. Bielefeld.

Mannheim, Karl (1980): Strukturen des Denkens. Frankfurt am Main.

Marotzki, Winfried (1990): Entwurf einer strukturalen Bildungstheorie. Biographietheoretische Auslegung von Bildungsprozessen in hochkomplexen Gesellschaften. Weinheim.

Marotzki, Winfried (2006): Bildungstheorie und Allgemeine Biographieforschung. In: In: Krüger, Heinz-Hermann; Marotzki, Winfried (Hrsg.): Handbuch erziehungswissenschaftliche Biographieforschung. Wiesbaden. 59-70.

Marotzki, Winfried (2006): Forschungsmethoden und -methodologie derErzie-
hungswissenschaftlichen Biographieforschung. In: In: Krüger, Heinz-
Hermann; Marotzki, Winfried (Hrsg.): Handbuch erziehungswissenschaftliche Biographieforschung. Wiesbaden. 111-135.

Mayer, Karl-Ulrich (1987): Lebenslaufforschung. In: Voges, Wolfgang (Hrsg.):
Methoden der Biographie- und Lebenslaufforschung. Opladen. 51-73.

Menz, Margarete (2008): Genderkonstruktionen und „kulturelle Differenz" in
Lebensentwürfen binationaler Paare. Bielefeld.

Meuser, Michael (2007): Repräsentationen sozialer Strukturen im Wissen. Dokumentarische Methode und Habitusrekonstruktion. In: Bohnsack, Ralf u.a.
(Hrsg.): Die Dokumentarische Methode und ihre Forschungspraxis. Wiesbaden. 209-224.

Minssen, Heiner (2011): Arbeit in der modernen Gesellschaft. Eine Einführung.
Wiesbaden.

Myers, David G. (2008): Psychologie. Heidelberg.

Nagel, Ulrike (1997): Engagierte Rollendistanz. Professionalität in biographischer Perspektive. Opladen.

Neckel, Sighard (2002): Ehrgeiz, Reputation und Bewährung. Zur Theoriege-
schichte einer Soziologie des Erfolgs. In: Burkart, Günter; Wolf, Jürgen
(Hrsg.): Lebenszeiten. Erkundungen zur Soziologie der Generationen. Opladen. 103-117.

Nierobisch, Kira (2010): Studium, Übergang und Beruf: Unterschiedliche Ge-
staltungsformen von Pädagog/innen und Mediziner/innen. In: Felden, Heide
von; Schiener, Jürgen (Hrsg.): Transitionen – Übergänge vom Studium in den
Beruf. Zur Verbindung von qualitativer und quantitativer Forschung. Wiesbaden. 106-156.

Nittel, Dieter (2003): Der Erwachsene diesseits und jenseits der Erwachsenenbildung. In: Nittel, Dieter; Seitter, Wolfgang (Hrsg.): Die Bildung des Erwachsenen. Erziehungs- und sozialwissenschaftliche Zugänge. Bielefeld. 71-
93.

Nittel, Dieter (2006): Das Erwerbsleben aus der Sicht der Biographieforschung.
In: Krüger, Heinz-Hermann; Marotzki, Winfried (Hrsg.): Handbuch erziehungswissenschaftliche Biographieforschung. Wiesbaden. 317-339.

Nittel, Dieter (2010): Biographietheoretische Ansätze in der Erwachsenenbildung. In: Tippelt, Rudolf; Hippel, Aiga von (Hrsg.): Handbuch Erwachse-
nenbildung/Weiterbildung. Wiesbaden. 103-115.

Nohl, Arnd-Michael (2006): Bildung und Spontaneität. Phasen biographischer
Wandlungsprozesse in drei Lebensaltern – Empirische Rekonstruktionen und
pragmatistische Reflexionen. Opladen.

Nohl, Arndt-Michael (2008): Interview und dokumentarische Methode. Anlei-
tung für die Forschungspraxis. Wiesbaden.

Nuissl, Ekkehard: Institutionen im lebenslangen Lernen. In: Report. Literatur-
und Forschungsreport Weiterbildung 39. 41-49.

Nuissl, Ekkehard (2008): Perspektive Weiterbildung. In: Hoppe, Manfred;
Schack, Axel (Hrsg.): Rohstoff Bildung: Lebenslang lernen! Wiesbaden.
283-294.

OECD (1973): Recurrent education: a strategy for lifelong education. Paris.

OECD (Hrsg.) (1996): Lifelong Learning for All. Paris.

Ohidy, Andrea (2011): Der erziehungswissenschaftliche Lifelong Learning-
Diskurs. Rezeption der europäischen Reformdiskussion in Deutschland und
Ungarn. Wiesbaden.

Orthey, Frank Michael (2004): Zwielichtiges Lernen. Gegenstimmen in der Wei-
terbildungsdiskussion. Bielefeld.

Pfadenhauer, Michaela; Sander, Tobias (2010): Professionssoziologie. Kneer,
Georg; Schroer, Markus (Hrsg.): Handbuch Spezielle Soziologien. Wiesbaden. 361-378.

Pongratz, Hans J. (2001): Arbeitskraftunternehmern als neuer Leittypus? Flexibilisierung der Arbeit und Patchwork-Biographien. Einführungsreferat zum
DIE-Forum Weiterbildung 2000 „Zukunftsfelder der Weiterbildung". In: DIE
Zeitschrift für Erwachsenenbildung, 8 (1), 24-26. URL:
http://www.diezeitschrift.de/12001/positionen3.htm (Stand: 17.09.2013)

Pongratz, Hans J.; Voß, G. Günter (2004): Arbeitskraftunternehmer. Erwerbs-
orientierungen in entgrenzten Arbeitsformen. Berlin.

Reckwitz, Andreas (2010): Das hybride Subjekt. Eine Theorie der Subjektkultu-
ren von der bürgerlichen Moderne zur Postmoderne. Weilerswist.

Reichert, Monika (2010): Demographischer Wandel und Familie: Verändern sich
Werte- und Verhaltensmuster? In: Heinze, Rolf G.; Naegele, Gerhard
(Hrsg.): EinBlick in die Zukunft. Gesellschaftlicher Wandel und Zukunft des
Alterns. Dortmunder Beiträge zur Sozial- und Gesellschaftspolitik. Münster.
373-388.

Reißig, Birgit (2010): Biographien jenseits von Erwerbsarbeit. Prozesse sozialer
Exklusion und ihre Bewältigung. Wiesbaden.

Rosa, Hartmut (2005): Beschleunigung. Die Veränderung der Zeitstrukturen in
der Moderne. Frankfurt am Main.

Rosa, Hartmut (2012): Weltbeziehungen im Zeitalter der Beschleunigung. Umrisse einer neuen Gesellschaftskritik. Berlin.

Rosenberg, Florian von (2011): Bildung und Habitustransformation. Empirische
Rekonstruktionen und bildungstheoretische Reflexionen. Bielefeld.

Rothe, Daniela (2011): Lebenslanges Lernen als Programm. Eine diskursive
Formation in der Erwachsenenbildung. Frankfurt am Main.

Schäffter, Ortfried (2008): Lebenslanges Lernen im Prozess der Institutionalisierung. Umrisse einer erwachsenenpädagogischen Theorie des Lernens in kul-

turtheoretischer Perspektive. In: Herzberg, Heidrun (Hrsg.): Lebenslanges Lernen. Theoretische Perspektiven und empirische Befunde im Kontext der Erwachsenenbildung. Frankfurt am Main. 67-89.

Schelepa, Susanne (2010): Zur biographischen Deutung von Berufswechseln im Spannungsfeld von Autonomie und Heteronomie. In: Bolder, Axel; Epping, Rudolf; Klein, Rosemarie; Reutter, Gerhard; Seiverth, Andreas (Hrsg.): Neue Lebenslaufregimes – neue Konzepte der Bildung Erwachsener? Wiesbaden. 123-138.

Schiek, Daniela (2010): Aktivisten der Normalbiographie. Zur biographischen Dimension prekärer Arbeit. Wiesbaden.

Schlüter, Anne (2004): Zwischen lebenslangem Lernen und Erfahrungsbildung. In: Schlüter, Anne; Schell-Kiehl, Ines (Hrsg.): Erfahrung mit Biographien. Tagungsdokumentation der Duisburger Tagungen zum Thema „Erfahrung mit Biographien". Bielefeld. 7-20.

Schlüter, Anne (2011): Lernen im Lebenslauf und der Erfolgsfaktor. In: Arnold, Rolf; Pachner, Anita (Hrsg.): Lernen im Lebenslauf. Baltmannsweiler. 33-39.

Schmidt, Axel (2008): Profession, Professionalität, Professionalisierung. In: Willems, Herbert (Hrsg.): Lehr(er)buch Soziologie. Für die pädagogischen und soziologischen Studiengänge. Band 2. Wiesbaden. 835-864.

Schmidt-Lauff, Sabine (2008): Zeit für Bildung im Erwachsenenalter. Interdisziplinäre und empirische Zugänge. Münster.

Schnieders, Bernd (2011): Krankenpflege – Ein Berufsbild im Wandel. Eine qualitative Studie über den beruflichen Alltag in der Krankenpflege und dessen Veränderungsmöglichkeiten. Frankfurt am Main.

Schrittesse, Ilse (2011): Lifelong Learning an der Universität: einige Überlegungen aus bildungswissenschaftlicher Sicht. In: Tomaschek, Nino; Gornik, Elke (Hrsg.): The Lifelong Learning University. Münster. 29-41.

Schütze, Fritz (1983): Biographieforschung und narratives Interview. In: Neue Praxis, 13 (3), 283-293.

Schütze, Fritz (1984): Kognitive Figuren des autobiographischen Stegreiferzählens. In: Kohli, Martin; Günther, Robert (Hrsg.): Biographie und soziale Wirklichkeit. Neue Beiträge und Forschungsperspektiven. Stuttgart. 78-117.

Schütze, Fritz (2006): Verlaufskurven des Erleidens als Forschungsgegenstand der interpretativen Soziologie. In: Krüger, Heinz-Hermann; Marotzki, Winfried (Hrsg.): Handbuch erziehungswissenschaftliche Biographieforschung. Wiesbaden. 205-237.

Schuller, Tom (2011): Reflections on Biography: Remodelling the Lifecourse. In: Herzberg, Heidrun; Kammler, Eva (Hrsg.): Biographie und Gesellschaft. Überlegungen zu einer Theorie des modernen Selbst. Frankfurt am Main. 351-361.

Schulze, Theodor (1993): Lebenslauf und Lebensgeschichte. Zwei unterschiedliche Sichtweisen und Gestaltungsprinzipien biographischer Prozesse. In: Baacke, Dieter; Schulze, Theodor (Hrsg.): Aus Geschichten lernen. Zur Einübung pädagogischen Verstehens. Weinheim und München. 174-226.

Schulze, Theodor (2002): Biographieforschung und Allgemeine Erziehungswissenschaft. In: Kraul, Margret; Marotzki, Winfried (Hrsg.): Biographische Arbeit. Perspektiven erziehungswissenschaftlicher Biographieforschung. Opladen. 22-48.

Schulze, Theodor (2006): Biographieforschung in der Erziehungswissenschaft – Gegenstandsbereiche und Bedeutung. In: Krüger, Heinz-Hermann; Marotzki,, Winfried (Hrsg.): Handbuch erziehungswissenschaftliche Biographieforschung. Wiesbaden. 35-57.

Seitter, Wolfgang; Kade, Jochen (2002): Biographie – Institution – Wissen. Theoretische Konzepte und empirische Projekte zur Erwachsenenbildung. In: Kraul, Margret; Marotzki, Winfried (Hrsg.): Biographische Arbeit. Perspektiven erziehungswissenschaftlicher Biographieforschung. Opladen. 241-269.

Sennett, Richard (2000): Der flexible Mensch. Die Kultur des neuen Kapitalismus. Berlin.

Sinus-Institut (2013): Die Sinus-Milieus in Deutschland. URL: http://www.sinus-institut.de/ (Stand: 06.08.2013)

Straub, Jürgen (2000): Identitätstheorie, empirische Identitätsforschung und die „postmoderne" arm chair psychology. In: Zeitschrift für qualitative Bildungs-, Beratungs- und Sozialforschung, 1. 167-194.

Thöne-Geyer, Bettina; Kil, Monika (2011): Lifelong Learning: Politik und Ökonomie aus internationaler Sicht – Herausforderung für die Erwachsenenbildung in Deutschland? In: Arnold, Rolf; Pachner, Anita (Hrsg.): Lernen im Lebenslauf. Baltmannsweilter. 163-184.

Tippelt, Rudolf (2007): Lebenslanges Lernen. In: Tenorth, Heinz-Elmar; Tippelt, Rudolf (Hrsg.): Lexikon Pädagogik. Weinheim und Basel. 444-447.

Tippelt, Rudolf; Reich, Jutta (2008): Weiterbildung in Deutschland: Weiterbildungsinteressen, -verhalten und Milieuorientierung in einer pluralen Gesellschaft. In: Herzberg, Heidrun (Hrsg.): Lebenslanges Lernen. Theoretische Perspektiven und empirische Befunde im Kontext der Erwachsenenbildung. Frankfurt am Main. 31-49.

Tippelt, Rudolf; Schmidt, Bernhard; Schnurr, Simone; Sinner, Simone; Theisen, Catharina (2009): Bildung Älterer. Chancen im demografischen Wandel. Bielefeld.

Tully, Claus J. (2006): Informelles Lernen: eine Folge dynamisierter sozialer Differenzierung. In: Otto, Hans-Uwe; Oelkers, Jürgen (Hrsg.): Zeitgemäße Bildung. Herausforderung für Erziehungswissenschaft und Bildungspolitik. München. 72-89.

Vahs, Dietmar; Schäfer-Kunz, Jan (2007): Einführung in die Betriebswirtschaftslehre. Stuttgart.

Vester, Michael; Oertzen, Peter von; Geiling, Heiko; Hermann, Thomas; Müller, Dagmar (2001): Soziale Milieus im gesellschaftlichen Strukturwandel. Zwischen Integration und Ausgrenzung. Frankfurt am Main.

Voß, Günter G. (2010): Was ist Arbeit? Zum Problem eines allgemeinen Arbeitsbegriffs. In: Böhle, Fritz; Voß, Günter G.; Wachtler, Günther (Hrsg.): Handbuch Arbeitssoziologie. Opladen.23-80.

Weber, Max (1976): Wirtschaft und Gesellschaft. Grundriss der verstehenden Soziologie. Tübingen.

West, Linden; Alheit, Peter; Andersen, Anders Siig; Merrill, Barbara (2007a): Introduction: Why this Book, and Why Now. In: West, Linden; Alheit, Peter; Andersen, Anders Siig; Merrill, Barbara (Hrsg.): Using Biographical and Life History Approaches in the Study of Adult and Lifelong Learning: European Perspectives. Frankfurt am Main. 11-25.

West, Linden; Merrill, Barbara; Alheit, Peter; Bron; Agnieszka; Andersen, Anders Siig; Ollagnier, Edmée (2007b): Biographical Approaches and their Development in National Contexts. In: West, Linden; Alheit, Peter; Andersen, Anders Siig; Merrill, Barbara (Hrsg.): Using Biographical and Life History Approaches in the Study of Adult and Lifelong Learning: European Perspectives. Frankfurt am Main. 27-55.

Westphal, Ariane (2011): Ethikbasierte Unternehmensführung und Commitment der Mitarbeiter. Wiesbaden.

Weymann, Ansgar (1989): Handlungsspielräume im Lebenslauf. Ein Essay zur Einführung. In: Weymann, Ansgar (Hrsg.): Handlungsspielräume. Untersuchungen zur Individualisierung und Institutionalisierung von Lebensläufen in der Moderne. Stuttgart. 1-39.

Wilkesmann, Uwe (2012a): Die Dilemmata des lebenslangen Lernens an Hochschulen. In: Kerres, Michael; Hanft, Anke; Wilkesmann, Uwe; Wolff-Bendik, Karola (Hrsg.): Studium 2020. Positionen und Perspektiven zum lebenslangen Lernen an Hochschulen. Münster. 52-58.

Wilkesmann, Uwe (2012b): Professorenvielfalt und Universitätszusammenhalt. Der Versuch, Individualisten auf ein gemeinsames Ziel zu verpflichten. In: Pries, Ludger (Hrsg.): Zusammenhalt durch Vielfalt? Bindungskräfte der Vergesellschaftung im 21. Jahrhundert. Wiesbaden. 199-216.

Wittpoth, Jürgen (2010): Völlig schwerelos. Zum Selbst-Verständnis (in) der jüngeren Debatte über lebenslanges Lernen. In: Bolder, Axel; Epping, Rudolf; Klein, Rosemarie; Reutter, Gerhard; Seiverth, Andreas (Hrsg.): Neue Lebenslaufregimes – neue Konzepte der Bildung Erwachsener? Wiesbaden. 151-161.

Witzel, Andreas (1993): Nach der Berufsausbildung – Arbeiten im erlernten Beruf? In: Leisering, Lutz; Geissler, Birgit; Mergner, Ulrich; Rabe-Kleberg, Ursula (Hrsg.): Moderne Lebensläufe im Wandel. Beruf – Familie – Soziale Hilfe – Krankheit. Weinheim. 47-60.

Witzel, Andreas; Kühn, Thomas (2000): Orientierungs- und Handlungsmuster beim Übergang in das Erwerbsleben. In: Heinz, Walter R. (Hrsg.): Individualisierung, Flexibilisierung und Institutionalisierung des Lebenslaufs. Beiheft der Zeitschrift für Soziologie der Erziehung und Sozialisation, 20 (4), 9-29.

Zinn, Jens (2000): Junge Arbeitnehmer zwischen Gestaltungsanspruch und Strukturvorgaben. Berufsverläufe, Handlungskontexte und berufsbiographische Gestaltungsmodi. In: Heinz, Walter R. (Hrsg.): Individualisierung, Flexibilisierung und Institutionalisierung des Lebenslaufs. Beiheft der Zeitschrift für Soziologie der Erziehung und Sozialisation, 20 (4), 30-49.

Transkriptionsregeln

Zeichen	Bedeutung
..	Kurze Pause
…	Lange Pause
[…]	Auslassung
/eh/ /ehm/	Planungspausen
zufrieden	Auffällige Betonung
(Ereignis)	Nichtsprachliche Handlung
(lachend)	Begleiterscheinung des Sprechens
()	Unverständlich
(so schrecklich?)	nicht genau verständlich, vermuteter Wortlaut
[Erläuterung]	Erklärungen der Autorin zum besseren Verständnis des Transkripts

Bei den Transkripten wird eine durchlaufende Zeilennummerierung verwendet. Der Interviewer wird durch ein „I", die Interviewten werden durch ein „P" gekennzeichnet. Allerdings werden die Kürzel nur dann vor die entsprechenden Auszüge gesetzt, wenn dabei ein Dialog abgebildet wird. Bei allen Auszügen ohne Kürzel stammen die Aussagen von den Interviewten.

„Nach Satzzeichen wird klein weitergeschrieben, um deutlich zu machen, dass Satzzeichen die Intonation anzeigen und nicht grammatikalisch gesetzt werden" (Bohnsack et al. 2007, S. 374).

Alle Ortsangaben werden maskiert. Die Namen der Interviewten sind erdacht und sollen neben dem Geschlecht auch einen Migrationshintergrund erkennen lassen.

Diese vereinfachten Transkriptionsregeln wurden verwendet, da sprachwissenschaftliche Aspekte bei der Analyse keine Rolle spielen und das Lesen der Interviews erleichtert werden soll.